이렇게 하면 나도 프로그램을 잘 만들 수 있다

• 알고리듬을 만들때 적용되는 복잡도란 무엇일까?
• 어떻게 기억장소를 효율적으로 사용할까?

김석현 지음

머리말

알고리듬은 프로그램의 주춧돌입니다.

많은 알고리듬 책들이 출간되어 있습니다. 어떻게 알고리듬을 만드는지를 설명하는 것이 아니라 이미 선배들에 의해서 만들어진 많은 정렬과 검색 알고리듬을 개념적으로 설명합니다. 그리고 특정 프로그래밍 언어로 코드를 구현해 놓고, 빅오 표기법 (Big-Oh Notation)으로 알고리듬의 수행 소요시간에 대한 수학적인 평가만을 강조하고 있습니다.

보통 사람들을 위해 쓰인 책이 아니라 소위 천재라고 하는 사람들을 위해 쓰인 책이라는 느낌이 듭니다. 알고리듬 책을 읽다 보면, 잘 이해가 되지 않습니다. 따라서 모든 알고리듬을 외우고자 합니다. 이러한 상황이다 보니 알고리듬은 어려운 것이고 프로그래밍과 상관이 없는 것처럼 보이고, 등한시하는 경향이 있습니다.

실제 예로 컴퓨터 공학 전공 학생에게 알고리듬 과목은 전공 필수 과목인데도 기피과목 중 하나가 되어 버렸습니다. 학생들 사이에는 흔히 "학점 받고 싶으면, 알고리듬은 듣지 마라.", "프로그램을 만드는 데 쓸모도 없는 걸 왜 배우는지 모르겠다.", "외우고, 산술계산만 잘하면 성적은 나올 것이다." "어차피 회사 가면 알아서 배운다." 등등 말들이 나돌고 있고, 알고리듬 과목은 매우 지루하고 단순한 암기 과목에 불과하다는 인식이 팽배합니다.

매우 잘못된 생각입니다. 왜냐하면, 프로그래밍은 문제를 풀어 알고리듬을 만들고, 만들어진 알고리듬으로 프로그래밍 언어를 사용하여 프로그램을 만드는 일입니다. 따라서 프로그래밍과 알고리듬을 떼려야 뗄 수 없는 것입니다. 프로그래밍을 잘하기 위해서는 먼저 알고리듬을 잘 이해해야 합니다. 그리고 문제를 풀어 알고리듬을 만들 수 있어야 합니다. 알고리듬은 프로그래밍의 기초입니다. 알고리듬은 프로그래밍의 시작이자 프로그램의 주춧돌이고 받침돌입니다.

이 책은 왜 알고리듬이 중요한 것인지, 어떻게 문제를 풀어 알고리듬을 만드는지, 어떻게 알고리듬으로 프로그램을 만드는지를 누구나 이해할 수 있도록 설명하고 있습니다. 그래서 나만의 프로그램을 만들고자 하는 사람이면, 나이, 성별, 학력, 전공과 상관없이 누구나 알고리듬을 만드는 방법을 배워 훌륭한 프로그램을 만들어 보다 편한 세상을 만들 수 있기를 바라는 것입니다.

이 책을 집필하는 데 있어 많은 분에게 도움을 받았습니다. 그분들에게 지면을 통해서라도 감사하다는 말씀을 드리고 싶습니다.

2017년 3월

김 석 현

"이렇게 하면 나도 프로그램을 잘 만들 수 있다(나프잘)" 시리즈로 공부란?

나프잘 시리즈로 공부한다는 것은 소프트웨어 개발 분야를 체계적으로 배우고 자주 경험하여 문제를 익숙하게 잘 다루는 방법과 문제 해결 능력을 갖추도록 하는 것입니다.

시험을 대비해서 성적을 잘 받기 위해 많은 문제 유형의 패턴을 머리로 외워서 정답을 찾는 능력을 갖추도록 하는 것이 아닙니다. 우리가 살아가는 데 있어 부닥치는 복잡한 문제를 풀어 컴퓨터가 처리하도록 하는 프로그램을 만들어 보다 편한 세상을 만드는 법을 배우는 것입니다. 따라서 새로운 방법으로 공부해야 합니다. 나무를 보고 숲을 보고자 했다면, 숲을 보고 나무를 보는 방법으로 바꾸어야 합니다.

1. 나에게 투자하십시오.

공부하려고 하면 책은 사야 합니다. 공부하고자 하면서 책은 사지 않으려고 합니다. 이미 공부할 마음이 없는 것입니다. 하다가 어렵고 힘들면 하지 않겠다는 생각이면 공부할 마음이 없는 것입니다. 처음 하는 것이라 낯설어서 익숙하지 않으므로 어려운 것은 당연합니다. 또한, 어려우므로 배우는 것 아닙니까.

끝까지 최선을 다하지 못하고, "어렵다!", "어렵다!"라면서 자신에게 최면을 걸다 보면, 어느 순간 어렵다는 이유로 변명하고 도중에 그만두게 됩니다. 이러한 생각이면 시작하지 마십시오. 돈, 시간, 노력 낭비입니다. 차라리 다른 분야를 공부하는 것이 좋습니다.

익숙해지는 데 시간과 노력이 필요합니다. 책도 사고, 많은 시간 동안 노력해야 합니다. 자신에게 투자해야 합니다. 투자 없이 이익을 챙기고자 한다면, 도둑놈이거나 사기꾼입니다. 세상에 공짜는 없다는 것을 명심하십시오.

2. 나 자신을 알아야 합니다.

누구나 자신은 항상 천재라고 생각하는 경향이 있습니다. 처음이라면서 한 번 읽으면 이해해야만 한다고 생각하는 것 같습니다. 소설이나 만화책처럼 누구나 알고 있는 지식과 경험으로 읽으면 머릿속에 그림이 그려지면서 이해가 잘 되면 얼마나 좋겠습니까?

누구나 알고 있는 지식과 경험만으로 이해할 수 없는 전문분야를 다루는 책을 한 번 읽고 이해하려는 것은 과욕입니다. 내가 알고 있는 지식과 경험으로 이 책을 보는 데 한참 부족하다는 것을 인정하십시오.

3. 내 것인 체하지 마십시오.

책을 사서 책꽂이에 장식한다고 내 것이 되지 않습니다. 책을 읽고 머리로만 이해했다고 내 것이 되지 않습니다. 책을 읽고 읽어 머리로 이해하고, 몸으로 실천할 수 있어야 비로소 책은 내 것이 됩니다.

4. 숲을 봅시다.

정독하지 마시고, 빠르게 훑어보기로 여러 번 읽도록 하세요. 전체 그림을 그려야 합니다. 최소한 세 번 이상을 빠르게 읽어 어떠한 내용이 어떠한 순서로 어디에 있는지를 확인하고, 자신에 맞게 어떠한 내용을 어떠한 순서로 읽어야 하는지를 목차로 만드십시오. 또한, 용어들에 익숙해지도록 해야 합니다. 용어 사전을 만들어 보는 것도 좋은 방법입니다.

5. 나무를 봅시다.

책의 내용을 개략적으로 이해했다면, 문제를 풀어 생각을 정리한 결과물을 만들어 내십시오. 문제를 풀어 결과물을 만들 때 모르는 부분이 있으면 나무를 보듯이 책에서 관련 부분을 찾아 정독하고 적용하십시오.

아는 것이 없어 못 한다든지, 모르기 때문에 못한다든지 핑계를 대지 마십시오. 책에서 제시하는 대로 따라서 해 보세요. 도전하십시오. 도전하지 않으면, 절대 하나도 얻지 못합니다. 그리고 문제를 풀 때 머리로 다 푼 다음 종이와 연필로 정리하지 마십시오.

논리는 상식, 세계인이 이해하도록 하고자 하면, 보편적 사고에 맞게 정리된 것을 말합니다. 결과물을 만들 때는 상식에 맞게 생각하고 정리되는지를 점검하십시오.

알고 있는 범위에서 최고의 결과물을 만든다는 생각으로 최선을 다하세요. 설령 결과물이 책의 내용과 많이 다를지라도 결과물을 만들 때는 나 자신을 바치세요.

6. 발표합시다.

자신이 만든 결과물을 사람들에게 이야기해 보세요. 환자와 학생이 가져야 하는 자세는 나의 상태를 의사나 선생에게 정확하게 알리는 것입니다. 책에서 제시한 것에 따라 만든 결과물을 친구, 선배 혹은 선생에게 발표하세요. 발표할 때는 가르친다는 생각으로 하세요. 가장 많이 배울 수 있는 것은 내 생각을 다른 사람에게 정확하게 전달해 보는 것입니다. 다시 말해서 가르치는 것입니다. 따라서 가르치는 것은 배우는 것입니다.

7. 피드백을 즐겨야 합니다.

나의 결과물을 본 사람에게 반드시 느낌이나 조언을 구하세요. 설령 칭찬이 아니라 쓴소리일지라도 조언을 구하세요. 칭찬보다는 쓴소리를 달게 받아들여야 합니다. 이때는 조용히 듣기만 하세요.

그렇게 함으로써 결과물에서 잘된 부분과 잘못된 부분, 비효율적인 부분과 효율적인 부분을 명확하게 찾을 수 있을 것입니다. 다시 말해서 내가 아는 것과 모르는 것을 명확하게 구분할 수 있을 것입니다. 또한, 남의 생각을 듣다 보면 새로운 생각을 할 수 있게 됩니다.

8. 시나브로 되풀이하십시오.

피드백으로 알게 된 잘못된 부분과 비효율적인 부분을 바로 잡거나 개선해야 합니다. 그렇게 하려면, 이해하지 못한 것을 집중적으로 공부해야 합니다. 이때 책에 관련 내용을 찾아 정독하고 적용하십시오.

잘못된 부분과 비효율적인 부분을 없애고자 하거나 피드백에서 얻은 새로운 생각으로 문제를 풀기 위해서 4, 5, 6, 7번을 반복해야 합니다. 이렇게 여러 번 하게 되면, 책의 내용이 머리로 기억되는 것이 아니라 몸으로 기억하게 될 것입니다. 따라서 몸으로 기억하기 위해서는 많은 노력과 시간이 필요합니다. 몸으로 기억하면, 작업 환경이 만들어 지면, 몸이 스스로 움직이게 되고, 훌륭한 결과물을 만들어 내게 됩니다. 창의적인 혹은 창조적인 작업은 이러한 방식으로 순환적입니다.

사람의 기억력이란 영원하지 않는데, 몇 시간 공부하고, 며칠 후에 머리에 기억되어 있는지 없는지를 확인하는 바보 멍청이가 되지 않도록 하십시오.

9. 나만의 방법을 만듭시다.

책에서 배운 방법이 가장 효율적인 것이 아닐 것입니다. 많은 문제에 적용해 보면, 비효율적인 부분이 발견되거나, 적용되지 않을 수 있습니다. 이럴 때는 책에서 배운 방법을 개선하거나 재구성해서 효율적인 나만의 방법을 만들어야 합니다.

10. 우리를 사랑합시다.

성공하고자 하거나 삶의 의미를 찾고자 한다면, 나를 위해 살기 보단 다른 이들을 위해 살아야 합니다. 다른 이들을 위하다 보면 좋은 아이디어를 찾을 수 있습니다. 좋은 아이디어를 찾았으면, 다른 이들을 위해 "내가 하지 않으면 누구도 할 수 없다"는 의무감을 갖고, 나만의 방법으로 일을 즐겨야 합니다. 그래서 소비적인 가치보다는 생산적인 가치를 만들어, 우리 모두 더 살기 좋은 세상을 만들도록 노력하십시오.

>> 일러두기

1. 이 책을 읽기가 어렵다고 생각되시면, "C & JAVA 프로그래밍 입문" 편 세 권을 먼저 읽어 보세요. 최소한 1권인 노랑은 반드시 읽어 보고, 알고리듬 편을 읽을 때 찾아 읽고 적용하도록 하십시오.

2. 발표와 피드백은 네이버 카페 "프로그래밍을 배우자"를 이용하십시오. cafe.naver.com/parkcom1990

3. C언어나 JAVA언어 같은 프로그래밍 언어를 공부하는 방법은 1장부터 마지막 장까지 정독하지 마십시오. 미친 짓입니다. 기필코 1장부터 마지막 장까지 정독하면서 공부하고자 한다면, 프로그래밍 언어를 배울 때는 어떠한 기능을 언제, 어떻게 사용하는지를 공부하십시오. "왜 이렇게 해야 할까?"라는 생각을 완전히 지우십시오. 왜냐하면, 문법은 반드시 지켜야 하는 약속이기 때문입니다.

4. 나프잘로 공부할 때 C언어나 JAVA언어로 구현하는 부분에서 C언어나 JAVA언어의 문법을 모른다고 C언어나 JAVA 언어의 문법부터 공부하고 하겠다는 생각을 버리고 철저하게 제시되는 알고리듬마다 구현 방법에 집중하십시오. 이때 C언어나 JAVA언어 같은 프로그래밍 언어로 알고리듬을 프로그램으로 변환할 때 필요한 기능을 설명하고 구현 방법을 설명하고 있습니다. 필요한 기능에 대해 설명이 부족하다고 생각되면, 그때 C언어나 JAVA언어 책에서 찾아 읽고 적용하도록 하십시오. 그렇게 많은 문제를 C언어나 JAVA 언어로 구현해 보면 C언어나 JAVA언어의 문법이 몸에 체득되어 있을 것입니다.

Contents

Chapter 1

복잡도(Complexity)   13

1   공간 복잡도   14

2   시간 복잡도   15

Chapter 2

두 개의 수 사이에 있는 소수들을 구해 보자 19

1   모델 구축   21

2   분석   23

    2.1. 배경도   23

    2.2. 시스템 다이어그램   24

    2.3. 자료명세서   25

    2.4. 처리 과정   25

3   설계   30

    3.1 나씨-슈나이더만 다이어그램   30

4   검토   46

5   평가   85

6   구현   86

    6.1. 원시 코드 파일 만들기   86

    6.2. 프로그램에 관해 설명 달기   86

    6.3. 자료형 설계하기   87

    6.4. 함수 선언하기   89

    6.5. 함수 정의하기   94

    6.6. 오류와 해결책 : 배열 크기 줄이기   130

Chapter 3

공간 복잡도 문제   133

1	배열을 사용할 때 발생할 수 있는 문제들은 무엇일까?	134
2	힙(Heap)을 이용한 동적 메모리 관리	136
3	스택에 할당할 수 없는 배열 할당	139
	3.1. 나씨-슈나이더만 다이어그램	139
	3.2. 구현	140
4	입력받은 수들을 포함하여 숫자들의 개수만큼 배열을 할당하는 방법	161
	4.1. 나씨-슈나이더만 다이어그램	161
	4.2. 구현	162
5	소수의 개수만큼 할당하는 방법	165
	5.1. 나씨-슈나이더만 다이어그램	165
	5.2. 구현	167
	5.3. 디버깅	177

Chapter 4

시간 복잡도 문제   241

Contents

Chapter 5

디스크 파일로 많은 데이터를 입력할 때
힙을 이용한 문제 풀이   257

1   시스템 다이어그램 작도   259

2   Load 모듈 설계   260

    2.1. 자료명세서   261

    2.2. 처리 과정   261

    2.3. 나씨-슈나이더만 다이어그램   265

    2.4. 검토   275

3   Evaluate 모듈 설계   295

    3.1. 모듈 기술서   295

    3.2. 나씨-슈나이더만 다이어그램   297

4   Save 모듈 설계   297

5   구현   298

6   디버깅   346

Chapter 6

정리하자   387

1   문제를 풀어 보자   389

이렇게 하면
나도 프로그램을
잘 만들 수 있다

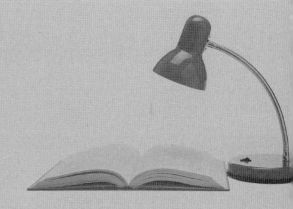

알고리듬의 평가 기준인 복잡도(Complexity)를 알아보자. 알고 리듬이 실행되려면 얼마큼의 기억 장소를 사용하는가와 알고 리듬이 결과를 산출할 때까지 얼마나 걸리는지를 분석하는 기 준이다. 알고리듬의 기억장소 사용량과 계산 시간을 분석하는 기준이다. 복잡도는 기억장소의 사용량을 측정하는 공간 복잡 도와 소요 시간을 계산하는 시간 복잡도로 나뉜다.

복잡도(Complexity)

1. 공간 복잡도
2. 시간 복잡도

01
|CHAPTER|

복잡도(Complexity)

여러분은 항상 기억장소는 최소로 사용하면서 빠르게 처리하는 알고리듬과 프로그램을 만들고자 노력한다. 이번에는 이러한 내용에 관련된 개념(들)을 공부해 보자.

알고리듬의 평가 기준인 복잡도(Complexity)를 알아보자. 알고리듬이 실행되려면 얼마큼의 기억 장소를 사용하는가와 알고리듬이 결과를 도출할 때까지 얼마나 걸리는지를 분석하는 기준이다. 알고리듬의 기억장소 사용량과 계산 시간을 분석하는 기준이다. 복잡도는 기억장소의 사용량을 측정하는 공간 복잡도와 소요 시간을 계산하는 시간 복잡도로 나눈다.

작성된 알고리듬에서 기억장소 사용량과 소요된 계산 시간의 중요성은 실제로 어떤 데이터를 입력했을 때 성공적으로 처리하기 위하여 알고리듬이 필요로 하는 컴퓨터의 기억장소 용량과 계산 시간의 추정치나 최대치를 알 필요가 있기 때문이다. 이에 따라 개선책을 모색해야 하기 때문이다. 이론적으로는 같은 문제를 풀기 위해 창안된 여러 개의 알고리듬을 비교하기 위한 정량적인 표준이 필요하기 때문이다.

1 공간 복잡도

먼저 공간 복잡도를 정리해 보자. 공간 복잡도는 알고리듬에 사용되는 기억 장소 사용량(Memory Space Usage)을 측정하는 기준이다. 될 수 있으면 적은 양의 기억 장소를 사용하도록 하는 것이 효율적일 것이다. 오늘날에 사용되는 정보 가전 장치들은 여러 개의 프로그램이 동시에 작동하는 시스템이다. 따라서 한정된 메모리를 여러 개의 프로그램이 효율적으로 나누어 사용해야 하므로 특정 알고리듬 혹은 프로그램이 많은 기억 장소를 사용하면, 다른 알고리듬이나 프로그램은 필요한 기억 장소를 확보하는 데 어려움을 겪게 될 것이고, 심지어는 실행이 되지 않을 수도 있다.

기억장치를 적게 사용한다고 해서 무조건 좋은 알고리듬이 아니다. 적게 기억장소를 사용하는 알고리듬은 효율적이라 할 수 있지만, 가능하면 기억장소 하나는 한 가지 용도로만 사용하도록 하자. 반복제어변수이면 반복제어변수로만 사용하고, 나눌 수이면 나눌 수만 저장하는 변수로만 사용하자는 것이다. 그렇게 하는 이유는 알고리듬을 작성할 때나 작성한 후에 더욱 쉽게 이해할 수 있도록 하기 위한 것이다.

2 시간 복잡도

다음은 시간 복잡도를 정리해 보자. 시간 복잡도란 어떤 특정 알고리듬이 결과를 도출할 때까지 걸리는 소요 시간(Computation Time)을 측정해 보는 것이다. 시간 복잡도를 쉽게 그리고 정확히 평가하기 위해서는 특정 프로그래밍 언어로 알고리듬이 표현되어야 한다.

계산 시간을 많이 소요하는 부분을 확인하고, 이 부분에 대해 어떻게 계산 시간을 줄이는 방법을 고안하는 시도를 해야 한다는 것이다. 알고리듬을 분석하고 평가하는 이유는 이렇게 문제점으로 파악된 부분에 대해서 다른 해결책을 마련하기 위해서이다. 여러 가지 해결책들이 있을 수 있을 것이다.

여기서 여러분이 명심할 것은 하나의 문제에 여러 개의 답을 구할 수 있다는 것이다. 항상 "정답만을 찾고자 하지 말라"는 충고를 해야 할 것 같다. 살다 보면 여러 문제가 발생하는데 문제마다 정답을 찾고자 하면, 그때부터 살아가는 것이 고달프게 된다. 즐거운 삶을 누리기 위해서는 반드시 최선, 최악, 차선에 대해 답을 찾고, 상황에 따라 적합한 답을 적용하여 문제를 해결하면서 사는 것이다.

시간 복잡도 관련 개념으로 계산 복잡도 이론(Computational Complexity Theory)을 설명하지 않겠다. 모든 알고리듬 책에 언급되는 것으로 다음과 같은 표기법, 대문자 O 표기법은 이 책에서는 설명하지 않겠다.

$O(1)$, $O(\log N)$, $O(N)$, $O(N \log N)$, $O(N2)$, $O(N3)$, $O(2n)$, $O(n!)$

차후에 다양한 정렬과 검색 알고리듬을 소개하는 권에서 자세히 설명하도록 하겠다. 생략한다고 해서 중요하지 않은 것이 아니다. 단지 집중도의 문제이다. 이유는 이제 알고리듬이 무엇인지, 어떻게 작성하는지 그리고 평가하는지를 배우는 처지에서 너무 어려운 내용일 것 같아 전달하고자 하는 내용에 집중하도록 하기 위한 것이다.

복잡도의 이론적인 내용을 설명했다. 더욱더 깊이 있게 이해하기 위해서 문제를 풀면서 적용해 보자.

Note

두 개의 수를 입력받아서 두 개의 수 사이에 있는 소수들을 출
력하는 알고리듬을 여러분이 먼저 직접 작성해 보도록 하자.
그리고 계속해서 책을 읽어 보자.

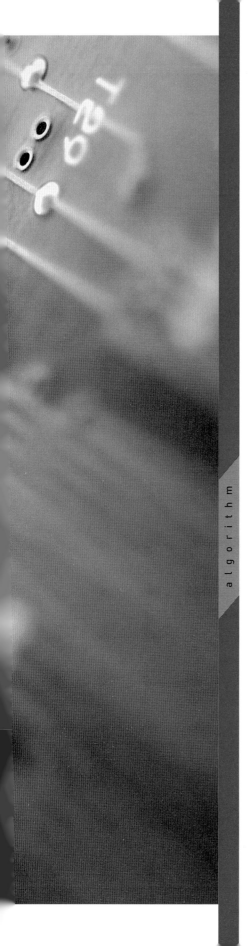

CHAPTER

2

두 개의 수 사이에 있는
소수들을 구해 보자

1 모델 구축
2 분석
  2.1. 배경도
  2.2. 시스템 다이어그램
  2.3. 자료명세서
  2.4. 처리 과정
3 설계
  3.1 나씨–슈나이더만 다이어그램
4 검토
5 평가
6 구현
  6.1. 원시 코드 파일 만들기
  6.2. 프로그램에 관해 설명 달기
  6.3. 자료형 설계하기
  6.4. 함수 선언하기
  6.5. 함수 정의하기
  6.6. 오류와 해결책 : 배열 크기 줄이기

02 | CHAPTER |
두 개의 수 사이에 있는 소수들을 구해 보자

문제	두 개의 수 사이에 있는 소수들 구하기

두 개의 수를 입력받을 때 두 수를 포함하여 두 수 사이에 있는 소수들을 구하여 출력하라. 입력과 출력은 다음과 같이 제시된다.

[입력]
두 개의 수를 입력받아야 한다. 입력되는 수는 정수이어야 한다. 앞의 수가 뒤의 수보다 항상 크다.

[출력]
개수와 소수들을 차례대로 출력한다.

[예시]
2 5 [Enter ↵]

3

2 3 5

10 20 [Enter ↵]

4

11 13 17 19

122 130 [Enter ↵]

1

127

2 2147483647 [Enter ↵]

두 개의 수를 입력받아서 두 개의 수 사이에 있는 소수들을 출력하는 알고리듬을 여러분이 먼저 직접 작성해 보도록 하자. 그리고 계속해서 책을 읽어 보자.

● 제시된 문제를 여러분이 직접 풀어 보자.

문제를 해결하는 데 필요한 지식과 경험을 정리해야 한다. 알고리듬 편 1권 보라에서 수를 입력받아 소수인지 판별하는 알고리듬을 더욱더 확장해 보도록 하자. 따라서 수를 입력받아 소수인지 판별하는 알고리듬을 작성할 때 지식과 경험이 정리되었으므로 바로 문제 이해 단계인 모델 구축을 하도록 하자.

1 모델 구축

두 개의 수 사이에 있는 소수들을 찾아야 한다. 소수를 찾는 방법은 여러 개가 있다. 여러분이 조사해 보자.

[에라토스테네스의 체(Eratosthenes' sieve)]----------------------------

고대 그리스부터 알려져 가장 오래되고, 알고리듬을 작성할 때 많이 사용하는 방법은 에라토스테네스의 체(Eratosthenes' sieve)이다. 그리스의 수학자이자 지리학자인 에라토스테네스가 고안한 소수를 찾는 방법이다.

주어진 수까지 소수를 찾으려면, 2부터 시작해 자연수를 차례로 쓴 다음, 2를 제외한 2의 배수, 3을 제외한 3의 배수, 5를 제외한 5의 배수의 순서로 수를 지워나가 끝에 남는 수가 소수이다. 지워지는 것을 제외한 수의 거듭제곱이 주어진 수보다 커질 때까지 계속한다. 그러면 체로 친 것처럼 끝에 남는 수가 있다. 이 수가 바로 1과 그 자신 이외의 다른 수로는 나누어떨어지지 않는 소수이다. 이렇게 소수를 찾는 방법을 에라토스테네스의 체라고 한다.

에라토스테네스의 체로 20까지 수들에서 소수를 찾아보자.

2에서 20까지 수를 차례로 적어보자.

2, 3, 4, 5, 6, 7, 8, 9, 10, 11, 12, 13, 14, 15, 16, 17, 18, 19, 20

2를 거듭제곱한 값을 구하자. 4이다. 20보다 작아서 2를 제외한 2의 배수를 지워보자.

2, 3, 5, 7, 9, 11, 13, 15, 17, 19

3을 거듭제곱한 값을 구하자. 9이다. 20보다 작아서 3을 제외한 3의 배수를 지워보자.

2, 3, 5, 7, 11, 13, 17, 19

다음은 5를 거듭제곱하면 25이다. 20보다 크기 때문에 그러면 5를 제외한 5의 배수를 지우는 것을 하지 않아도 된다.

이렇게 해서 20까지 자연수를 지워나가서 남는 수들이 소수가 된다. 따라서 20까지 소수가 2, 3, 5, 7, 11, 13, 17, 19임을 쉽게 알 수 있다.

이해가 되었는가?

● **여러분이 에라토스테네스의 체를 이용한 소수를 찾는 방법으로 알고리듬을 작성해 보자.**

이 책에서는 에라토스테네스의 체를 사용하지 않고, 누구나 생각할 수 있어 이해하기 쉬운 방법을 사용할 것이다. 수가 소수인지 판별하는 방식을 사용하도록 하겠다. 두 개의 수가 입력되면, 첫 번째 수부터 두 번째 수까지 수를 세면서 센 수가 소수인지 합성수인지 판별하는 방식으로 소수를 찾도록 하자.

종이와 연필로 문제를 풀어보자. 찾은 소수들을 다 기억한다는 것이 어려워서 소수를 적을 표를 만들도록 하자. 첫 번째 수부터 두 번째 수까지 소수가 몇 개일지 모르므로 표를 얼마나 크게 할 것인지는 생각해 볼 문제이지만, 여기서는 열 칸을 갖는 표를 만들어 사용하자.

문제에서 첫 번째 예시로 제시된 2와 5가 입력된다. 2부터 시작하여 5까지 세면서, 센 수가 소수인지 합성수인지 판단하여 소수이면 표에 적는 방식이다.

첫 번째 수부터 시작해야 한다. 2일 때 소수이다. 첫 번째 칸에 2를 적는다. 소수의 개수를 센다. 한 개다.

2									

다음 수를 센다. 3이다. 3은 소수이다. 두 번째 칸에 3을 적는다. 소수의 개수를 센다. 두 개다.

2	3								

다음 수를 센다. 4이다. 4는 합성수이다. 표에 적지 않는다. 소수의 개수를 세지 않는다.

다음 수를 센다. 5이다. 5는 소수이다. 표에 5를 적는다. 소수의 개수를 센다. 세 개다.

2	3	5							

입력받는 두 번째 수 5까지 했기 때문에 끝내면 된다.

이렇게 여러분이 하는 행동을 관찰하여 단문으로 표현할 수 있을 정도까지 여러 번 해야 한다. 생각은 관찰로부터 시작한다는 것도 기억하자. 다시 한 번 더 해보자.

● 두 번째 예시로 제시된 두 개 수로 여러분이 직접 해 보도록 하자.

● 세 번째 예시로 제시된 두 개 수로 여러분이 직접 해 보도록 하자.

이렇게 해서 문제가 이해되었다면, 개략적으로 정리하자.

모듈 기술서			
명칭	한글	소수들을 구하다	
	영문	GetPrimeNumbers	
기능		두 개의 수들 사이에 있는 소수들을 구하다.	
입 · 출력	입력	첫 번째 수, 두 번째 수	
	출력	소수들, 개수	
관련 모듈			

자료 명세서					
번호	명칭		자료유형	구분	비고
	한글	영문			
처리 과정					

2 분석

2.1. 배경도

문제와 외부 환경과의 관계를 정리하여 문제의 범위를 정하도록 하자. 특히 사용자 입력(키보드 입력)과 사용자 출력(모니터 출력)을 명확하게 규정하도록 하자. 이때 사용되는 도구로 배경도(Context Diagram)를 사용하면 된다. 문제에서는 외부로부터 두 개의 수가 입력되어야 한다. 그리고 외부로 두 개의 수 사이에 있는 소수들과 개수가 출력되어야 한다. 그래서 모듈 이름은 "소수들을 구하다(GetPrimeNumbers)"라고 하여 명확한 목표를 정하도록 하자.

2.2. 시스템 다이어그램

다음은 정확한 결과를 구하기 위해서 문제에 집중하여야 한다. 그래서 외부로부터 데이터들을 입력하는 기능과 외부로 정보를 출력하는 기능을 소수들을 구하는 기능으로부터 분리하도록 하자. 각각의 컴퓨터 기본 기능을 하나의 모듈로 나타내도록 하자. 대신에 모듈 간의 관계는 입력데이터와 출력데이터들로 나타내도록 하자. 이러한 내용을 정리할 수 있는 도해가 시스템 다이어그램(System Diagram)이다.

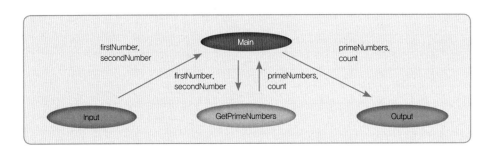

입력 모듈, 연산 모듈 그리고 출력 모듈의 기능이 제대로 작동하는지와 실행 순서를 유지하도록 하는 제어 모듈을 Main이라고 짓고, 가장 위쪽에 그린다. 그리고 아래쪽에 왼쪽에서 오른쪽으로 입력 모듈, 연산 모듈 그리고 출력 모듈을 그린다.

외부로부터 데이터를 입력받는 입력 모듈을 정리해 보자. 이름을 "두 개의 수를 입력받는다(Input)"로 하고, 제어 모듈인 Main으로 입력받는 두 개의 수를 출력하도록 작도해야 한다.

소수들을 구하는 연산 모듈을 정리해 보자. 이름은 배경도에서 사용한 것을 그대로 사용하고, Main 모듈에서 연산 모듈로 향하는 화살표를 왼쪽에 그리고, 입력 모듈에서 입력된 데이터들을 적는다. 그리고 연산 모듈에서 Main 모듈로 향하는 화살표를 오른쪽에 그리고, 출력 데이터들을 적는다. 소수들과 개수이다.

외부로 소수들과 개수를 출력하는 출력 모듈을 정리해 보자. 이름은 "소수들을 출력하다(Output)"라고 짓고, Main 모듈에서 출력 모듈로 향하는 화살표를 그리고, 연산 모듈 GetPrimeNumbers에서 출력된 소수들 primeNumbers와 개수 count를 입력데이터들로 적으면 된다.

다음은 GetPrimeNumbers 연산 모듈에 집중해서 입력된 데이터들로 어떠한 처리를 해야 정확한 출력 데이터들을 구할 수 있는지를 집중하자.

2.3. 자료명세서

GetPrimeNumbers 연산 모듈에서 사용되는 데이터들을 정리해야 한다. 시스템 다이어그램을 작도한 후 사용될 데이터들을 정리하여 자료명세서를 작성하자. 시스템 다이어그램에서 입력데이터들, 첫 번째 수와 두 번째 수를 적고, 자료형은 정수로 정리한다. 또한, 출력데이터들, 소수들과 개수를 적고, 소수들은 자료형을 정수 배열로, 개수는 정수로 적는다. 배열이면 배열 크기를 상수로 정해야 한다. 배열 크기를 어떻게 해야 할까? 어려운 문제이다. 그래서 여기서는 문제에 예시된 입력되는 값들에서 최댓값인 2,147,483,647로 정하자. 이때 2,147,483,647로 바로 사용하지 말고, "최댓값"이란 의미로 기호상수 MAX를 사용하도록 하자. 특히 배열 크기, 다시 말해서 배열요소의 개수는 기호상수를 사용하도록 하자.

자료명세서에 데이터들을 정리할 때는 기호상수, 출력데이터 그리고 입력데이터 순으로 정리하자.

번호	명칭		자료형	구분	비고
	한글	영문			
1	배열크기	MAX	정수	상수	2147483647
2	소수들	primeNumbers	정수 배열	출력	두 개의 수 사이에 있는 소수들
3	개수	count	정수	출력	소수의 개수
4	첫 번째 수	firstNumber	정수	입력	두 번째 수보다 작은 수
5	두 번째 수	secondNumber	정수	입력	첫 번째 수보다 큰 수

2.4. 처리과정

다음은 GetPrimeNumbers 연산 모듈에서 다시 어떠한 컴퓨터의 기본 기능들을 사용하는지와 어떠한 순서로 몇 번씩 실행시킬지를 정하는 작업을 해야 한다.

종이와 연필로 문제를 풀 때 처리단계들을 자연어로 정리해 보자. 문제 풀이 과정을 자세히 관찰하여 처리단계들을 한글로 정리하면 된다. 한 개의 수에 대해 소수인지 판별하는 처리를 순차 구조만으로 정리한다.

"2와 5가 입력된다."에 대해 "첫 번째 수와 두 번째 수를 입력받는다."라고 명칭을 짓고, 번호를 1로 매겨 적는다.

처리 과정
1. 첫 번째 수와 두 번째 수를 입력받는다.

2, 3, 4, 5처럼 첫 번째 수부터 두 번째 수까지 수를 나열하는 행위를 "수를 세다."라고 명칭을 짓는다. 이렇게 하는 것을 "추상화(Abstraction)한다"라고 한다. 그리고 번호를 2로 매겨 적는다.

처리 과정
1. 첫 번째 수와 두 번째 수를 입력받는다.
2. 수를 세다.

"3은 소수이다."와 "4는 합성수이다."에 대해 "소수인지 확인한다."라고 명칭을 짓는다. 즉, 추상화했다. 그리고 번호를 3으로 매겨 적는다.

처리 과정
1. 첫 번째 수와 두 번째 수를 입력받는다.
2. 수를 세다.
3. 소수인지 확인한다.

"소수이므로 몇 번째 칸에 적는다."에 대해 "소수이면 수를 적다."라고 명칭을 짓고, 번호를 4로 매기고 적는다.

처리 과정
1. 첫 번째 수와 두 번째 수를 입력받는다.
2. 수를 세다.
3. 소수인지 확인한다.
4. 소수이면 수를 적다.

"소수이면 소수의 개수를 세다."에 대해 "소수이면 개수를 세다."명칭을 짓고, 번호를 5로 매기고 적는다.

처리 과정

---

1. 첫 번째 수와 두 번째 수를 입력받는다.
2. 수를 세다.
3. 소수인지 확인한다.
4. 소수이면 수를 적다.
5. 소수이면 개수를 세다.

알고리듬이 성립되기 위한 조건인 출력에 대해 처리단계를 만들어 적는다. 출력해야 하는 데이터들은 이미 시스템 다이어그램에서 정리되어 있다. "소수들과 개수를 출력한다."라고 명칭을 짓고, 번호를 6으로 매기고 적는다.

처리 과정

---

1. 첫 번째 수와 두 번째 수를 입력받는다.
2. 수를 세다.
3. 소수인지 확인한다.
4. 소수이면 수를 적다.
5. 소수이면 개수를 세다.
6. 소수들과 개수를 출력한다.

알고리듬이 성립되기 위한 조건인 유한성에 대해 처리단계를 만들어 적는다. "끝낸다."라고 명칭을 짓고, 번호를 7로 매기고 적는다.

처리 과정

---

1. 첫 번째 수와 두 번째 수를 입력받는다.
2. 수를 세다.
3. 소수인지 확인한다.
4. 소수이면 수를 적다.
5. 소수이면 개수를 세다.
6. 소수들과 개수를 출력한다.
7. 끝낸다.

다음은 처리단계들에서 여러 번 처리해야 하는 처리 단계들을 찾아보자. 2번 처리단계부터 5번 처리단계까지 여러 번 처리해야 하는, 다시 말해서 반복해야 한다. 따라서 "2. 수를 세다." 처리단계 앞에 반복구조의 처리단계를 작성해야 한다. "첫 번째 수부터 두 번째 수까지 반복한다."라고 명칭을 짓고, 번호를 2로 매겨야 한다. 그리고 반복해야 하는 처리단계들은 들여쓰기와 번호를 다시 매겨 2번 처리단계가 실행되면 같이 실행된다는 의미의 하위 처리단계로 작성해야 한다. 번호는 반복구조 처리단계의 번호를 앞에 적고, 구두점을 적고 하위 처리단계 번호를 1번부터 다시 매긴다.

처리 과정

---

1. 첫 번째 수와 두 번째 수를 입력받는다.
2. 첫 번째 수부터 두 번째 수까지 반복한다.
    2.1. 수를 세다.
    2.2. 소수인지 확인한다.
    2.3. 소수이면 수를 적다.
    2.4. 소수이면 개수를 세다.
6. 소수들과 개수를 출력한다.
7. 끝낸다.

반복해야 하는 처리 단계들이 하위 단계로 조정되었기 때문에 반복하지 않는 처리단계들든 다시 번호를 매겨야 한다. 반복구조 처리단계의 번호가 2이므로 다음 처리단계(들)는 3, 4, . 로 매겨져야 한다.

처리 과정

---

1. 첫 번째 수와 두 번째 수를 입력받는다.
2. 첫 번째 수부터 두 번째 수까지 반복한다.
    2.1. 수를 세다.
    2.2. 소수인지 확인한다.
    2.3. 소수이면 수를 적다.
    2.4. 소수이면 개수를 세다.
3. 소수들과 개수를 출력한다.
4. 끝낸다.

다음은 조건에 따라 실행되거나 그렇지 않은 처리단계들을 찾아보자. 그래서 선택구조를 추가해야 한다. 처리 과정에서 "2.3. 소수이면 수를 적다."와 "2.4. 소수이면 개수를 세다." 처리단계는 선택구조의 처리단계이다. 센 수가 소수일 때만 처리단계 2.3과 처리단계 2.4가 실행되고, 합성수이면 실행되지 않는다는 것이다.

그런데 "2.3. 소수이면 수를 적다."와 "2.4. 소수이면 개수를 세다." 처리단계는 소수이면 처리되어야 한다. 같은 결과에 대해 처리해야 한다면 "2.3. 소수이면" 처리단계를 상위단계로 하는 하위단계로 처리해야 한다. "2.3. 소수이면 수를 적다."와 "2.4. 소수이면 개수를 세다." 처리단계를 들여쓰기한다. 그리고 상위처리단계의 번호를 2.3으로 하고, 다시 1부터 다시 매긴다. 대신에 "소수이면"을 명칭에서 지운다. "2.3.1. 수를 적다."와 "2.3.2. 개수를 세다." 처리단계로 "2.3. 소수이면" 처리단계의 하위단계로 작성한다.

처리 과정
---

1. 첫 번째 수와 두 번째 수를 입력받는다.
2. 첫 번째 수부터 두 번째 수까지 반복한다.
   2.1. 수를 세다.
   2.2. 소수인지 확인한다.
   2.3. 소수이면
      2.3.1. 수를 적다.
      2.3.2. 개수를 세다.
3. 소수들과 개수를 출력한다.
4. 끝낸다.

이렇게 하면 알고리듬이 되기 위한 조건에 맞게 자연어로 컴퓨터로 문제를 해결하는 절차를 기술한 것이다. 알고리듬이 되기 위한 조건에 맞게 문제를 해결하는 데 있어 사용해야 하는 컴퓨터 기본 기능들의 실행순서와 실행 횟수를 정리한 것이다. 즉, 알고리듬(Algorithm)이다.

처리 과정
---

1. 첫 번째 수와 두 번째 수를 입력받는다. (입력)
2. 첫 번째 수부터 두 번째 수까지 반복한다. (제어 : 반복)
   2.1. 수를 세다. (산술·기억)
   2.2. 소수인지 확인한다. (제어 : 반복)
   2.3. 소수이면 (제어 : 선택)
      2.3.1. 수를 적다. (기억)
      2.3.2. 개수를 세다. (산술·기억)
3. 소수들과 개수를 출력한다. (출력)
4. 끝낸다.

처리 과정에서 사용되는 데이터들을 정리하자. 처리 과정에서 "2.1. 수를 세다." 처리단계에서 목적어로 사용된 수 number를 자료명세서에 정리하자. 자료형은 정수이고, 구분은 "처리"로 하자. 이처럼 처리단계의 명칭에서 목적어로 사용된 것들은 자료명세서에 추가하도록 하자.

번호	명칭		자료형	구분	비고
	한글	영문			
1	배열크기	MAX	정수	상수	2147483647
2	소수들	primeNumbers	정수 배열	출력	두 개의 수 사이에 있는 소수들
3	개수	count	정수	출력	소수의 개수
4	첫 번째 수	firstNumber	정수	입력	두 번째 수보다 작은 수
5	두 번째 수	secondNumber	정수	입력	첫 번째 수보다 큰 수
6	수	number	정수	처리	첫 번째 수보다 두 번째 수사이 수

3 설계

3.1. 나씨-슈나이더만 다이어그램

처리 과정에서는 무엇을 해야 하는지를 개념적으로 정리만 한 것이다. 따라서 이제는 방법적인 면에서 정리할 필요가 있고, 그래서 더욱더 명확한 해결책을 만들어야 한다. 따라서 앞에서 정리된 처리 과정과 자료명세서를 참고하여 나씨-슈나이더만 다이어그램을 작도하자.

처리 과정

1. 첫 번째 수와 두 번째 수를 입력받는다. (입력)
2. 첫 번째 수부터 두 번째 수까지 반복한다. (제어 : 반복)
   2.1. 수를 세다. (산술 · 기억)
   2.2. 소수인지 확인한다. (제어 : 반복)
   2.3. 소수이면 (제어 : 선택)
      2.3.1. 수를 적다. (기억)
      2.3.2. 개수를 세다. (산술 · 기억)
3. 소수들과 개수를 출력한다. (출력)
4. 끝낸다.

처리 과정에서 "4. 끝낸다." 처리단계는 나씨-슈나이더만 다이어그램에서는 어떻게 작도할까? 종이에 가장 위쪽에 순차 구조 기호를 그리고, start를 적고, 가장 아래쪽에 순차 구조 기호를 그리고, stop을 적는다. 1번 처리단계에서부터 3번 처리단계까지는 start가 적힌 순차 구조 기호와 stop이 적힌 순차 구조 기호 사이에 작도되면 된다.

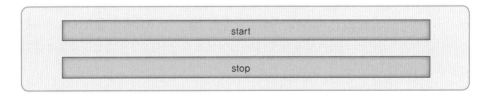

다음은 자료명세서에 정리된 데이터들은 start가 적힌 순차 구조 기호 아래쪽에 순차 구조 기호를 작도하고, 쉼표로 구분하면서 옮겨 적는다. 기호상수는 이름을 적고, 다음에 등호를 적고 값을 적는다. 자료형이 배열이면 이름을 적고, 배열형을 강조하기 위해 소괄호를 여닫고, 소괄호에 배열 크기를 적는다. 배열 크기는 반드시 상수이거나 상수식이어야 한다.

번호	명칭		자료형	구분	비고
	한글	영문			
1	배열크기	MAX	정수	상수	2147483647
2	소수들	primeNumbers	정수 배열	출력	두 개의 수 사이에 있는 소수들
3	개수	count	정수	출력	소수의 개수
4	첫 번째 수	firstNumber	정수	입력	두 번째 수보다 작은 수
5	두 번째 수	secondNumber	정수	입력	첫 번째 수보다 큰 수
6	수	number	정수	처리	첫 번째 수보다 두 번째 수사이 수

```
                          start
MAX = 2147483647, primeNumbers(MAX), count, firstNumber, secondNumber, number
                          stop
```

다음은 처리 과정에서 1번부터 시작하여 나씨–슈나이더만 다이어그램을 작도한다. "1. 첫 번째 수와 두 번째 수를 입력받는다." 처리단계를 작도해 보자. 처리단계의 명칭에서 알 수 있듯이 입력 기능이다. 입력 기능은 전형적인 순차 구조이다. 따라서 순차 구조 기호를 작도한다. read 키워드를 적고, 입력데이터의 개수만큼 입력데이터를 저장할 변수를 쉼표로 구분하여 적는다. 여기서는 두 개의 데이터를 입력하기 때문에 firstNumber와 secondNumber를 쉼표로 구분하여 적는다. 입력이 있으면 변수와 배열을 선언하는 순차 구조 기호 바로 아래쪽에 한 개의 순차 구조 기호를 작도한다. read를 적고, 입력데이터의 개수만큼 쉼표로 구분하여 변수를 적는다.

```
                          start
MAX = 2147483647, primeNumbers(MAX), count, firstNumber, secondNumber, number
    read firstNumber, secondNumber
                          stop
```

"2. 첫 번째 수부터 두 번째 수까지 반복한다." 처리단계를 작도해 보자. 처리단계의 명칭에서 알 수 있듯이 제어 기능이다. 반복구조이다. 입력하는 순차 구조 기호 아래쪽에 ㄷ 자형의 선 검사 반복 구조 기호를 작도해야 한다. 계속해서 처리해야 하는 내용을 실행하기 전에 먼저 조건을 평가하는 반복 구조로 작도하자. 입력되는 수들에 의해서 반복횟수가 결정되기 때문에 알고리듬을 작성할 때는 반복횟수를 알 수 없다. 따라서 while 반복구조이어야 한다. while 키워드를 적고, 소괄호를 여닫아야 한다. 소괄호에 조건식을 적어야 한다. 따라서 조건식에 사용되는 반복제어변수를 결정해야 한다. 처리단계의 명칭에서 알 수 있듯이 첫 번째 수부터 수를 세어 두 번째 수까지 반복해야 하므로 반복제어변수로 number를 사용하자. 따라서 조건식은 number가 secondNumber보다 작거나 같은지 관계식이어야 한다. 왜냐하면, while 선 검사 반복구조는 참인 동안 계속하고 거짓이면 탈출하기 때문이다.

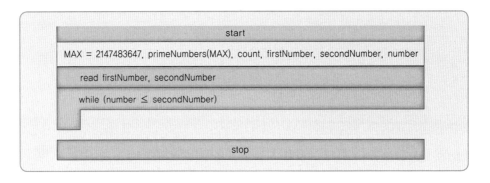

반복구조를 구성하는 식들은 세 개다. 반복제어변수의 초기식, 조건식 그리고 변경식이다. 나씨−슈나이더만 다이어그램에서는 조건식만 작성되어 있다. 그러면 초기식과 변경식을 작성해 보자.

초기식은 반복제어변수 number에 첫 번째로 입력된 값을 저장해야 한다. 따라서 초기화는 할 수 없고, 입력한 후 조건식 앞에서 치환으로 firstNumber에 저장된 값을 복사하여 저장하도록 해야 한다. 따라서 입력하는 순차 구조 기호 아래쪽, 반복 구조 기호 앞에 순차 구조 기호를 작도하고, number = firstNumber 치환식을 적으면 된다.

변경식은 수를 세는 식이어야 한다. 따라서 처리 과정에서 "2.1. 수를 세다." 처리단계의 표현이다. 처리단계의 이름으로 보아 산술과 기억 기능이다. 산술과 기억 기능은 전형적인 순차 구조이다. 반복 구조 기호에서 맨 아래쪽에 순차 구조 기호를 작도한다. 그리고 반복제어변수를 변경하는 산술식과 치환식으로 구성되는 복합식을 작성해서 적으면 된다. 즉 1씩 증가하는 누적 산술식을 작성하여 적으면 된다. number = number + 1이다.

```
                              start
MAX = 2147483647, primeNumbers(MAX), count, firstNumber, secondNumber, number
    read firstNumber, secondNumber
    number = firstNumber
    while (number ≤ secondNumber)



        number = number + 1
                              stop
```

"2.2. 소수인지 확인한다." 처리단계를 작도해 보자. 수가 소수인지 확인하는 방법을 알아 보자. 소수는 1과 자기 자신을 약수로 갖는 수이다. 따라서 간단하게 생각할 수 있는 방법 들은 소수의 개수로 확인하는 방법과 1과 자기 자신을 제외하면 약수가 없으므로 약수를 찾는 방법으로 확인할 수 있다. 알고리듬 1권 보라에서 소수 개수 세기 모델로 했으므로 여 기서는 약수 찾기 모델을 사용하자.

간단하게 수작업으로 풀어보자. 수가 7일 때는 2부터 6까지 수들에 대해서 나머지를 구하 면 다음과 같다. 약수가 하나도 없다. 따라서 7은 소수이다.

7	수	2	3	4	5	6		
	나머지	1	1	3	2	1		

수가 9일 때는 2부터 8까지 수들에 대해 나머지를 구하면 다음과 같다. 그러나 3이 약수이 기 때문에 4, 5, 6, 7, 8의 나머지를 구할 필요가 없다. 따라서 9는 합성수이다.

9	수	2	3	4	5	6	7	8
	나머지	1	0	1	4	3	2	1

2부터 시작하여 수보다 작은 수까지 반복하면서 세고 있는 수가 약수이면 반복을 탈출하 는 방법이다. 처리 과정은 아래와 같이 작성될 것이다.

처리 과정
1. 2부터 시작하여 수보다 작고 약수가 아닌 동안 반복한다.
2.1. 약수가 될 수를 세다.
2. 약수가 될 수와 수를 비교하여 소수인지 판단한다.
3. 끝낸다.

처리 과정에서 찾은 데이터들을 자료명세서에 추가해야 한다. 약수가 될 수와 약수인지를 확인하기 위해서 구해지는 나머지를 추가해야 한다.

번호	명칭		자료형	구분	비고
	한글	영문			
1	배열크기	MAX	정수	상수	2147483647
2	소수들	primeNumbers	정수 배열	출력	두 개의 수 사이에 있는 소수들
3	개수	count	정수	출력	소수의 개수
4	첫 번째 수	firstNumber	정수	입력	두 번째 수보다 작은 수
5	두 번째 수	secondNumber	정수	입력	첫 번째 수보다 큰 수
6	수	number	정수	처리	첫 번째 수보다 두 번째 수사이 수
7	약수	factor	정수	처리	약수가 될 수 있는 수
8	나머지	remainder	정수	처리	약수인지 확인하기 위한 수

상수, 변수 및 배열을 선언하는 순차 구조 기호에 추가된 데이터들을 쉼표로 구분하여 number 뒤에 적는다.

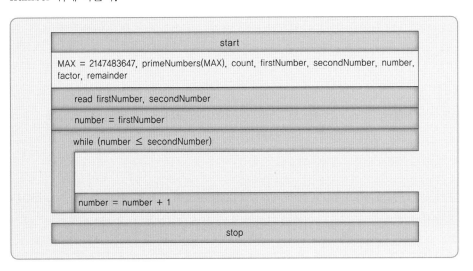

"1. 2부터 시작하여 수보다 작고 약수가 아닌 동안 반복한다." 처리단계를 작도해 보자. 반복구조이다. 따라서 반복 구조 기호에 ㄱ 자형 선 검사 반복구조 기호를 작도한다. 반복구조에서 사용되는 세 개의 식, 초기식, 조건식 그리고 변경식을 작성하여야 한다. 초기식을 작성해야 하므로 반복 구조 기호 앞에 순차 구조 기호가 작도되어야 한다. 그리고 변경식을 작성해야 하므로 반복 구조 기호에 순차 구조 기호를 맨 마지막 처리 기호로 작도해야 한다.

```
                            start
MAX = 2147483647, primeNumbers(MAX), count, firstNumber, secondNumber, number,
factor, remainder
    read firstNumber, secondNumber
    number = firstNumber
    while (number ≤ secondNumber)
        number = number + 1
                            stop
```

다음은 반복제어변수를 결정해야 한다. 2부터 시작해서 소수인지 확인하는 수보다 하나 작은 수까지 약수가 될 수 있는 수가 되어야 한다. 따라서 factor이다. 초기식은 factor에 2를 저장하는 치환식 factor = 2이다. 반복 구조 기호 앞에 작도된 순차 구조 기호에 적는다.

그리고 소수인지를 확인하는 수가 얼마인지에 따라 반복횟수가 결정되기 때문에 알고리듬을 작성하고 있는 이 시점에서는 반복횟수가 정해지지 않은 상태이다. 따라서 반복 구조 기호에 while 키워드를 적고 소괄호를 여닫아야 한다. 소괄호에 조건식을 적어야 한다. 조건식은 약수가 될 수가 소수인지 확인하는 수보다 작은 수까지이어야 하므로 factor가 number보다 작은지 관계식을 적으면 된다. 따라서 factor 〈 number 관계식이다.

그리고 반복 구조에 작도된 순차 구조 기호에 변경식을 작성해서 적으면 된다. 변경식은 "2.1. 약수가 될 수를 세다." 처리단계의 표현이다. 2부터 시작하여 하나 작은 수까지 세어야 하므로 1씩 증가하는 누적으로 표현된 식으로 작성하면 된다. factor = factor + 1이다.

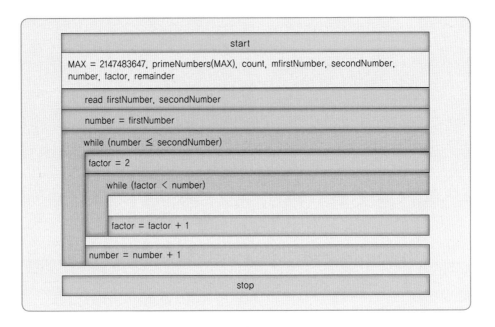

이렇게 반복구조를 작성하면, 여하튼 2부터 시작하여 소수인지 확인하는 수보다 하나 작은 수까지 반복한다. 소수이면, 그렇게 해야 하지만 합성수이면, 약수를 찾으면 끝까지 반복할 필요가 없고, 즉시 반복구조를 탈출할 수 있도록 해야 한다. 그러기 위해서는 반복제어변수를 하나 더 사용해야 할 것 같다. 약수가 아니면 계속해서 반복하도록 하고, 약수이면 즉시 반복을 탈출하도록 해야 하므로 약수인지를 판단하는 데 사용되는 나머지 remainder가 반복제어변수가 되어야 한다.

factor가 결정되면, factor가 number의 약수인지를 확인하기 위해서 나머지를 구해야 한다. 나머지를 구하는 방법은 또한 여러 가지이다. 가장 간단한 방법은 number에서 factor 만큼씩 빼는데 남은 수가 factor보다 크거나 같은 동안까지 한다. 더는 뺄 수 없을 때 남은 수가 나머지가 된다는 개념을 이용하여 나머지를 구하면 된다.

factor가 2일 때 number에 대해 나머지를 구하는 반복구조를 작도해 보자. factor = 2 식이 적힌 순차 구조 기호와 반복 구조 기호 사이에 작도해야 한다. 순차 구조 기호를 하나 작도하고, 아래에 반복 구조 기호를 작도하고, 반복 구조 기호에 가장 아래쪽에 순차 구조 기호를 작도하여 표준 반복 구조를 작도하자.

```
                            start
MAX = 2147483647, primeNumbers(MAX), count, firstNumber, secondNumber, number,
factor, remainder

        read firstNumber, secondNumber

        number = firstNumber

        while (number ≤ secondNumber)

            factor = 2



                    while (factor < number)


                        factor = factor + 1

            number = number + 1

                            stop
```

나머지를 구하는 반복구조의 식들을 작성해서 적자. 어떻게 remainder를 구할까? 소수인지 확인할 수 number에 factor를 계속해서 빼는데 남은 수가 factor보다 작아지면 빼는 것을 멈추면 된다. number에 저장된 값을 바꿀 수는 없다. 왜냐하면, 세어지는 factor에 계속해서 사용되어야 하기 때문이다. 따라서 remainder를 반복제어변수로 하여야 할 것이다.

초깃값으로 remainder에 저장되는 값은 number이다. 따라서 remainder = number 치환식을 순차 구조 기호에 적는다. number가 얼마인지에 따라 반복횟수가 정해지므로 알고리듬을 만들고 있는 이 시점에서 반복횟수를 모르기 때문에 while 반복구조로 만들어야 한다. 따라서 반복 구조 기호에 while 키워드를 적고, 소괄호를 여닫아야 한다. 그리고 소괄호에 조건식을 적으면 된다. while 반복구조는 선 검사 반복구조이므로 조건식을 평가했을 때 참이면 계속하고 거짓이면 탈출해야 하므로, 조건식은 remainder에 저장된 값이 factor보다 크거나 같은지 관계식이어야 한다. remainder에 저장된 값이 factor보다 크거나 같은 동안 계속 factor 만큼씩 빼야 하기 때문이다.

그리고 변경식은 remainder에서 factor 만큼씩 빼어야 한다. 따라서 remainder에 저장된 값에서 factor만큼 뺀 수를 다시 remainder에 저장해야 한다.

start
MAX = 2147483647, primeNumbers(MAX), count, firstNumber, secondNumber, number, factor, remainder
read firstNumber, secondNumber
number = firstNumber
while (number ≤ secondNumber)
factor = 2
remainder = number
while (remainder ≥ factor)
remainder = remainder − factor
while (factor < number)
factor = factor + 1
number = number + 1
stop

factor가 2일 때 나머지를 구하였다. 따라서 나머지가 0이면 2가 약수이기 때문에 바로 반복을 탈출하여야 한다. 따라서 조건식에 약수가 아닌 동안 계속하도록 하기 위해서는 관계식을 하나 더 추가해야 한다. "약수가 아닌 동안"이라는 말에서 알 수 있듯이 나머지가 0이 아닌지 관계식 remainder ≠ 0을 작성해서 추가해야 한다. 그러면 조건식에 사용되는 관계식이 두 개라서 논리식이 하나 필요하다. 그것도 두 개의 관계식을 평가했을 때 참일 때만 참이 되도록 하기 위해서는 논리곱(AND) 논리식 factor < number AND remainder ≠ 0 이 필요하다.

```
| start                                                                          |
| MAX = 2147483647, primeNumbers(MAX), count, firstNumber, secondNumber, number, |
| factor, remainder                                                              |
|   read firstNumber, secondNumber                                               |
|   number = firstNumber                                                         |
|   while (number ≤ secondNumber)                                                |
|     | factor = 2                                                               |
|     | remainder = number                                                       |
|     |   while (remainder ≥ factor)                                             |
|     |     | remainder = remainder − factor                                     |
|     |   while (factor < number AND remainder ≠ 0)                              |
|     |                                                                          |
|     |     | factor = factor + 1                                                 |
|   | number = number + 1                                                        |
| stop                                                                           |
```

따라서 소수인지 판별하는 반복 구조 기호에서 factor를 1만큼 더한 다음 나머지를 구하여
야 한다. 따라서 나머지를 구하는 반복구조를 반복 구조 기호에 작도해야 한다.

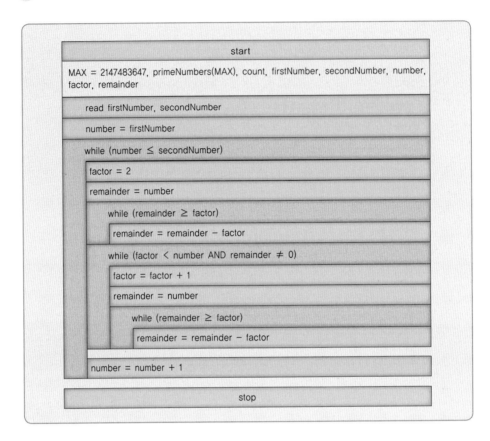

이렇게 해서 소수를 찾는 반복구조가 완성된다. 여기까지가 "2.2. 소수인지 확인한다." 처리단계에 관한 내용이다. 이렇게 처리 과정에서는 무엇을 할 것인지만을 정리하고, 나씨-슈나이더만 다이어그램에서는 어떻게 할 것인지를 정리한다는 것을 명확하게 알 수 있는 사례이다.

다음은 "2.3. 소수이면" 처리단계를 어떻게 작도해야 하는지를 생각하자. 이제 소수인지 합성수인지를 판단하면 된다. 따라서 선택구조가 바로 작도되어야 한다.

선택 구조 기호를 그리고, 왼쪽 삼각형에는 TRUE를 적고, 가운데 역삼각형에는 조건식을 적고, 오른쪽 삼각형에는 FALSE를 적는다. 조건식은 그러면 어떻게 만들어야 할까? 약수를 찾지 못하면 소수이다. 따라서 while 반복구조에서 조건식에 사용된 두 개의 관계식에서 약수를 찾지 못하면 factor와 number에 저장된 값들이 같아야 한다. 따라서 조건식으로 number = factor 관계식을 사용하면 된다.

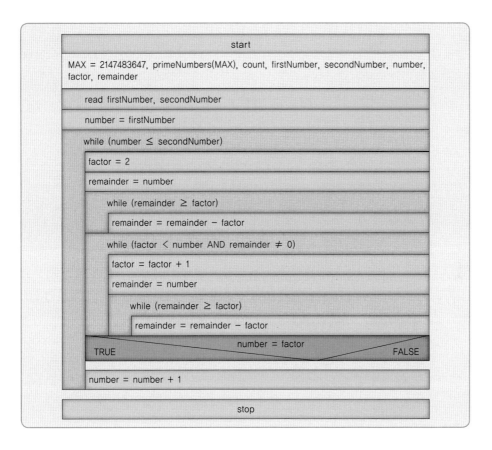

"2.3.1. 수를 적다." 처리단계를 작도해 보자. 수가 소수이면, 소수배열 primeNumbers에 차례대로 적는다. 따라서 몇 번째에 적어야 하는지의 데이터를 추가해야 한다. 배열에서 위치, 즉 첨자를 관리하는 데이터가 추가되어야 한다. 자료명세서에 먼저 정리하자.

번호	명칭		자료형	구분	비고
	한글	영문			
1	배열크기	MAX	정수	상수	2147483647
2	소수들	primeNumbers	정수 배열	출력	두 개의 수 사이에 있는 소수들
3	개수	count	정수	출력	소수의 개수
4	첫 번째 수	firstNumber	정수	입력	두 번째 수보다 작은 수
5	두 번째 수	secondNumber	정수	입력	첫 번째 수보다 큰 수
6	수	number	정수	처리	첫 번째 수보다 두 번째 수사이 수
7	약수	factor	정수	처리	약수가 될 수 있는 수
8	나머지	remainder	정수	처리	약수인지 확인하기 위한 수
9	첨자	i	정수	추가	배열요소의 위치

나씨-슈나이더만 다이어그램에서 변수 및 배열을 선언하는 순차 구조 기호에서도 추가해야 한다. 첫 번째, 두 번째, 세 번째 등등 값이 저장되는 기억장소이다. 따라서 1로 초기화하자.

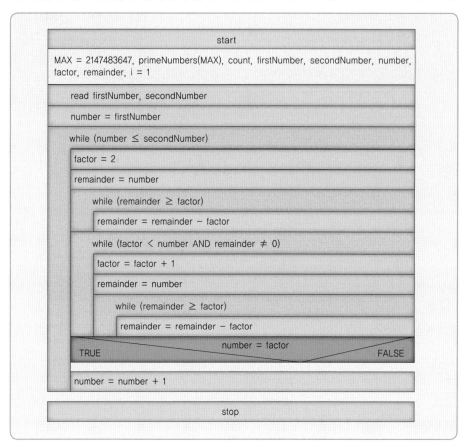

처리단계의 명칭에 의하면, 기억 기능이다. 따라서 순차 구조이다. TRUE가 적힌 왼쪽 삼각형 아래쪽에 크기에 맞게 순차 구조 기호를 그린다. i에 저장된 값을 첨자로 하여 첨자 연산자를 이용하여 배열요소에 number를 저장해야 한다. 따라서 primeNumbers(i) = number 치환식을 적으면 된다.

그리고 i를 다음 번째 위치로 설정해야 한다. 따라서 primeNumbers(i) = number 치환식을 적은 순차 구조 기호 바로 아래쪽에 순차 구조 기호를 그리고, i = i + 1식을 적는다.

start
MAX = 2147483647, primeNumbers(MAX), count, firstNumber, secondNumber, number, factor, remainder, i = 1

read firstNumber, secondNumber
number = firstNumber
while (number ≤ secondNumber)

	factor = 2
	remainder = number
	while (remainder ≥ factor)
		remainder = remainder − factor
	while (factor < number AND remainder ≠ 0)
		factor = factor + 1
		remainder = number
		while (remainder ≥ factor)
			remainder = remainder − factor

number = factor

TRUE	FALSE
primeNumbers(i) = number	
i = i + 1	

| | number = number + 1 |

"2.3.2. 개수를 세다." 처리단계를 작도해 보자. 소수이면 소수의 개수를 세는 것이다. 따라서 순차 구조이다. count에 저장된 값을 읽어 1을 더하여 다시 count에 저장해야 한다. 순차 구조 기호를 그리고, 누석을 표현하는 식을 적으면 된다. 따라서 count는 0으로 초기화되어야 한다. 물론 TRUE가 적힌 삼각형 아래쪽에 첨자를 바꾸는 순차 구조 기호 아래쪽에 크기에 맞게 순차 구조 기호가 그려져야 한다.

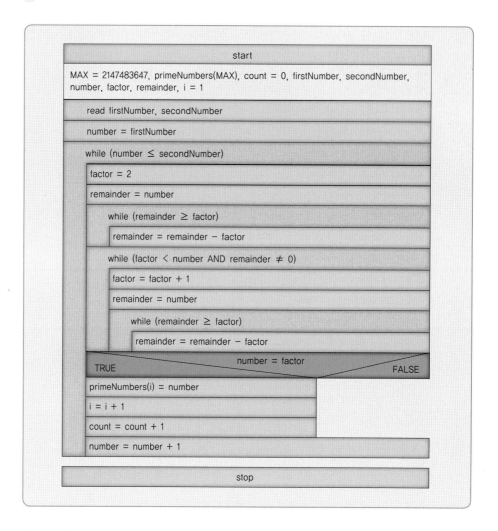

처리 과정에서 합성수이면 특별한 처리가 없었다. 따라서 FALSE 가 적힌 삼각형 아래쪽에는 크기에 맞게 순차 구조 기호를 그리고, 처리할 내용이 없다는 뜻으로 화살표를 아래쪽으로 향하도록 그린다.

```
┌─────────────────────────────────────────────────────────────────┐
│                            start                                  │
├───────────────────────────────────────────────────────────────────┤
│ MAX = 2147483647, primeNumbers(MAX), count = 0, firstNumber,       │
│ secondNumber, number, factor, remainder, i = 1                     │
├───────────────────────────────────────────────────────────────────┤
│ read firstNumber, secondNumber                                     │
├───────────────────────────────────────────────────────────────────┤
│ number = firstNumber                                               │
├───────────────────────────────────────────────────────────────────┤
│ while (number ≤ secondNumber)                                      │
│ ┌─────────────────────────────────────────────────────────────────┤
│ │ factor = 2                                                       │
│ ├─────────────────────────────────────────────────────────────────┤
│ │ remainder = number                                               │
│ ├─────────────────────────────────────────────────────────────────┤
│ │   while (remainder ≥ factor)                                     │
│ │   ┌───────────────────────────────────────────────────────────── │
│ │   │ remainder = remainder − factor                               │
│ │   ├───────────────────────────────────────────────────────────── │
│ │   while (factor < number AND remainder ≠ 0)                      │
│ │   ┌───────────────────────────────────────────────────────────── │
│ │   │ factor = factor + 1                                          │
│ │   ├───────────────────────────────────────────────────────────── │
│ │   │ remainder = number                                           │
│ │   ├───────────────────────────────────────────────────────────── │
│ │   │   while (remainder ≥ factor)                                 │
│ │   │   ┌─────────────────────────────────────────────────────     │
│ │   │   │ remainder = remainder − factor                           │
│ ├─────────────────────────────────────────────────────────────────┤
│ │            number = factor                                       │
│ │ TRUE                              FALSE                           │
│ ├──────────────────────────────┬──────────────────────────────────┤
│ │ primeNumbers(i) = number     │                                  │
│ ├──────────────────────────────┤                                  │
│ │ i = i + 1                    │              ↓                   │
│ ├──────────────────────────────┤                                  │
│ │ count = count + 1            │                                  │
│ ├──────────────────────────────┴──────────────────────────────────┤
│ │ number = number + 1                                              │
└─────────────────────────────────────────────────────────────────┘
```

"3. 소수들과 개수를 출력한다." 처리단계를 작도해 보자. 출력 기능이다. 전형적인 순차 구조이다. 따라서 number를 반복제어변수로 사용하는 반복 구조 기호 아래쪽에 순차 구조 기호를 그린다. 그리고 print 키워드를 적고, 출력할 값들을 쉼표로 구분하여 적는다. 여기서는 primeNumbers와 count를 적으면 된다.

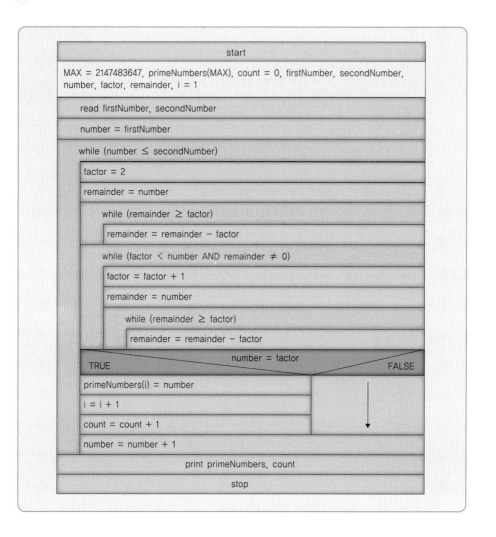

start
MAX = 2147483647, primeNumbers(MAX), count = 0, firstNumber, secondNumber, number, factor, remainder, i = 1
read firstNumber, secondNumber
number = firstNumber
while (number ≤ secondNumber)
factor = 2
remainder = number
while (remainder ≥ factor)
remainder = remainder − factor
while (factor < number AND remainder ≠ 0)
factor = factor + 1
remainder = number
while (remainder ≥ factor)
remainder = remainder − factor
number = factor
TRUE / FALSE
primeNumbers(i) = number
i = i + 1
count = count + 1
number = number + 1
print primeNumbers, count
stop

4 검토

다음은 이렇게 작성된 알고리듬이 정확한지를 확인해야 한다. 그러기 위해서 검토해야 한다. 검토하기 위해서는 몇 가지를 준비해야 한다.

검토할 때 사용할 나씨-슈나이더만 다이어그램을 준비하자. 평가해야 하는 순서대로 식마다 번호를 매기자. 여러분이 직접 해보자.

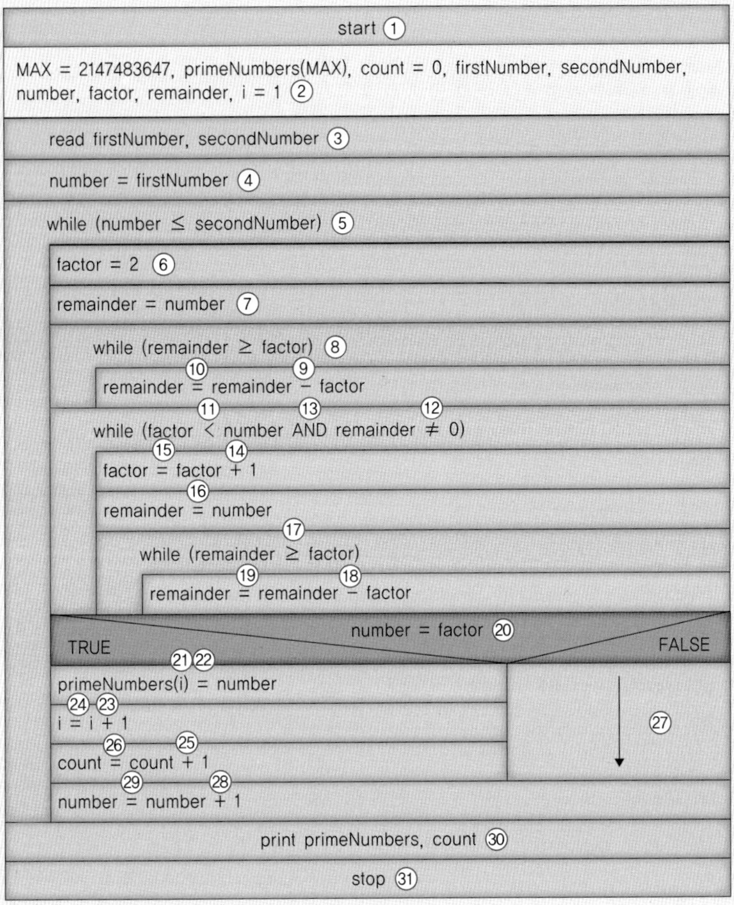
start ①
MAX = 2147483647, primeNumbers(MAX), count = 0, firstNumber, secondNumber, number, factor, remainder, i = 1 ②
read firstNumber, secondNumber ③
number = firstNumber ④
while (number ≤ secondNumber) ⑤
factor = 2 ⑥
remainder = number ⑦
while (remainder ≥ factor) ⑧
remainder ⑩ = remainder ⑨ − factor
while (factor ⑪ < number ⑬ AND remainder ⑫ ≠ 0)
factor ⑮ = factor ⑭ + 1
remainder ⑯ = number
⑰ while (remainder ≥ factor)
remainder ⑲ = remainder ⑱ − factor
number = factor ⑳
TRUE
FALSE
㉑㉒ primeNumbers(i) = number
㉔㉓ i = i + 1
count ㉖ = count ㉕ + 1
㉗
number ㉙ = number ㉘ + 1
print primeNumbers, count ㉚
stop ㉛

다음은 검토표를 만들자.

번호	명칭	초기	1	2	3	4	5
1	MAX						
2	count						
3	firstNumber						
4	secondNumber						
5	number						
6	factor						
7	remainder						
8	i						

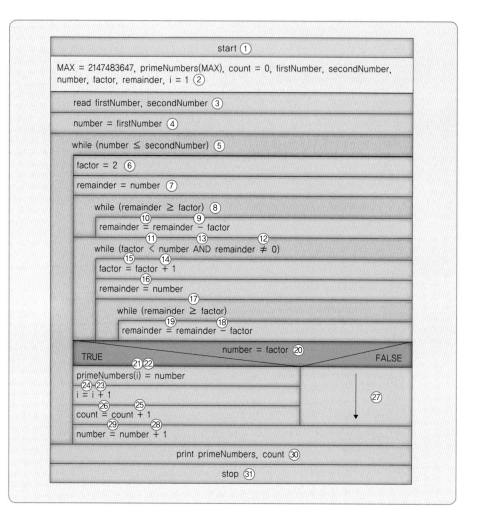

primeNumbers

다음은 입력데이터들을 설계해야 한다. 모델 구축에서 사용했던 데이터들을 이용하면 된다. 최소한 3회 이상 검토할 수 있도록 데이터들을 설계하도록 하라.

번호	첫 번째 수	두 번째 수
1	2	5
2	10	20
3	122	130

다음은 제어논리를 추적해야 한다. 자 시작해 보자.

①번 start가 적힌 순차 구조 기호부터 시작하자. start가 의미하는 것처럼 시작하자. 그리고 순차 구조이므로 아래쪽으로 이동하자. ②번 변수와 배열을 선언한 순차 구조 기호로 이동한다. 선언된 변수와 배열들을 참조하여 검토표에서 초기 열에 값을 적는다. 초기화되어 있으면 초깃값을 적고, 그렇지 않으면 쓰레기가 저장되어 있으므로 물음표를 적는다.

번호	명칭	초기	1	2	3	4	5
1	MAX	2147483647					
2	count	0					
3	firstNumber	?					
4	secondNumber	?					
5	number	?					
6	factor	?					
7	remainder	?					
8	i	1					

primeNumbers

?	?	?	?	?	?	?	?	?	?	?	?	?	?	?	?	?	?	?	?

초기화되어 있는 변수들, count와 i에 각각 0과 1을 적는다. 초기화되지 않는 배열과 변수들은 쓰레기이므로 물음표를 적는다.

③번 순차 구조 기호로 이동하자. 순차 구조 기호에 적힌 read로 알 수 있듯이 두 개의 수를 입력받는다. 설계된 입력데이터들에서 첫 번째라면, 입력으로 firstNumber와 secondNumber에 각각 2와 5가 저장된다. 따라서 검토표에서 1열에 firstNumber와 secondNumber에 2와 5를 적는다.

번호	명칭	초기	1	2	3	4	5
1	MAX	2147483647					
2	count	0					
3	firstNumber	?	2				
4	secondNumber	?	5				
5	number	?					
6	factor	?					
7	remainder	?					
8	i	1					

primeNumbers

?	?	?	?	?	?	?	?	?	?	?	?	?	?	?	?	?	?	?	?

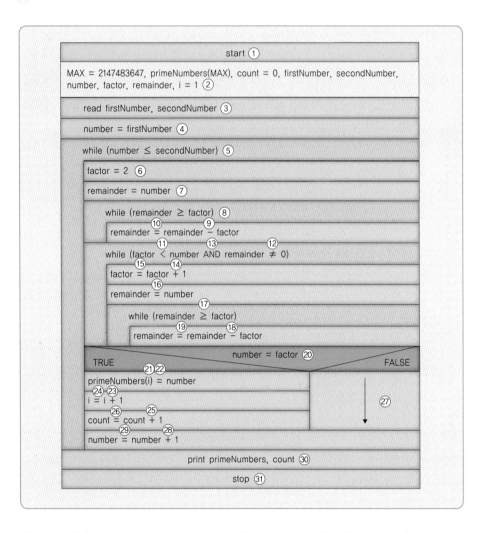

④번 치환식이 적힌 순차 구조 기호로 이동한다. firstNumber에 저장된 값 2를 읽어 number
에 저장한다. 따라서 검토표에서도 1열의 number에 2를 적는다.

번호	명칭	초기	1	2	3	4	5
1	MAX	2147483647					
2	count	0					
3	firstNumber	?	2				
4	secondNumber	?	5				
5	number	?	2				
6	factor	?					
7	remainder	?					
8	i	1					

primeNumbers

?	?	?	?	?	?	?	?	?	?	?	?	?	?	?	?	?	?	?	?

이렇게 초기화, 입력, 치환으로 값이 저장될 때 검토표가 바뀌어야 한다.

⑤번 반복 구조 기호로 이동한다. number ≤ secondNumber 조건식을 평가해야 한다. number와 secondNumber에 저장된 값들, 2와 5를 읽어 2가 5보다 작거나 같은지에 참인지 거짓인지를 결정한다. 참이다. 따라서 ⑥번 순차 구조 기호로 이동한다. 2를 factor에 저장한다. 따라서 검토표에서 1열에서 factor에 2를 적는다.

번호	명칭	초기	1	2	3	4	5
1	MAX	2147483647					
2	count	0					
3	firstNumber	?	2				
4	secondNumber	?	5				
5	number	?	2				
6	factor	?	2				
7	remainder	?					
8	i	1					

primeNumbers

?	?	?	?	?	?	?	?	?	?	?	?	?	?	?	?	?	?	?	?

⑦번 순차 구조 기호로 이동한다. number에 저장된 값 2를 읽어 remainder에 저장한다. 따라서 검토표에서 remainder에 2를 적는다.

번호	명칭	초기	1	2	3	4	5
1	MAX	2147483647					
2	count	0					
3	firstNumber	?	2				
4	secondNumber	?	5				
5	number	?	2				
6	factor	?	2				
7	remainder	?	2				
8	i	1					

primeNumbers

?	?	?	?	?	?	?	?	?	?	?	?	?	?	?	?	?	?	?	?

```
                          start ①

MAX = 2147483647, primeNumbers(MAX), count = 0, firstNumber, secondNumber,
number, factor, remainder, i = 1 ②

         read firstNumber, secondNumber ③

    number = firstNumber ④

    while (number ≤ secondNumber) ⑤

        factor = 2 ⑥

        remainder = number ⑦

            while (remainder ≥ factor) ⑧
                    ⑩              ⑨
                remainder = remainder − factor
                ⑪          ⑬          ⑫
            while (factor < number AND remainder ≠ 0)
                    ⑮      ⑭
                factor = factor + 1
                        ⑯
                remainder = number
                                ⑰
                    while (remainder ≥ factor)
                        ⑲          ⑱
                    remainder = remainder − factor

        TRUE                    number = factor ⑳           FALSE
                ㉑㉒
        primeNumbers(i) = number
        ㉔ ㉓
        i = i + 1                                                    ㉗
            ㉖      ㉕
        count = count + 1
        ㉙          ㉘
    number = number + 1

                print primeNumbers, count ㉚

                          stop ㉛
```

⑧번 반복 구조 기호로 이동한다. remainder에 저장된 값 2와 factor에 저장된 값 2를 읽어 2가 2보다 크거나 같은지에 참인지 거짓인지를 결정한다. 참이다. 선 검사 반복구조이므로 반복해야 한다. 따라서 반복 구조 기호 내 순차 구조 기호로 이동하여 ⑨번 산술식을 평가한다. remainder에 저장된 값 2를 읽어 레지스터에 저장하고, factor에 저장된 값 2를 읽어뺀다. 그러면 빼서 구해진 값 0이 레지스터에 저장된다. 다음은 ⑩번 치환식으로 레지스터에 저장된 값 0을 remainder에 저장한다. 그러면 검토표는 다음과 같이 정리된다.

번호	명칭	초기	1	2	3	4	5
1	MAX	2147483647					
2	count	0					

3	firstNumber	?	2				
4	secondNumber	?	5				
5	number	?	2				
6	factor	?	2				
7	remainder	?	2/0				
8	i	1					

primeNumbers

?	?	?	?	?	?	?	?	?	?	?	?	?	?	?	?	?	?	?	?

반복해야 하는 내용을 처리한 후에는 반복 구조 기호에 적힌 조건식을 평가해야 하므로 ⑧ 번 반복 구조 기호로 이동한다. remainder에 저장된 값 0과 factor에 저장된 값 2를 읽어 0이 2보다 크거나 같은지에 참인지 거짓인지를 결정한다. 거짓이다. 선 검사 반복구조이 므로 반복을 탈출해야 한다.

따라서 ⑪번 반복 구조 기호로 이동한다. 조건식을 평가해야 한다. 평가 순서는 번호대로 하면 된다. 관계식을 먼저하고, 논리식을 다음에 한다. 두 개의 관계식은 결합성에 의해서 왼쪽을 오른쪽보다 먼저 평가한다. factor 〈 number ⑪번 관계식을 평가해 보자. factor에 저장된 값 2와 number에 저장된 값 2를 읽어 2가 2보다 작은지에 참인지 거짓인지를 결정해 야 한다. 거짓이다. 따라서 조건식에 사용된 논리곱 논리식이면 왼쪽에 사용된 값이 거짓이 면, 오른쪽 값은 평가하지 않는다. 따라서 반복구조의 조건식이 거짓이다. 반복하지 않는다.

따라서 ⑳번 선택 구조 기호로 이동한다. 선택구조에서도 조건식을 평가해서 제어 흐름을 정해야 한다. 따라서 number = factor인 조건식을 먼저 평가해야 한다. number에 저장 된 값 2와 factor에 저장된 값 2를 읽어 2와 2가 같은지를 참인지 거짓인지를 결정해야 한 다. 참이다. TRUE가 적힌 삼각형 아래쪽에 있는 순차 구조 기호로 이동한다.

㉑번에서 소괄호는 첨자 연산자라서 i에 저장된 값 1을 첨자로 하여 첫 번째 배열요소에 저 장된 값을 의미한다. ㉒번 치환식에 의해서 number에 저장된 값 2를 첫 번째 배열요소에 복사하여 저장한다. 따라서 검토표는 다음과 같이 정리된다.

| start ① |
| MAX = 2147483647, primeNumbers(MAX), count = 0, firstNumber, secondNumber, number, factor, remainder, i = 1 ② |

read firstNumber, secondNumber ③

number = firstNumber ④

while (number ≤ secondNumber) ⑤

factor = 2 ⑥

remainder = number ⑦

while (remainder ≥ factor) ⑧

remainder = remainder − factor ⑩ ⑨

while (factor < number AND remainder ≠ 0) ⑪ ⑬ ⑫

factor = factor + 1 ⑮ ⑭

remainder = number ⑯

while (remainder ≥ factor) ⑰

remainder = remainder − factor ⑲ ⑱

number = factor ⑳

TRUE

FALSE

primeNumbers(i) = number ㉑ ㉒

i = i + 1 ㉔ ㉓

count = count + 1 ㉖ ㉕

⑳

number = number + 1 ㉙ ㉘

print primeNumbers, count ㉚

stop ㉛

번호	명칭	초기	1	2	3	4	5
1	MAX	2147483647					
2	count	0					
3	firstNumber	?	2				
4	secondNumber	?	5				
5	number	?	2				
6	factor	?	2				
7	remainder	?	2/0				
8	i	1					

primeNumbers

2	?	?	?	?	?	?	?	?	?	?	?	?	?	?	?	?	?	?	?

㉓번으로 이동하여 식을 평가한다. i에 저장된 값 1을 읽어 레지스터에 복사하고, 읽힌 값에 1을 더하여 구한 값 2를 ㉔번 치환식으로 다시 i에 저장한다. 따라서 i에 저장되는 값은 2이다. 치환으로 값이 기억장소에 저장되었으므로 검토표를 정리해야 한다.

번호	명칭	초기	1	2	3	4	5
1	MAX	2147483647					
2	count	0					
3	firstNumber	?	2				
4	secondNumber	?	5				
5	number	?	2				
6	factor	?	2				
7	remainder	?	2/0				
8	i	1	2				

primeNumbers

2	?	?	?	?	?	?	?	?	?	?	?	?	?	?	?	?	?	?	?

㉕번으로 이동한다. ㉕번은 산술식이다. count에 저장된 값 0을 읽어 레지스터로 복사한다. 레지스터에 복사된 값에 1을 더하여 1을 구한다. ㉖번 치환식으로 더하기로 구해져서 레지스터에 저장된 값 1을 count에 복사하여 저장한다. 그러면 count에 저장된 값은 1이다.

번호	명칭	초기	1	2	3	4	5
1	MAX	2147483647					
2	count	0	1				
3	firstNumber	?	2				
4	secondNumber	?	5				
5	number	?	2				
6	factor	?	2				
7	remainder	?	2/0				
8	i	1	2				

primeNumbers

2	?	?	?	?	?	?	?	?	?	?	?	?	?	?	?	?	?	?	?

㉘번으로 이동한다. 더하기 산술식이므로 number에 저장된 값 2를 읽어 레지스터에 복사한다. 그리고 복사된 값 2에 1을 더하여 값을 구한다. 구해진 값은 3이다. ㉙번 치환식으로 레지스터에 저장된 값 3이 number에 복사되어 저장된다. 따라서 number에 저장된 값은 3이 된다. 두 번째 반복에 사용되는 수이다. 따라서 검토표에서 2열에 number 칸에 3을 적는다.

start ①

MAX = 2147483647, primeNumbers(MAX), count = 0, firstNumber, secondNumber, number, factor, remainder, i = 1 ②

read firstNumber, secondNumber ③

number = firstNumber ④

while (number ≤ secondNumber) ⑤

  factor = 2 ⑥

  remainder = number ⑦

    while (remainder ≥ factor) ⑧
      ⑩   ⑨
      remainder = remainder − factor

    ⑪   ⑬   ⑫
    while (factor < number AND remainder ≠ 0)
      ⑮   ⑭
      factor = factor + 1
      ⑯
      remainder = number
      ⑰
        while (remainder ≥ factor)
          ⑲   ⑱
          remainder = remainder − factor

number = factor ⑳

TRUE		FALSE
primeNumbers(i) = number ㉑㉒		
㉔ ㉓ i = i + 1		㉗
㉖ ㉕ count = count + 1		
㉙ ㉘ number = number + 1		

print primeNumbers, count ㉚

stop ㉛

번호	명칭	초기	1	2	3	4	5
1	MAX	2147483647					
2	count	0	1				
3	firstNumber	?	2				
4	secondNumber	?	5				
5	number	?	2	3			
6	factor	?	2				
7	remainder	?	2/0				
8	i	1	2				

primeNumbers

| 2 | ? | ? | ? | ? | ? | ? | ? | ? | ? | ? | ? | ? | ? | ? | ? | ? | ? | ? | ? |

반복해야 하는 것들에서 마지막 처리를 했기 때문에 다시 반복 구조 기호의 조건식으로 이동하여야 한다. 왜냐하면, 반복구조에서는 조건식의 평가 결과로 제어 흐름이 결정되기 때문이다. 따라서 바깥쪽 반복 구조 기호에 적힌 ⑤번 조건식으로 이동한다. number에 저장된 값 3과 secondNumber에 저장된 값 5를 읽어 3이 5보다 작거나 같은지 관계식을 평가하면 참이다. 선 검사 반복구조이므로 ⑥번 순차 구조 기호로 이동한다. 2를 factor에 저장한다. 따라서 검토표에서 2열에서 factor에 2를 적는다.

번호	명칭	초기	1	2	3	4	5
1	MAX	2147483647					
2	count	0	1				
3	firstNumber	?	2				
4	secondNumber	?	5				
5	number	?	2	3			
6	factor	?	2	2			
7	remainder	?	2/0				
8	i	1	2				

primeNumbers

| 2 | ? | ? | ? | ? | ? | ? | ? | ? | ? | ? | ? | ? | ? | ? | ? | ? | ? | ? | ? |

⑦번 순차 구조 기호로 이동한다. number에 저장된 값 3을 읽어 remainder에 저장한다. 따라서 검토표에서 2열의 remainder에 3을 적는다.

번호	명칭	초기	1	2	3	4	5
1	MAX	2147483647					
2	count	0	1				
3	firstNumber	?	2				
4	secondNumber	?	5				
5	number	?	2	3			
6	factor	?	2	2			
7	remainder	?	2/0	3			
8	i	1	2				

primeNumbers

| 2 | ? | ? | ? | ? | ? | ? | ? | ? | ? | ? | ? | ? | ? | ? | ? | ? | ? | ? | ? |

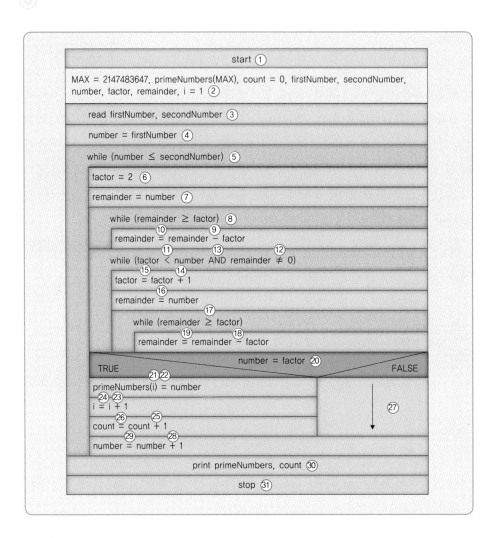

start ①

MAX = 2147483647, primeNumbers(MAX), count = 0, firstNumber, secondNumber, number, factor, remainder, i = 1 ②

read firstNumber, secondNumber ③

number = firstNumber ④

while (number ≤ secondNumber) ⑤

factor = 2 ⑥

remainder = number ⑦

while (remainder ≥ factor) ⑧

remainder = remainder − factor ⑩ ⑨

while (factor < number AND remainder ≠ 0) ⑪ ⑬ ⑫

factor = factor + 1 ⑮ ⑭

remainder = number ⑯

while (remainder ≥ factor) ⑰

remainder = remainder − factor ⑲ ⑱

number = factor ⑳

TRUE ㉑㉒ FALSE

primeNumbers(i) = number
i = i + 1 ㉔ ㉓
count = count + 1 ㉖ ㉕
number = number + 1 ㉙ ㉘

㉗

print primeNumbers, count ㉚

stop ㉛

⑧번 반복 구조 기호로 이동한다. remainder에 저장된 값 3과 factor에 저장된 값 2를 읽어 3이 2보다 크거나 같은지를 참인지 거짓인지를 결정한다. 참이다. 선 검사 반복구조 이므로 반복한다. 따라서 반복 구조 기호 내 순차 구조 기호로 이동하여 ⑨번 산술식을 평가한다. remainder에 저장된 값 3을 읽어 레지스터에 저장하고, factor에 저장된 값 2를 읽어 뺀다. 그러면 빼서 구해진 값 1이 레지스터에 저장된다. 다음은 ⑩번 치환식으로 레지스터에 저장된 값 1을 remainder에 저장한다. 그러면 검토표는 다음과 같이 정리된다.

번호	명칭	초기	1	2	3	4	5
1	MAX	2147483647					
2	count	0	1				
3	firstNumber	?	2				
4	secondNumber	?	5				
5	number	?	2	3			
6	factor	?	2	2			
7	remainder	?	2/0	3/1			
8	i	1	2				

primeNumbers

2	?	?	?	?	?	?	?	?	?	?	?	?	?	?	?	?	?	?	?

반복구조이므로 다시 ⑧번 반복 구조 기호로 이동한다. remainder에 저장된 값 1과 factor
에 저장된 값 2를 읽어 1이 2보다 크거나 같은지 관계식을 평가한다. 거짓이다. 반복하지
않는다. 탈출한다. 따라서 ⑪번 반복 구조 기호로 이동한다. 조건식을 평가해야 한다. 평
가 순서는 번호대로 하면 된다. 관계식을 먼저 평가하고, 논리식을 다음에 평가한다. 두 개
의 관계식은 결합성에 의해서 왼쪽을 오른쪽보다 먼저 평가한다. factor 〈 number ⑪번
관계식을 평가해 보자. factor에 저장된 값 2와 number에 저장된 값 3을 읽어 2가 3보다
작은지에 참인지 거짓인지를 결정해야 한다. 참이다. 그러면 remainder ≠ 0 관계식을 평
가해야 한다. remainder에 저장된 값은 1이다. 따라서 1이 0과 같지 않으므로 관계식을 평
가하면 참이다. 관계식들을 평가한 값들이 모두 참이므로 논리곱 논리식을 평가하면 참이
다. 선 검사 반복구조이므로 반복해야 한다.

반복 구조 기호 안으로 이동하여 순차 구조 기호로 이동한다. 그래서 ⑭번 산술식을 평가
한다. factor에 저장된 값 2를 읽어 레지스터에 복사한 다음 1을 더하여 3을 구해서 레지스
터에 저장한다. 그리고 ⑮번 치환식에 의해서 다시 주기억장치에 할당된 factor에 저장한
다. 따라서 검토표가 정리되어야 한다.

start ①

MAX = 2147483647, primeNumbers(MAX), count = 0, firstNumber, secondNumber, number, factor, remainder, i = 1 ②

read firstNumber, secondNumber ③

number = firstNumber ④

while (number ≤ secondNumber) ⑤

factor = 2 ⑥

remainder = number ⑦

while (remainder ≥ factor) ⑧

⑩ ⑨
remainder = remainder − factor

⑪ ⑬ ⑫
while (factor < number AND remainder ≠ 0)

⑮ ⑭
factor = factor + 1

⑯
remainder = number

⑰
while (remainder ≥ factor)

⑲ ⑱
remainder = remainder − factor

number = factor ⑳

TRUE	FALSE
primeNumbers(i) = number ㉑㉒	
i = i + 1 ㉔㉓	㉗
count = count + 1 ㉖ ㉕	
number = number + 1 ㉙ ㉘	

print primeNumbers, count ㉚

stop ㉛

번호	명칭	초기	1	2	3	4	5
1	MAX	2147483647					
2	count	0	1				
3	firstNumber	?	2				
4	secondNumber	?	5				
5	number	?	2	3			
6	factor	?	2	2/3			
7	remainder	?	2/0	3/1			
8	i	1	2				

primeNumbers

2	?	?	?	?	?	?	?	?	?	?	?	?	?	?	?	?	?	?	?	?

그리고 아래쪽 순차 구조 기호로 이동한다. ⑯번 치환식으로 number에 저장된 값 3을 읽어 레지스터에 복사하고, 다시 레지스터에 복사된 값 3을 주기억장치에 할당된 remainder에 복사하여 저장한다. 따라서 검토표를 정리해야 한다.

번호	명칭	초기	1	2	3	4	5
1	MAX	2147483647					
2	count	0	1				
3	firstNumber	?	2				
4	secondNumber	?	5				
5	number	?	2	3			
6	factor	?	2	2/3			
7	remainder	?	2/0	3/1/3			
8	i	1	2				

primeNumbers

2	?	?	?	?	?	?	?	?	?	?	?	?	?	?	?	?	?	?	?

그리고 반복 구조 기호로 이동한다. ⑰번 관계식을 평가해야 한다. 평가한 결과에 따라 반복할지 말지를 결정해야 한다. remainder에 저장된 값 3과 factor에 저장된 값 3을 읽어 3이 3보다 크거나 같은지를 평가하는 것인데, 같으므로 참이다. 따라서 선 검사 반복구조이므로 반복해야 한다. 그러면 반복 구조 기호 내 순차 구조 기호로 이동한다.

⑱번 산술식을 평가한다. remainder에 저장된 값 3을 읽어 레지스터에 복사하여 저장하고, factor에 저장된 값 3을 읽어 뺀다. 그러면 3에서 3을 뺀 결과는 0이고 레지스터에 저장된다. 다음은 ⑲번 치환식으로 0을 remainder에 복사하여 저장한다. 따라서 검토표를 정리한다.

번호	명칭	초기	1	2	3	4	5
1	MAX	2147483647					
2	count	0	1				
3	firstNumber	?	2				
4	secondNumber	?	5				
5	number	?	2	3			
6	factor	?	2	2/3			
7	remainder	?	2/0	3/1/3/0			
8	i	1	2				

primeNumbers

2	?	?	?	?	?	?	?	?	?	?	?	?	?	?	?	?	?	?	?

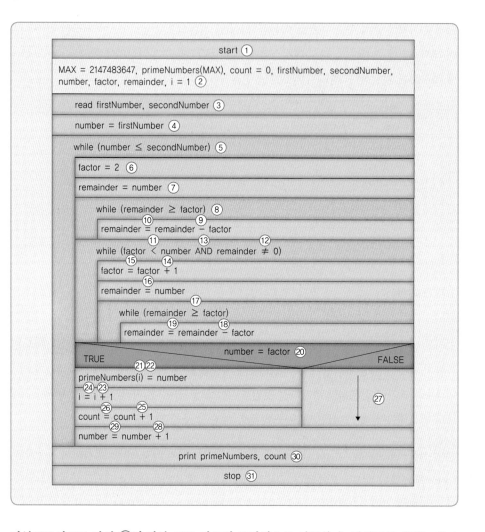

반복구조이므로 다시 ⑰번 반복 구조 기호의 조건식으로 이동한다. 반복구조에서는 반드시 조건식을 평가한 결과에 따라 제어 흐름이 결정되어야 하기 때문이다. remainder에 저장된 값 0을 읽고, factor에 저장된 값 3을 읽어 0이 3보다 크거나 같은지를 평가하는데, 0이 3보다 작으므로 거짓이다. 따라서 반복하지 않는다. 그러면 다시 바깥쪽 반복 구조 기호의 조건식으로 이동한다. 그래서 ⑪번 관계식을 평가해야 한다. factor에 저장된 값 3을 읽고 number에 저장된 값 3을 읽어 3이 3보다 작은지를 평가해야 한다. 같으므로 거짓이다. 논리곱 논리식을 사용하고 있다. 피연산자 하나라도 거짓이면 논리곱 논리식은 거짓이므로 다른 피연산자를 구할 필요가 없다. 따라서 ⑫번 관계식을 평가하지 않는다. 그리고 식들의 평가 결과는 거짓이다. 따라서 선 검사 반복구조이므로 반복을 탈출한다. 그러면 선택 구조 기호로 이동한다. 그래서 ⑳번 관계식을 평가해야 한다. 검토표를 보면, number에 저장된 값 3을 읽고 factor에 저장된 값 3을 읽어 같은지를 보아야 하는데, 같으므로 참이다. TRUE가 적힌 왼쪽 삼각형 쪽으로 이동하여 순차 구조 기호로 이동한다. ㉑번 첨자 연산식에서 i에 저장된 값 2를 참고하여 두 번째 배열요소에 저장되는 값으로 ㉒번 치환식으로 number에 저장된 값 3을 읽어 복사하여 저장한다. 따라서 검토표가 정리되어야 한다.

번호	명칭	초기	1	2	3	4	5
1	MAX	2147483647					
2	count	0	1				
3	firstNumber	?	2				
4	secondNumber	?	5				
5	number	?	2	3			
6	factor	?	2	2/3			
7	remainder	?	2/0	3/1/3/0			
8	i	1	2				

primeNumbers

2	3	?	?	?	?	?	?	?	?	?	?	?	?	?	?	?	?	?	?

아래쪽 순차 구조 기호로 이동한다. ㉓번 산술식으로 i에 저장된 값 2를 읽어 레지스터에 복사하여 저장하고, 1을 더하여 3을 구한 다음에 레지스터에 저장한다. ㉔번 치환식으로 레지스터에 저장된 값 3을 주기억장치에 할당된 i에 복사하여 저장한다. 검토표를 정리하자.

번호	명칭	초기	1	2	3	4	5
1	MAX	2147483647					
2	count	0	1				
3	firstNumber	?	2				
4	secondNumber	?	5				
5	number	?	2	3			
6	factor	?	2	2/3			
7	remainder	?	2/0	3/1/3/0			
8	i	1	2	3			

primeNumbers

2	3	?	?	?	?	?	?	?	?	?	?	?	?	?	?	?	?	?	?

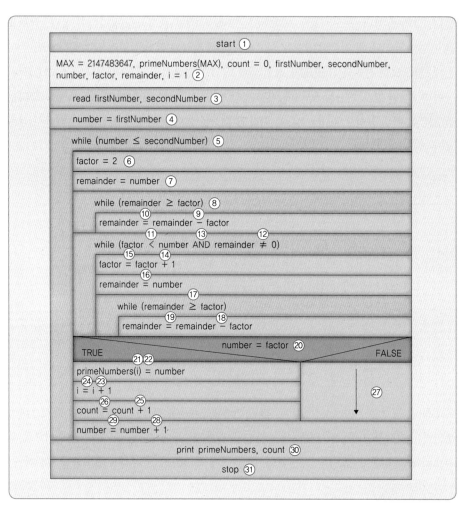

아래쪽 순차 구조 기호로 이동한다. ㉕번 산술식으로 count에 저장된 값 1을 읽어 레지스터에 복사하여 저장한다. 저장된 값 1에 1을 더하여 구한 값 2를 레지스터에 저장한다. ㉖번 치환식으로 레지스터에 저장된 값 2를 count에 복사하여 저장한다.

번호	명칭	초기	1	2	3	4	5
1	MAX	2147483647					
2	count	0	1	2			
3	firstNumber	?	2				
4	secondNumber	?	5				
5	number	?	2	3			
6	factor	?	2	2/3			
7	remainder	?	2/0	3/1/3/0			

8	i	1	2	3			

primeNumbers

2	3	?	?	?	?	?	?	?	?	?	?	?	?	?	?	?	?	?	?

아래쪽 순차 구조 기호로 이동한다. ㉘번 산술식으로 number에 저장된 값 3을 읽어 레지스터에 저장하고, 1을 더하여 구한 값 4를 레지스터에 저장한다. ㉙번 치환식으로 레지스터에 저장된 값 4를 읽어 주기억장치에 할당된 number에 저장한다.

번호	명칭	초기	1	2	3	4	5
1	MAX	2147483647					
2	count	0	1	2			
3	firstNumber	?	2				
4	secondNumber	?	5				
5	number	?	2	3	4		
6	factor	?	2	2/3			
7	remainder	?	2/0	3/1/3/0			
8	i	1	2	3			

primeNumbers

2	3	?	?	?	?	?	?	?	?	?	?	?	?	?	?	?	?	?	?

세 번째 반복을 위한 number이므로 열 이름이 3인 열과 number 줄이 만나는 칸에 4를 적는다. 반복구조이므로 가장 바깥쪽 반복구조의 조건식으로 이동한다. ⑤번 관계식을 평가해야 한다. number에 저장된 값 4와 secondNumber에 저장된 값 5를 읽어 4가 5보다 작거나 같은지를 평가해야 한다. 4가 5보다 작으므로 참이다. 따라서 반복해야 한다.

반복 구조 기호 안으로 순차 구조 기호로 이동한다. ⑥번 치환식으로 2를 factor에 저장한다. 따라서 검토표에서 3열에서 factor에 2를 적는다.

```
                              start ①

MAX = 2147483647, primeNumbers(MAX), count = 0, firstNumber, secondNumber,
number, factor, remainder, i = 1 ②

      read firstNumber, secondNumber ③

      number = firstNumber ④

      while (number ≤ secondNumber) ⑤

        factor = 2 ⑥

        remainder = number ⑦

            while (remainder ≥ factor) ⑧
                    ⑩           ⑨
                remainder = remainder − factor
                  ⑪         ⑬              ⑫
            while (factor < number AND remainder ≠ 0)
                  ⑮      ⑭
                factor = factor + 1
                       ⑯
                remainder = number
                              ⑰
                while (remainder ≥ factor)
                          ⑲          ⑱
                    remainder = remainder − factor

                          number = factor ⑳
        TRUE                                              FALSE
              ㉑ ㉒
        primeNumbers(i) = number
            ㉔ ㉓
        i = i + 1
          ㉖          ㉕                                      ㉗
        count = count + 1
          ㉙          ㉘
        number = number + 1

                    print primeNumbers, count ㉚

                              stop ㉛
```

번호	명칭	초기	1	2	3	4	5
1	MAX	2147483647					
2	count	0	1	2			
3	firstNumber	?	2				
4	secondNumber	?	5				
5	number	?	2	3	4		
6	factor	?	2	2/3	2		
7	remainder	?	2/0	3/1/3/0			
8	i	1	2	3			

primeNumbers

2	3	?	?	?	?	?	?	?	?	?	?	?	?	?	?	?	?	?	?

다시 아래쪽 순차 구조 기호로 이동한다. 이번에는 ⑦번 치환식으로 number에 저장된 값 4를 읽어 remainder에 저장한다. 따라서 검토표에서 remainder에 4를 적는다.

번호	명칭	초기	1	2	3	4	5
1	MAX	2147483647					
2	count	0	1	2			
3	firstNumber	?	2				
4	secondNumber	?	5				
5	number	?	2	3	4		
6	factor	?	2	2/3	2		
7	remainder	?	2/0	3/1/3/0	4		
8	i	1	2	3			

primeNumbers

2	3	?	?	?	?	?	?	?	?	?	?	?	?	?	?	?	?	?	?

다음은 반복 구조 기호로 이동한다. ⑧번 관계식을 평가해야 한다. remainder에 저장된 값 4를 읽고, factor에 저장된 값 2를 읽어 4가 2보다 크거나 같은지를 평가해야 한다. 4가 2보다 크므로 반복 구조 기호 안으로 순차 구조 기호로 이동한다. ⑨번 산술식으로 remainder에 저장된 값 4를 읽고, factor에 저장된 값 2를 읽어 4에서 2를 뺀 값 2를 구해서 레지스터에 저장한다. ⑩번 치환식으로 레지스터에 저장된 값 2를 다시 remainder에 저장한다.

번호	명칭	초기	1	2	3	4	5
1	MAX	2147483647					
2	count	0	1	2			
3	firstNumber	?	2				
4	secondNumber	?	5				
5	number	?	2	3	4		
6	factor	?	2	2/3	2		
7	remainder	?	2/0	3/1/3/0	4/2		
8	i	1	2	3			

primeNumbers

2	3	?	?	?	?	?	?	?	?	?	?	?	?	?	?	?	?	?	?

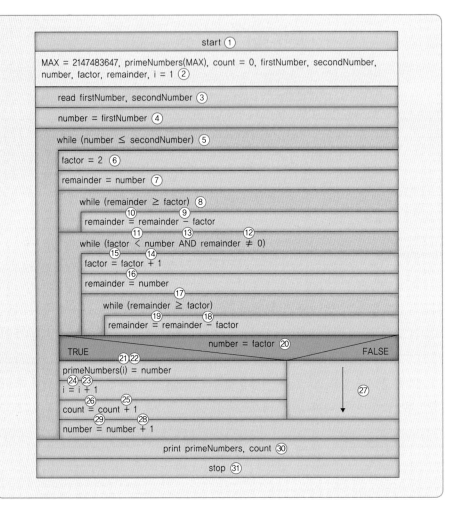

반복구조이므로 반복 구조 기호에 적힌 조건식을 평가해야 한다. ⑧번 관계식으로 remainder 에 저장된 값 2와 factor에 저장된 값 2를 읽어 2가 2보다 크거나 같은지를 평가한다. 같으므로 참이다. 따라서 반복 구조 기호 내 순차 구조 기호로 이동한다. ⑨번 산술식으로 remainder에 저장된 값 2를 읽어 레지스터에 저장한다. factor에 저장된 값 2를 읽어 레지스터에 저장된 값 2에서 뺀다. 그러면 구해지는 값은 0이다. 0을 레지스터에 저장한다. ⑩번 치환식으로 레지스터에 저장된 값 0을 주기억장치에 할당된 remainder에 저장한다.

번호	명칭	초기	1	2	3	4	5
1	MAX	2147483647					
2	count	0	1	2			
3	firstNumber	?	2				

4	secondNumber	?	5				
5	number	?	2	3	4		
6	factor	?	2	2/3	2		
7	remainder	?	2/0	3/1/3/0	4/2/0		
8	i	1	2	3			

primeNumbers

2	3	?	?	?	?	?	?	?	?	?	?	?	?	?	?	?	?	?	?

반복구조이므로 반복 구조 기호에 적힌 조건식으로 이동하여 평가한다. ⑧번 관계식을 평가해보자. remainder에 저장된 값 0과 factor에 저장된 값 2를 읽어 0이 2보다 크거나 같은지를 평가하면, 0이 2보다 작으므로 거짓이다. 따라서 선 검사 반복구조이므로 반복하지 않는다.

아래쪽 반복구조 기호로 이동한다. while 선 검사 반복구조이므로 조건식을 먼저 평가한다. ⑪번 관계식으로 factor에 저장된 값 2와 number에 저장된 값 4를 읽어 2가 4보다 작은지를 평가하면 2가 4보다 작으므로 참이다. 그러면 다시 ⑫번 관계식으로 remainder에 저장된 값 0과 0이 같지 않은지를 평가하는 데 같으므로 거짓이다. 따라서 참과 거짓을 가지고 ⑬번 논리곱 논리식을 평가하면 거짓이다. 따라서 반복하지 않는다.

반복하지 않으므로 선택 구조 기호로 이동한다. ⑳번 관계식을 평가하자. number에 저장된 값 4와 factor에 저장된 값 2를 읽어 같은지를 평가하면, 같지 않으므로 거짓이다. 그러면 FALSE가 적힌 오른쪽 삼각형 쪽으로 이동하여 ㉗번 화살표를 따라 아래쪽으로 제어 흐름이 이동한다. 따라서 순차 구조 기호로 이동한다. ㉘번 산술식으로 number에 저장된 값 4를 읽어 레지스터에 저장한다. 레지스터에 저장된 값 4에 1을 더해 구한 값 5를 레지스터에 저장한다. ㉙번 치환식으로 레지스터에 저장된 값 5를 읽어 주기억장치 number에 저장한다.

번호	명칭	초기	1	2	3	4	5
1	MAX	2147483647					
2	count	0	1	2			
3	firstNumber	?	2				
4	secondNumber	?	5				
5	number	?	2	3	4	5	
6	factor	?	2	2/3	2		
7	remainder	?	2/0	3/1/3/0	4/2/0		
8	i	1	2	3			

start ①

MAX = 2147483647, primeNumbers(MAX), count = 0, firstNumber, secondNumber,
number, factor, remainder, i = 1 ②

read firstNumber, secondNumber ③

number = firstNumber ④

while (number ≤ secondNumber) ⑤

  factor = 2 ⑥

  remainder = number ⑦

    while (remainder ≥ factor) ⑧

      ⑩   ⑨
      remainder = remainder − factor

    ⑪   ⑬   ⑫
    while (factor < number AND remainder ≠ 0)

      ⑮ ⑭
      factor = factor + 1

      ⑯
      remainder = number

        ⑰
        while (remainder ≥ factor)

          ⑲   ⑱
          remainder = remainder − factor

number = factor ⑳

TRUE   FALSE

primeNumbers(i) = number   ㉑㉒

i = i + 1   ㉔㉓

count = count + 1   ㉖㉕

number = number + 1   ㉙㉘

㉗

print primeNumbers, count ㉚

stop ㉛

primeNumbers

2	3	?	?	?	?	?	?	?	?	?	?	?	?	?	?	?	?	?	?

반복구조이므로 반복 구조 기호에 적힌 조건식으로 이동하여 평가해야 한다. 관계식을 평가하면, number에 저장된 값 5와 secondNumber에 저장된 값 5를 읽어 5가 5보다 작거나 같은지를 평가한다. 같으므로 참이다. 따라서 while 선 검사 반복구조이므로 반복한다. 반복 구조 기호 안으로 순차 구조 기호로 이동한다. ⑥번 치환식으로 2를 factor에 저장한다. 따라서 검토표에서 4열의 factor에 2를 적는다.

번호	명칭	초기	1	2	3	4	5
1	MAX	2147483647					

2	count	0	1	2		
3	firstNumber	?	2			
4	secondNumber	?	5			
5	number	?	2	3	4	5
6	factor	?	2	2/3	2	2
7	remainder	?	2/0	3/1/3/0	4/2/0	
8	i	1	2	3		

primeNumbers

| 2 | 3 | ? | ? | ? | ? | ? | ? | ? | ? | ? | ? | ? | ? | ? | ? | ? | ? | ? | ? |

다시 아래쪽 순차 구조 기호로 이동한다. 이번에는 ⑦번 치환식으로 number에 저장된 값 5를 읽어 remainder에 저장한다. 따라서 검토표에서 4열의 remainder에 5를 적는다.

번호	명칭	초기	1	2	3	4	5
1	MAX	2147483647					
2	count	0	1	2			
3	firstNumber	?	2				
4	secondNumber	?	5				
5	number	?	2	3	4	5	
6	factor	?	2	2/3	2	2	
7	remainder	?	2/0	3/1/3/0	4/2/0	5	
8	i	1	2	3			

primeNumbers

| 2 | 3 | ? | ? | ? | ? | ? | ? | ? | ? | ? | ? | ? | ? | ? | ? | ? | ? | ? | ? |

다음은 반복 구조 기호로 이동한다. ⑧번 관계식을 평가해야 한다. remainder에 저장된 값 5를 읽고, factor에 저장된 값 2를 읽어 5가 2보다 크거나 같은지를 평가해야 한다. 5가 2보다 크므로 반복 구조 기호 안으로 순차 구조 기호로 이동한다. ⑨번 산술식으로 remainder에 저장된 값 5를 읽고, factor에 저장된 값 2를 읽어 5에서 2를 뺀 값 3을 구해서 레지스터에 저장한다. ⑩번 치환식으로 레지스터에 저장된 값 3을 다시 remainder에 저장한다.

start ①

MAX = 2147483647, primeNumbers(MAX), count = 0, firstNumber, secondNumber, number, factor, remainder, i = 1 ②

read firstNumber, secondNumber ③

number = firstNumber ④

while (number ≤ secondNumber) ⑤

    factor = 2 ⑥

    remainder = number ⑦

        while (remainder ≥ factor) ⑧
        ⑩   ⑨
        remainder = remainder − factor
    ⑪   ⑬   ⑫
    while (factor < number AND remainder ≠ 0)
        ⑮   ⑭
        factor = factor + 1
        ⑯
        remainder = number
            ⑰
            while (remainder ≥ factor)
            ⑲   ⑱
            remainder = remainder − factor

number = factor ⑳

TRUE ㉑㉒	FALSE
primeNumbers(i) = number ㉔㉓ i = i + 1 ㉖ ㉕ count = count + 1 ㉙ ㉘ number = number + 1	↓ ㉗

print primeNumbers, count ㉚

stop ㉛

번호	명칭	초기	1	2	3	4	5
1	MAX	2147483647					
2	count	0	1	2			
3	firstNumber	?	2				
4	secondNumber	?	5				
5	number	?	2	3	4	5	
6	factor	?	2	2/3	2	2	
7	remainder	?	2/0	3/1/3/0	4/2/0	5/3	
8	i	1	2	3			

primeNumbers

2	3	?	?	?	?	?	?	?	?	?	?	?	?	?	?	?	?	?	?

반복구조이므로 반복 구조 기호에 적힌 조건식을 평가해야 한다. ⑧번 관계식으로 remainder에 저장된 값 3과 factor에 저장된 값 2를 읽어 3이 2보다 크거나 같은지를 평가한다. 크므로 참이다. 따라서 반복 구조 기호 내로 순차 구조 기호로 이동한다. ⑨번 산술식으로 remainder에 저장된 값 3을 읽어 레지스터에 저장한다. factor에 저장된 값 2를 읽어 레지스터에 저장된 값 3에서 뺀다. 그러면 구해지는 값은 1이다. 1을 레지스터에 저장한다. ⑩번 치환식으로 레지스터에 저장된 값 1을 주기억장치에 할당된 remainder에 저장한다.

번호	명칭	초기	1	2	3	4	5
1	MAX	2147483647					
2	count	0	1	2			
3	firstNumber	?	2				
4	secondNumber	?	5				
5	number	?	2	3	4	5	
6	factor	?	2	2/3	2	2	
7	remainder	?	2/0	3/1/3/0	4/2/0	5/3/1	
8	i	1	2	3			

primeNumbers

2	3	?	?	?	?	?	?	?	?	?	?	?	?	?	?	?	?	?	?

반복구조이므로 반복 구조 기호에 적힌 조건식으로 이동하여 평가한다. ⑧번 관계식을 평가해보자. remainder에 저장된 값 1과 factor에 저장된 값 2를 읽어 1이 2보다 크거나 같은지를 평가하면, 1이 2보다 작으므로 거짓이다. 따라서 선 검사 반복구조이므로 반복하지 않는다. 탈출한다.

아래쪽 반복 구조 기호로 이동한다. while 선 검사 반복구조이므로 조건식을 먼저 평가한다. ⑪번 관계식으로 factor에 저장된 값 2와 number에 저장된 값 5를 읽어 2가 5보다 작은지를 평가하면 2가 5보다 작으므로 참이다. 그러면 다시 ⑫번 관계식으로 remainder에 저장된 값 1과 0이 같지 않은지를 평가하는 데 같지 않으므로 참이다. 따라서 참과 참을 가지고 ⑬번 논리곱 논리식을 평가하면 참이다. 따라서 반복한다.

반복 구조 기호 안으로 순차 구조 기호로 이동한다. ⑭번 산술식으로 factor에 저장된 값 2를 읽어 레지스터에 저장하고, 저장된 값 2에 1을 더하여 3을 구한다. 그리고 레지스터에 저장한다. ⑮번 치환식으로 레지스터에 저장된 값 3을 주기억장치에 할당된 factor에 저장한다.

start ①

MAX = 2147483647, primeNumbers(MAX), count = 0, firstNumber, secondNumber, number, factor, remainder, i = 1 ②

read firstNumber, secondNumber ③

number = firstNumber ④

while (number ≤ secondNumber) ⑤

> factor = 2 ⑥
>
> remainder = number ⑦
>
> > while (remainder ≥ factor) ⑧
> >
> > > remainder ⑩ = remainder ⑨ − factor
> >
> > while (factor ⑪ < number AND remainder ⑬ ≠ 0) ⑫
> >
> > > factor ⑮ = factor ⑭ + 1
> > >
> > > remainder ⑯ = number
> > >
> > > > while (remainder ≥ factor) ⑰
> > > >
> > > > > remainder ⑲ = remainder ⑱ − factor
> >
> > number = factor ⑳

TRUE	FALSE
primeNumbers(i) = number ㉑㉒	
i ㉔㉓ = i + 1	㉗
count ㉖ = count ㉕ + 1	
number ㉙ = number ㉘ + 1	

print primeNumbers, count ㉚

stop ㉛

번호	명칭	초기	1	2	3	4	5
1	MAX	2147483647					
2	count	0	1	2			
3	firstNumber	?	2				
4	secondNumber	?	5				
5	number	?	2	3	4	5	
6	factor	?	2	2/3	2	2/3	
7	remainder	?	2/0	3/1/3/0	4/2/0	5/3/1	
8	i	1	2	3			

primeNumbers

2	3	?	?	?	?	?	?	?	?	?	?	?	?	?	?	?	?	?	?

아래쪽 순차 구조 기호로 이동한다. ⑯번 치환식으로 number에 저장된 값 5를 읽어 레지스터에 저장하고, 레지스터에 저장된 값을 주기억장치에 할당된 remainder에 저장한다.

번호	명칭	초기	1	2	3	4	5
1	MAX	2147483647					
2	count	0	1	2			
3	firstNumber	?	2				
4	secondNumber	?	5				
5	number	?	2	3	4	5	
6	factor	?	2	2/3	2	2/3	
7	remainder	?	2/0	3/1/3/0	4/2/0	5/3/1/5	
8	i	1	2	3			

primeNumbers

2	3	?	?	?	?	?	?	?	?	?	?	?	?	?	?	?	?	?	?

반복 구조 기호로 이동한다. ⑰번 관계식을 평가해야 한다. 평가한 결과에 따라 반복을 할지 말지를 결정해야 한다. remainder에 저장된 값 5와 factor에 저장된 값 3을 읽어 5가 3보다 크거나 같은지를 평가하는 것인데, 크므로 참이다. 따라서 선 검사 반복구조이므로 반복해야 한다. 그러면 반복 구조 기호로 이동하여 순차 구조 기호로 이동한다.

⑱번 산술식을 평가한다. remainder에 저장된 값 5를 읽어 레지스터에 복사하여 저장하고, factor에 저장된 값 3을 읽어 뺀다. 그러면 5에서 3을 뺀 결과는 2이고 레지스터에 저장된다. 다음은 ⑲번 치환식으로 2를 remainder에 복사하여 저장한다. 따라서 검토표를 정리한다.

번호	명칭	초기	1	2	3	4	5
1	MAX	2147483647					
2	count	0	1	2			
3	firstNumber	?	2				
4	secondNumber	?	5				
5	number	?	2	3	4	5	
6	factor	?	2	2/3	2	2/3	
7	remainder	?	2/0	3/1/3/0	4/2/0	5/3/1/5/2	
8	i	1	2	3			

primeNumbers

2	3	?	?	?	?	?	?	?	?	?	?	?	?	?	?	?	?	?	?

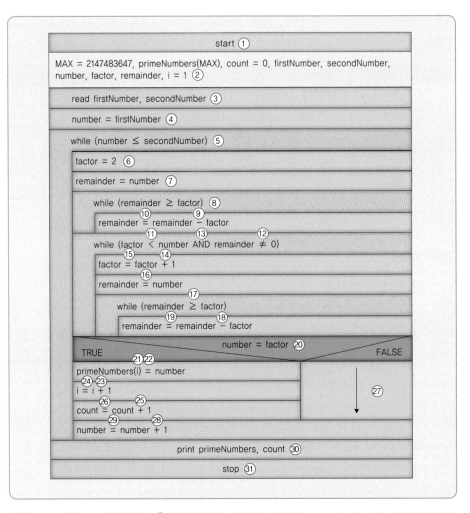

반복 구조 기호로 이동한다. ⑰번 관계식을 평가해야 한다. remainder에 저장된 값 2와 factor에 저장된 값 3을 읽어 2가 3보다 크거나 같은지를 평가하는 것인데, 작아서 거짓이다. 따라서 선 검사 반복구조이므로 반복하지 않고 탈출해야 한다. 그러면 바깥쪽 반복 구조 기호로 이동하여 조건식을 평가해야 한다.

⑪번 관계식으로 factor에 저장된 값 3과 number에 저장된 값 5를 읽어 3이 5보다 작은 지를 평가하면 3이 5보다 작으므로 참이다. 그러면 다시 ⑫번 관계식으로 remainder에 저장된 값 2와 0이 같지 않은지를 평가하는 데 같지 않으므로 참이다. 따라서 참과 참을 가지고 ⑬번 논리곱 논리식을 평가하면 참이다. 따라서 반복한다.

반복 구조 기호 안으로 순차 구조 기호로 이동한다. ⑭번 산술식으로 factor에 저장된 값 3을 읽어 레지스터에 저장하고, 저장된 값 3에 1을 더하여 4를 구한다. 그리고 레지스터에 저장한다. ⑮번 치환식으로 레지스터에 저장된 값 4를 주기억장치에 할당된 factor에 저장한다.

번호	명칭	초기	1	2	3	4	5
1	MAX	2147483647					
2	count	0	1	2			
3	firstNumber	?	2				
4	secondNumber	?	5				
5	number	?	2	3	4	5	
6	factor	?	2	2/3	2	2/3/4	
7	remainder	?	2/0	3/1/3/0	4/2/0	5/3/1/5/2	
8	i	1	2	3			

primeNumbers

2	3	?	?	?	?	?	?	?	?	?	?	?	?	?	?	?	?	?	?

아래쪽 순차 구조 기호로 이동한다. ⑯번 치환식으로 number에 저장된 값 5를 읽어 레지스터에 저장하고, 레지스터에 저장된 값 5를 주기억장치에 할당된 remainder에 저장한다.

번호	명칭	초기	1	2	3	4	5
1	MAX	2147483647					
2	count	0	1	2			
3	firstNumber	?	2				
4	secondNumber	?	5				
5	number	?	2	3	4	5	
6	factor	?	2	2/3	2	2/3/4	
7	remainder	?	2/0	3/1/3/0	4/2/0	5/3/1/5/2/5	
8	i	1	2	3			

primeNumbers

2	3	?	?	?	?	?	?	?	?	?	?	?	?	?	?	?	?	?	?

반복 구조 기호로 이동한다. ⑰번 관계식을 평가해야 한다. 평가한 결과에 따라 반복을 할지 말지를 결정해야 한다. remainder에 저장된 값 5와 factor에 저장된 값 4를 읽어 5가 4보다 크거나 같은지를 평가하는 것인데, 크므로 참이다. 따라서 선 검사 반복구조이므로 반복해야 한다. 그러면 반복 구조 기호로 이동하여 순차 구조 기호로 이동한다.

⑱번 산술식을 평가한다. remainder에 저장된 값 5를 읽어 레지스터에 복사하여 저장하고, factor에 저장된 값 4를 읽어 뺀다. 그러면 5에서 4를 뺀 결과는 1이고 레지스터에 저장된다.

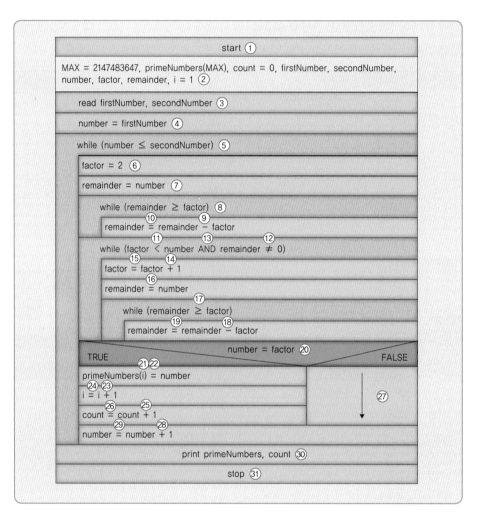

다음은 ⑲번 치환식으로 1을 remainder에 복사하여 저장한다. 따라서 검토표를 정리한다.

번호	명칭	초기	1	2	3	4	5
1	MAX	2147483647					
2	count	0	1	2			
3	firstNumber	?	2				
4	secondNumber	?	5				
5	number	?	2	3	4	5	
6	factor	?	2	2/3	2	2/3/4	
7	remainder	?	2/0	3/1/3/0	4/2/0	5/3/1/5/2/5/1	
8	i	1	2	3			

primeNumbers
_____

2	3	?	?	?	?	?	?	?	?	?	?	?	?	?	?	?	?	?	?

다음은 반복 구조 기호로 이동한다. ⑰번 관계식을 평가해야 한다. remainder에 저장된 값 1과 factor에 저장된 값 4를 읽어 1이 4보다 크거나 같은지를 평가하는 것인데, 작아서 거짓이다. 따라서 선 검사 반복구조이므로 반복하지 않고 탈출한다. 그러면 바깥쪽 반복 구조 기호로 이동하여 조건식을 평가해야 한다.

⑪번 관계식으로 factor에 저장된 값 4와 number에 저장된 값 5를 읽어 4가 5보다 작은지를 평가하면 4가 5보다 작으므로 참이다. 그러면 다시 ⑫번 관계식으로 remainder에 저장된 값 1과 0이 같지 않은지를 평가하는 데 같지 않으므로 참이다. 따라서 참과 참을 가지고 ⑬번 논리곱 논리식을 평가하면 참이다. 따라서 반복한다.

반복 구조 기호 안 순차 구조 기호로 이동한다. ⑭번 산술식으로 factor에 저장된 값 4를 읽어 레지스터에 저장하고, 저장된 값 4에 1을 더하여 5를 구한다. 그리고 레지스터에 저장한다. ⑮번 치환식으로 레지스터에 저장된 값 5를 주기억장치에 할당된 factor에 저장한다.

번호	명칭	초기	1	2	3	4	5
1	MAX	2147483647					
2	count	0	1	2			
3	firstNumber	?	2				
4	secondNumber	?	5				
5	number	?	2	3	4	5	
6	factor	?	2	2/3	2	2/3/4/5	
7	remainder	?	2/0	3/1/3/0	4/2/0	5/3/1/5/2/5/1	
8	i	1	2	3			

primeNumbers

2	3	?	?	?	?	?	?	?	?	?	?	?	?	?	?	?	?	?	?

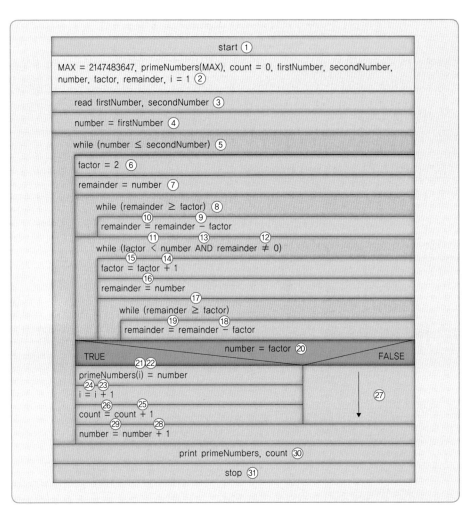

아래쪽 순차 구조 기호로 이동한다. ⑯번 치환식으로 number에 저장된 값 5를 읽어 레지스터에 저장하고, 레지스터에 저장된 값 5를 주기억장치에 할당된 remainder에 저장한다.

번호	명칭	초기	1	2	3	4	5
1	MAX	2147483647					
2	count	0	1	2			
3	firstNumber	?	2				
4	secondNumber	?	5				
5	number	?	2	3	4	5	
6	factor	?	2	2/3	2	2/3/4/5	
7	remainder	?	2/0	3/1/3/0	4/2/0	5/3/1/5/2/5/1/5	
8	i	1	2	3			

primeNumbers

2	3	?	?	?	?	?	?	?	?	?	?	?	?	?	?	?	?	?	?

다음은 반복 구조 기호로 이동한다. ⑰번 관계식을 평가해야 한다. 평가한 결과에 따라 반복을 할지 말지를 결정해야 한다. remainder에 저장된 값 5와 factor에 저장된 값 5를 읽어 5가 5보다 크거나 같은지를 평가하는 것인데, 같으므로 참이다. 따라서 선 검사 반복구조이므로 반복해야 한다. 그러면 반복 구조 기호 내 순차 구조 기호로 이동한다.

⑱번 산술식을 평가한다. remainder에 저장된 값 5를 읽어 레지스터에 복사하여 저장하고, factor에 저장된 값 5를 읽어 뺀다. 그러면 5에서 5를 뺀 결과는 0이고 레지스터에 저장된다. 다음은 ⑲번 치환식으로 0을 remainder에 복사하여 저장한다. 따라서 검토표를 정리한다.

번호	명칭	초기	1	2	3	4	5
1	MAX	2147483647					
2	count	0	1	2			
3	firstNumber	?	2				
4	secondNumber	?	5				
5	number	?	2	3	4	5	
6	factor	?	2	2/3	2	2/3/4/5	
7	remainder	?	2/0	3/1/3/0	4/2/0	5/3/1/5/2/5/1/5/0	
8	i	1	2	3			

primeNumbers

2	3	?	?	?	?	?	?	?	?	?	?	?	?	?	?	?	?	?	?

다음은 반복 구조 기호로 이동한다. ⑰번 관계식을 평가해야 한다. remainder에 저장된 값 0과 factor에 저장된 값 5를 읽어 0이 5보다 크거나 같은지를 평가한다. 작아서 거짓이다. 따라서 선 검사 반복구조이므로 반복하지 않고 탈출한다.

그러면 바깥쪽 반복 구조 기호로 이동하여 조건식을 평가해야 한다. ⑪번 관계식으로 factor에 저장된 값 5와 number에 저장된 값 5를 읽어 5가 5보다 작은지를 평가한다. 같으므로 거짓이다. 논리곱 논리식이 조건식에 사용되기 때문에 ⑫번 관계식을 평가 결과와 상관없이 거짓이 되므로 관계식을 평가하지 않고 조건식을 평가한 결과는 거짓이다. 논리곱 논리식은 두 개의 값이 모두 참일 때만 참이기 때문이다. 따라서 반복구조를 탈출해야 한다.

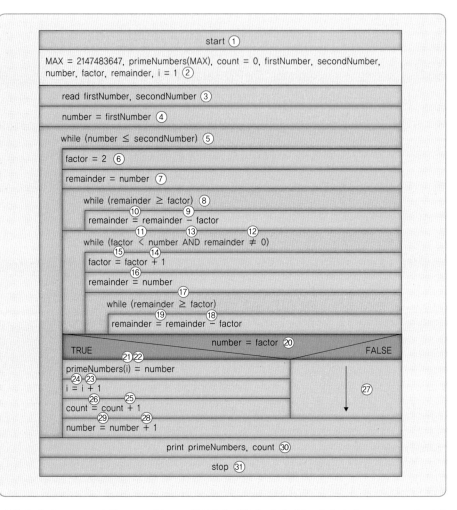

반복하지 않으므로 선택 구조 기호로 이동한다. ⑳번 관계식을 평가하자. number에 저장된 값 5와 factor에 저장된 값 5를 읽어 같은지를 평가한다. 같으므로 참이다. TRUE가 적힌 왼쪽 삼각형 쪽으로 순차 구조 기호로 이동한다. ㉑번 첨자 연산식에서 i에 저장된 값 3을 참고하여 세 번째 배열요소에 저장되는 값으로 ㉒번 치환식으로 number에 저장된 값 5를 읽어 복사하여 저장한다. 따라서 검토표가 정리되어야 한다.

번호	명칭	초기	1	2	3	4	5
1	MAX	2147483647					
2	count	0	1	2			
3	firstNumber	?	2				
4	secondNumber	?	5				

5	number	?	2	3	4	5	
6	factor	?	2	2/3	2	2/3/4/5	
7	remainder	?	2/0	3/1/3/0	4/2/0	5/3/1/5/2/5/1/5/0	
8	i	1	2	3			

primeNumbers

2	3	5	?	?	?	?	?	?	?	?	?	?	?	?	?	?	?	?	?

다음은 아래쪽 순차 구조 기호로 이동한다. ㉓번 산술식으로 i에 저장된 값 3을 읽어 레지스터에 복사하여 저장하고, 1을 더하여 4를 구한 다음에 레지스터에 저장한다. ㉔번 치환식으로 레지스터에 저장된 값 4를 주기억장치에 할당된 i에 복사하여 저장한다. 검토표를 정리하자.

번호	명칭	초기	1	2	3	4	5
1	MAX	2147483647					
2	count	0	1	2			
3	firstNumber	?	2				
4	secondNumber	?	5				
5	number	?	2	3	4	5	
6	factor	?	2	2/3	2	2/3/4/5	
7	remainder	?	2/0	3/1/3/0	4/2/0	5/3/1/5/2/5/1/5/0	
8	i	1	2	3	4		

primeNumbers

2	3	5	?	?	?	?	?	?	?	?	?	?	?	?	?	?	?	?	?

다음은 아래쪽 순차 구조 기호로 이동한다. ㉕번 산술식으로 count에 저장된 값 2를 읽어 레지스터에 복사하여 저장한다. 저장된 값 2에 1을 더하여 구한 값 3을 레지스터에 저장한다. ㉖번 치환식으로 레지스터에 저장된 값 3을 count에 복사하여 저장한다.

start ①		

MAX = 2147483647, primeNumbers(MAX), count = 0, firstNumber, secondNumber, number, factor, remainder, i = 1 ②

read firstNumber, secondNumber ③

number = firstNumber ④

while (number ≤ secondNumber) ⑤

factor = 2 ⑥

remainder = number ⑦

while (remainder ≥ factor) ⑧
⑩ ⑨
remainder = remainder − factor

⑪ ⑬ ⑫
while (factor < number AND remainder ≠ 0)
⑮ ⑭
factor = factor + 1
⑯
remainder = number

⑰
while (remainder ≥ factor)
⑲ ⑱
remainder = remainder − factor

number = factor ⑳

TRUE ㉑㉒		FALSE
primeNumbers(i) = number ㉔㉓		⑳
i = i + 1 ㉖ ㉕		㉗
count = count + 1 ㉙ ㉘		
number = number + 1		

print primeNumbers, count ㉚

stop ㉛

번호	명칭	초기	1	2	3	4	5
1	MAX	2147483647					
2	count	0	1	2		3	
3	firstNumber	?	2				
4	secondNumber	?	5				
5	number	?	2	3	4	5	
6	factor	?	2	2/3	2	2/3/4/5	
7	remainder	?	2/0	3/1/3/0	4/2/0	5/3/1/5/2/5/1/5/0	
8	i	1	2	3		4	

primeNumbers

2	3	5	?	?	?	?	?	?	?	?	?	?	?	?	?	?	?	?	?

다음은 아래쪽 순차 구조 기호로 이동한다. ㉘번 산술식으로 number에 저장된 값 5를 읽어 레지스터에 저장하고, 1을 더하여 구한 값 6을 레지스터에 저장한다. ㉙번 치환식으로 레지스터에 저장된 값 6을 읽어 주기억장치에 할당된 number에 저장한다. 다섯 번째 반복을 위한 number이므로 열 이름이 5인 열과 number 줄이 만나는 칸에 6을 적는다.

번호	명칭	초기	1	2	3	4	5
1	MAX	2147483647					
2	count	0	1	2		3	
3	firstNumber	?	2				
4	secondNumber	?	5				
5	number	?	2	3	4	5	6
6	factor	?	2	2/3	2	2/3/4/5	
7	remainder	?	2/0	3/1/3/0	4/2/0	5/3/1/5/2/5/1/5/0	
8	i	1	2	3		4	

primeNumbers

2	3	5	?	?	?	?	?	?	?	?	?	?	?	?	?	?	?	?	?

그리고 반복구조이므로 가장 바깥쪽 반복구조의 조건식으로 이동한다. ⑤번 관계식을 평가해야 한다. number에 저장된 값 6과 secondNumber에 저장된 값 5를 읽어 6이 5보다 작거나 같은지를 평가해야 한다. 6이 5보다 크므로 거짓이다. 따라서 반복하지 않는다. 그래서 반복구조를 탈출하여 출력하는 순차 구조 기호로 이동한다. ㉚번 print 명령으로 소수들과 개수가 출력된다. 다음은 아래쪽 순차 구조 기호로 이동하여 ㉛번 stop 명령이 실행되면 알고리듬의 수행이 끝나게 된다.

5 평가

검토표를 참고해 보면 2에서 5 사이에 존재하는 소수들은 2, 3, 5이고, 따라서 개수가 세 개이므로 count에 3이 저장된 것으로 보아 알고리듬이 정확하다는 것을 확인할 수 있다. 그렇지만, 문제점이 있다. 효율적이지 못한 부분이 있다는 것이다. 무엇일까? 잠시 생각해 보고 책을 읽자. 이러한 연습은 매우 중요하다.

2,147,483,647 개의 배열요소를 가진 배열에서 사용한 배열요소의 개수가 3이므로 엄청난 기억장소의 낭비가 이루어졌다. 이러할 때 공간 복잡도가 높다고 한다. 비효율적이다.

기억장소의 사용량을 줄일 방안을 찾아야 한다.

또한, 소수인지를 확인하는 반복구조에서 수가 커지면 커질수록 반복횟수가 많아지게 될 것이다. 따라서 시간 복잡도도 높다고 해야 한다.

그리고 여러 가지 검토할 내용도 있지만 잠시 생각을 접고, C언어로 구현해보자.

6 구현

알고리듬이 정확하다는 것이 확인되었으므로 배경도, 시스템 다이어그램, 모듈 기술서 그리고 나씨-슈나이더만 다이어그램을 이용하여 C언어로 구현해보자.

6.1. 원시 코드 파일 만들기

배경도를 참고하여 원시 코드 파일을 만들어야 한다. 모듈 이름을 적고, 확장자를 .c로 해서 원시 코드 파일의 이름을 짓자. 그리고 첫 번째 줄에 한 줄 주석 기능으로 원시 코드 파일 이름을 적는다.

모듈 이름이 GetPrimeNumbers이므로 원시 코드 파일의 이름을 GetPrimeNumbers.c 로 짓는다.

C코드

```
// GetPrimeNumbers.c
```

6.2. 프로그램에 관해 설명 달기

모듈 기술서			
명칭	한글	소수들을 구하다	
	영문	GetPrimeNumbers	
	기능	두 개의 수들 사이에 있는 소수들을 구한다.	
입·출력	입력	첫 번째 수, 두 번째 수	
	출력	소수들, 개수	
	관련 모듈		

모듈 기술서를 참고하여 개략적으로 프로그램에 관해 설명을 달도록 하자. 설명하는 글귀를 주석(Comment)이라고 한다. 여러 줄에 걸쳐 작성될 때는 /*로 시작하여 */로 끝나는 블록 주석 기능을 사용한다.

C코드

```
// GetPrimeNumbers.c
/* ********************************************************************
파일 이름 : GetPrimeNumbers.c
기    능 : 두 개의 수들 사이에 있는 소수들을 구하다.
작 성 자 : 김 석 현
작성 일자 : 2012년 10월 18일
********************************************************************/
```

6.3. 자료형 설계하기

번호	명칭		자료형	구분	비고
	한글	영문			
1	배열크기	MAX	정수	상수	2147483647
2	소수들	primeNumbers	정수 배열	출력	두 개의 수 사이에 있는 소수들
3	개수	count	정수	출력	소수의 개수
4	첫 번째 수	firstNumber	정수	입력	두 번째 수보다 작은 수
5	두 번째 수	secondNumber	정수	입력	첫 번째 수보다 큰 수
6	수	number	정수	처리	첫 번째 수보다 두 번째 수사이 수
7	약수	factor	정수	처리	약수가 될 수 있는 수
8	나머지	remainder	정수	처리	약수인지 확인하기 위한 수
9	첨자	i	정수	추가	배열요소의 위치

자료명세서를 참고하여 C언어에서 사용할 수 있는 자료형을 정리해야 한다. 자료명세서에 정리된 데이터들의 자료형은 정수 배열이거나 정수이다. 우선 정수형을 구현하기 위한 원시 자료형을 정리해 보자. C언어에서 제공하는 정수형 관련 키워드를 조합하여 표현할 수 있는 데이터 범위를 정리하면 다음과 같다.

번호	자료형	크기	범위
1	signed short int	2	−32768 ~ 32767
2	signed long int	4	−2147483648 ~ 2147483647
3	unsigned short int	2	0 ~ 65535
4	unsigned long int	4	0 ~ 4294967295

표현해야 하는 데이터를 분석해서 결정해야 한다. 소수 개념은 음수에는 적용되지 않는다. 따라서 unsigned를 사용하여야 한다. 입력할 수 있는 데이터들의 범위는 제한하지 않는

다고 하면 최대 크기로 해야 할 것 같다. 따라서 long을 사용하자. 그래서 unsigned long int로 자료형을 정하자.

번호	명칭		자료형	지원 유무	비고
	한글	영문			
1	배열크기	MAX	정수	○	signed long int
2	소수들	primeNumbers	정수 배열	○	unsigned long int [2147483647]
3	개수	count	정수	○	unsigned long int
4	첫 번째 수	firstNumber	정수	○	unsigned long int
5	두 번째 수	secondNumber	정수	○	unsigned long int
6	수	number	정수	○	unsigned long int
7	약수	factor	정수	○	unsigned long int
8	나머지	remainder	정수	○	unsigned long int
9	첨자	i	정수	○	unsigned long int

세 개의 키워드로 변수나 배열을 선언하기가 번거롭다. 따라서 typedef 키워드로 자료형 이름을 새로 만들어 사용하자. typedef로 자료형 이름을 선언하는 형식은 다음과 같다.

C코드
```
typedef 자료형 자료형이름;
```

unsigned long int를 대신하는 자료형 이름으로 ULong을 선언하여 사용하자. typedef 키워드를 적고 공백문자를 두고 unsigned long int를 적고, 공백문자를 두고 새로운 자료형 이름인 ULong을 적는다. 선언이므로 문장으로 처리해야 하므로 줄의 끝에 세미콜론을 적는다.

C코드
```
// GetPrimeNumbers.c
/* *********************************************************************
 파일 이름 : GetPrimeNumbers.c
 기    능 : 두 개의 수들 사이에 있는 소수들을 구하다.
 작 성 자 : 김 석 현
 작성 일자 : 2012년 10월 18일
 ********************************************************************/
typedef unsigned long int ULong;
```

배열형은 대괄호를 여닫고 대괄호에 배열요소의 개수, 다른 말로는 배열 크기를 상수나 상수식으로 적어야 한다.

번호	명칭		자료형	지원 유무	비고
	한글	영문			
1	배열크기	MAX	정수	○	signed long int
2	소수들	primeNumbers	정수 배열	○	ULong [2147483647]

3	개수	count	정수	○	ULong
4	첫 번째 수	firstNumber	정수	○	ULong
5	두 번째 수	secondNumber	정수	○	ULong
6	수	number	정수	○	ULong
7	약수	factor	정수	○	ULong
8	나머지	remainder	정수	○	ULong
9	첨자	i	정수	○	ULong

6.4. 함수 선언하기

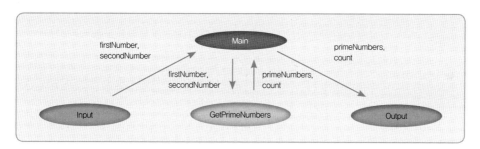

다음은 시스템 다이어그램을 참고하여 함수들을 선언해야 한다. C언어에서 개발자가 만드는 이름은 반드시 선언과 정의가 되어야 한다. 따라서 시스템 다이어그램에 정리된 모듈은 C언어에서 논리적 모듈인 함수로 구현되어야 하는데, 이때 함수 이름은 선언과 정의가 되어야 한다. 함수를 선언하는 형식은 다음과 같다.

C코드
```
반환형 함수이름([매개변수 목록]);
매개변수 목록 : 매개변수, . . . .
매개변수 : 자료형 매개변수이름
```

함수를 선언하는 절차는 다음과 같다.

1. 반환형을 결정하여 줄의 맨 처음 적는다. 출력데이터가 한 개이면 출력데이터의 자료형을 반환형으로 정한다. 출력데이터가 없거나 출력데이터가 2개 이상이거나 배열이면 반환형은 void로 한다.
2. 함수 이름을 적고, 소괄호를 여닫아 함수형이라는 것을 강조한다.
3. 소괄호에 매개변수 목록을 작성한다. 입력데이터나 출력데이터가 2개 이상이거나 배열이면 매개변수로 선언한다. 매개변수는 자료형과 이름으로 구성되며, 여러 개이면 쉼표로 구분한다. 입력데이터일 때는 일반변수, 출력데이터나 배열이면, 포인터 변수로

선언해야 한다.

4. 선언이므로 문장으로 처리되도록 줄의 마지막에 세미콜론을 적는다.

이러한 절차로 함수를 선언하여 구현된 결과물을 함수 원형(Function Prototype)이라고 한다. 제어모듈 Main은 C언어로 작성된 프로그램이 실행되기 위해서는 반드시 작성해야 하는 함수인 main 함수로 구현해야 한다. main 함수는 운영체제에 의해서 호출되는 함수이므로 입력데이터와 출력데이터가 약속되어 있다. 그래서 컴파일러 개발자에 의해서 권장되는 main 함수 원형은 다음과 같다. 반환형과 매개변수 목록은 따로 설명하지 않도록 하겠다.

C코드
```
// GetPrimeNumbers.c
/* ************************************************************************
 파일 이름 : GetPrimeNumbers.c
 기    능 : 두 개의 수들 사이에 있는 소수들을 구하다.
 작 성 자 : 김 석 현
 작성 일자 : 2012년 10월 18일
 ************************************************************************/
typedef unsigned long int ULong;

int main( int argc, char *argv[] );
```

대부분 main 함수는 따로 선언하지 않고, 바로 정의한다. 그러나 이 책에서는 함수를 만드는 절차에 따라 선언도 하도록 하겠다.

입력 모듈 Input을 함수로 선언해보자. 출력데이터가 두개이다. 이럴 때 반환형을 출력데이터의 자료형으로 설정할 수 없다. 반환형으로 void로 한다. 줄의 맨 처음 void를 적는다.

C코드
```
void
```

공백문자를 두고 모듈 이름을 함수 이름으로 적고 소괄호를 여닫아야 한다.

C코드
```
void Input()
```

다음은 소괄호에 입력데이터를 매개변수로 선언해야 하는데, 입력데이터가 없으므로 매개변수를 선언하지 않는다. 그렇지만, 출력데이터가 두 개이므로 소괄호에 출력데이터를 매개변수로 선언해야 하는데 변수의 자료형은 반드시 일반 포인터형이어야 한다.

다음은 일반 포인터형 변수를 선언하는 절차를 알아보자.

1. 변수 이름을 적는다.

2. 변수 이름 앞에 별표를 적는다.

3. 변수에 저장된 주소를 갖는 기억장소의 자료형을 별표 앞에 공백문자를 두고 적는다.

4. 매개변수가 아니라 자동변수이면, 줄의 끝에 세미콜론을 적는다.

firstNumber를 매개변수로 선언해 보자. 절차에 따라 적어보면 다음과 같다.

1. 변수 이름을 적는다. firstNumber

2. 변수 이름 앞에 별표를 적는다. *firstNumber

3. 변수에 저장된 주소를 갖는 기억장소, 다시 말해서 main 함수에 선언 및 정의되는 firstNumber 변수의 자료형을 별표 앞에 공백문자를 두고 적는다. main 함수에 선언 및 정의되는 firstNumber 변수의 자료형은 자료명세서를 참고해서 정리한 것처럼 ULong이다. ULong *firstNumber

같은 절차로 출력데이터 secondNumber를 매개변수로 선언하면 된다.

● 여러분이 직접 secondNumber를 매개변수로 선언해보자.

매개변수가 두 개이므로 쉼표로 구분하여 소괄호에 적는다.

C코드
```
void Input( ULong *firstNumber, ULong *secondNumber )
```

마지막으로 선언이므로 문장으로 처리되도록 줄의 끝에 세미콜론을 적는다.

C코드
```
void Input( ULong *firstNumber, ULong *secondNumber );
```

다음은 연산모듈 GetPrimeNumbers를 GetPrimeNumbers 함수로 선언해보자. 출력데이터들이 여러 개다. 따라서 반환형은 void이다.

C코드
```
void
```

공백문자를 두고 모듈 이름을 함수 이름으로 적고 소괄호를 여닫아야 한다.

C코드
```
void GetPrimeNumbers()
```

다음은 소괄호에 매개변수 목록을 작성해야 한다. 먼저 입력데이터(들)이 있는지 확인하여 매개변수로 선언해야 한다. 매개변수는 자료형을 먼저 적고 공백문자를 두고 변수 이름을 적어 선언한다. 두 개의 입력데이터가 있다. 따라서 쉼표로 구분하여 두 개의 매개변수를 선언해야 한다. 첫 번째 매개변수 firstNumber는 ULong 자료형을 적고, 공백문자를 두고 firstNumber를 적으면 선언된다. 두 번째 매개변수 secondNumber도 같은 방식으로 선언한다.

```
void GetPrimeNumbers( ULong firstNumber, ULong secondNumber)
```

다음은 출력데이터들을 매개변수로 선언해보자. primeNumbers는 배열형이고, count는 정수형이므로 primeNumbers는 배열 포인터형, count는 일반 포인터형으로 선언해야 한다.

배열 포인터형 변수를 선언하는 절차를 정리해 보자.

(1) 변수 이름을 적는다. primeNumbers
(2) 변수 이름 앞에 별표를 적는다. *primeNumbers
(3) 변수에 저장된 주소를 갖는 기억장소의 자료형을 공백문자를 두고 별표 앞에 적는다. 변수에 저장된 주소는 첫 번째 배열요소의 주소이다. 따라서 배열요소의 자료형은 ULong이므로 ULong 공백문자를 두고 별표 앞에 적는다. ULong *primeNumbers
(4) 변수 이름과 가장 오른쪽 별표를 소괄호로 싼다. ULong (*primeNumbers)
(5) 매개변수가 아닌 자동변수이면 줄의 끝에 세미콜론을 적어 선언문으로 취급되도록 한다.

매개변수이므로 세미콜론을 적지 않고, 쉼표로 구분하여 세 번째 매개변수로 선언한다.

```
void GetPrimeNumbers( ULong firstNumber, ULong secondNumber,
    ULong (*primeNumbers))
```

count는 일반 포인터 변수를 선언하는 절차에 따라 선언한다.

(1) 변수 이름을 적는다. count
(2) 변수 이름 앞에 별표를 적는다. *count
(3) 변수에 저장된 주소를 갖는 기억장소의 자료형을 공백문자를 두고 별표 앞에 적는다. main 함수에 선언 및 정의되는 count의 자료형이다. ULong이다. ULong *count
(4) 매개변수가 아닌 자동변수이면 끝에 세미콜론을 적는다. 매개변수이므로 쉼표로 구분

하여 네 번째 매개변수로 선언해야 한다.

C코드
```
void GetPrimeNumbers( ULong firstNumber, ULong secondNumber,
        ULong (*primeNumbers), ULong *count)
```

선언문으로 처리되도록 해야 하므로 줄의 끝에 세미콜론을 적는다.

C코드
```
void GetPrimeNumbers( ULong firstNumber, ULong secondNumber,
        ULong (*primeNumbers), ULong *count);
```

출력모듈 Output을 함수로 선언해보자. 출력데이터가 없다. 따라서 반환형은 void이다.

C코드
```
void
```

공백문자를 두고 Output 모듈 이름을 함수 이름으로 적고 소괄호를 여닫는다.

C코드
```
void Output()
```

입력데이터들이 있으므로 매개변수들로 선언해야 한다. primeNumbers는 배열형이므로 배열 포인터형으로 선언해야 한다. 왜냐하면, C언어에서는 배열 자체는 매개변수로 또는 반환 값으로 사용될 수 없기 때문이다. 단지 배열의 시작주소를 사용할 수 있다. 배열 포인터 변수를 선언하는 절차에 따라 선언해보자.

(1) 변수 이름을 적는다. primeNumbers
(2) 변수 이름 앞에 별표를 적는다. *primeNumbers
(3) 변수에 저장된 주소를 갖는 기억장소의 자료형을 공백문자를 두고 별표 앞에 적는다. 변수에 저장된 주소는 배열의 시작주소로서 첫 번째 배열요소의 주소이다. 따라서 첫 번째 배열요소의 자료형을 적어야 한다. 배열요소의 자료형은 ULong이다. ULong *primeNumbers
(4) 배열의 시작주소이므로 변수 이름과 가장 오른쪽 별표를 소괄호로 감싼다. ULong (*primeNumbers)
(5) 매개변수가 아니라 자동변수이면 줄의 끝에 세미콜론을 적는다. 매개변수이므로 소괄호에 적고 세미콜론을 적지 않는다. 다른 매개변수가 있으므로 쉼표를 적는다.

C코드
```
void Output(ULong (*primeNumbers), )
```

입력데이터 count를 매개변수로 선언해보자. 입력데이터이므로 ULong 자료형을 적고 공백문자를 두고 count 변수 이름을 적으면 된다.

```
C코드
void Output(ULong (*primeNumbers), ULong count )
```

줄의 끝에 세미콜론을 적어 선언문으로 처리되도록 한다.

```
C코드
void Output(ULong (*primeNumbers), ULong count );
```

이렇게 해서 시스템 다이어그램에 정리된 모듈들을 함수들로 선언했다. 여기까지 코드를 정리하면 다음과 같다.

```
C코드
// GetPrimeNumbers.c
/* ***********************************************************************
 파일 이름 : GetPrimeNumbers.c
 기    능 : 두 개의 수들 사이에 있는 소수들을 구하다.
 작 성 자 : 김 석 현
 작성 일자 : 2012년 10월 18일
 ***********************************************************************/
typedef unsigned long int ULong;

int main( int argc, char *argv[] );
void Input( ULong *firstNumber, ULong *secondNumber );
void GetPrimeNumbers( ULong firstNumber, ULong secondNumber,
     ULong (*primeNumbers), ULong *count );
void Output(ULong (*primeNumbers), ULong count );
```

6.5. 함수 정의하기

다음은 함수들을 정의해야 한다. C언어에서 함수를 정의하는 형식은 다음과 같다.

```
C코드
[반환형] 함수이름([매개변수 목록]) // 함수 머리
{ // 함수 몸체 시작
     [자동변수 선언문]
     [제어문]
     [return문]
} // 함수 몸체 끝
```

시스템 다이어그램에서 정리된 모듈만큼 함수를 정의해야 한다. 따라서 네개의 함수를 정의해야 한다. 함수를 정의하는 순서도 시스템 다이어그램에서 위쪽에서 아래쪽으로 그리

고 왼쪽에서 오른쪽으로 정리된 순서대로 하자.

main 함수부터 정의하자. main 함수는 Input, GetPrimeNumbers, 그리고 Output 함수 호출 문장들로만 정의되기 때문에 시스템 다이어그램을 보고 정의할 수 있다.

함수 원형을 줄의 마지막에 있는 세미콜론을 지우고, 다시 한 번 적으면 함수머리가 만들어진다. 그리고 중괄호로 여닫아 함수 몸체를 만들자.

C코드

```
//함수 정의
int main(int argc, char *argv[]) {
}
```

main 함수는 운영체제에 의해서 호출되는 함수이다. 그래서 C언어로 작성되는 프로그램이 실행되도록 하기 위해서는 main 함수를 작성해야 한다. 따라서 main 함수를 호출하는 문장은 작성할 필요가 없다. 또한, 운영체제와의 정보전달은 정해져 있다. 그래서 두 개의 매개변수로 운영체제로부터 데이터들을 입력받게 되고, 반환형이 int인 것으로 보아, return 문장으로 반환 값을 반환해 주어야 한다. 정상적으로 끝났을 때는 0을 반환하도록 약속이 되어 있다. 그래서 main 함수 몸체에 적히는 문장들에서 가장 마지막 문장으로 return 0; 문장을 작성하자.

C코드

```
//함수 정의
int main(int argc, char *argv[]) {
    return 0;
}
```

다음은 함수 블록의 첫 번째 줄부터 변수와 배열을 선언해야 한다. 시스템 다이어그램을 보면, Main 모듈로 입력되는 데이터들을 저장하기 위해서 main 함수에서 변수와 배열을 선언해야 한다. Input 모듈로부터 입력되는 firstNumber와 secondNumber는 자동변수로 선언해야 한다.

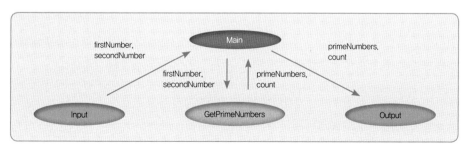

자동변수는 선언과 정의를 분리할 수 없다. 따라서 자동변수를 선언한다고 하면 정의도 된다. 자동변수를 선언하는 형식은 다음과 같다.

C언어

```
auto 자료형 변수이름[=초깃값];
```

auto 키워드를 적고, 공백문자를 두고, 자료형을 적는다. 다시 공백문자를 두고, 시스템 다이어그램에 적힌 이름을 변수 이름으로 적는다. 줄의 마지막에 세미콜론을 적어 선언문으로 처리되도록 한다. 한 줄에 한 개의 변수를 선언하도록 하자. 대부분 auto는 입력하지 않지만, 컴파일러에 의해 자동으로 삽입된다.

C코드

```
//함수 정의
int main(int argc, char *argv[]) {
        // 자동 변수 선언과 정의
        ULong firstNumber;
        ULong secondNumber;

        return 0;
}
```

다음은 GetPrimeNumbers 모듈로부터 입력되는 primeNumbers와 count를 배열과 자동변수로 선언해야 한다. 배열을 선언하는 형식은 다음과 같다.

C코드

```
auto 자료형 배열이름[배열크기][ = {값, }];
```

우선, 배열 크기로 사용될 기호상수 MAX를 C언어로 구현해 보자. MAX = 2147483647 기호상수부터 구현해보자. 기호상수는 C언어에서는 #define 전처리기 지시자로 매크로로 구현되어야 한다. 한 줄에 하나씩 다음과 같은 형식으로 구현되어야 한다.

C코드

```
#define 매크로명칭 상수
```

원시 코드 파일에서 매크로가 구현되는 위치는 매크로로 사용하는 줄보다 앞줄에 구현되면 된다. 그러나 대부분은 프로그램을 설명하는 주석 단락 바로 아래쪽에 구현된다.

줄의 처음에 #define 전처리기 지시자를 적고, 공백문자를 두고 기호상수 이름을 매크로 이름으로 적고, 다시 공백문자를 두고 정수형 상수 2147483647을 적는다. 정수형 상수의 자료형은 int이다. 여기서 사용하는 정수형 상수의 자료형은 long이어야 한다. 그래서 정수형 상수 뒤에 소문자 엘이나 대문자 엘을 적어야 한다. 대부분은 대문자를 사용한다. 순차 구조 기호에 적힌 것처럼 등호를 적거나 줄의 끝에 세미콜론을 적으면 되지 않는다. 꼭 기억하자.

```
// GetPrimeNumbers.c
/* ************************************************************
 파일 이름 : GetPrimeNumbers.c
 기     능 : 두 개의 수들 사이에 있는 소수들을 구하다.
 작 성 자 : 김 석 현
 작성 일자 : 2012년 10월 18일
 ************************************************************/
// 매크로
#define MAX 2147483647L

// type name 선언
typedef unsigned long int ULong;
```

배열을 선언하는 절차는 다음과 같다.

(1) 배열 이름을 적는다. primeNumbers

(2) 배열 이름 뒤에 배열형이라는 것을 강조하기 위해 대괄호를 적는다. primeNumbers[]

(3) 배열 이름 앞에 공백문자를 두고 배열요소의 자료형을 적는다. ULong primeNumbers[]

(4) 대괄호에 배열 크기를 상수로 적어야 한다. 이때 배열 크기로 사용되는 상수는 매크로로 구현하여 사용하도록 하자. 자료명세서에서 기호상수를 매크로 이름으로 그대로 사용하자. ULong primeNumbers[2147483647] 대신에 ULong primeNumbers[MAX]

(5) 초기화를 해야 한다면, 초기화 목록을 작성해야 한다. 등호를 적고 중괄호를 열고 쉼표로 구분하여 배열 크기만큼 값을 적고 중괄호를 닫는다. 이번에는 초기화하지 않으므로 초기화 목록은 생략한다.

(6) 줄의 마지막에 세미콜론을 적어 선언문으로 처리되도록 한다. ULong primeNumbers[MAX];

```
//함수 정의
int main(int argc, char *argv[]) {
        // 자동 변수 선언과 정의
        ULong firstNumber;
        ULong secondNumber;
        ULong primeNumbers[MAX];

        return 0;
}
```

다음은 여러분이 직접 count를 자동변수로 선언해 보도록 하자.

```
//함수 정의
int main(int argc, char *argv[]) {
        // 자동 변수 선언과 정의
        ULong firstNumber;
        ULong secondNumber;
        ULong primeNumbers[MAX];
        ULong count;

        return 0;
}
```

다음은 함수 호출 문장들을 시스템 다이어그램에서 Input 모듈부터 시작하여 왼쪽에서 오른쪽으로 Input 함수, GetPrimeNumbers 함수 그리고 Output 함수를 호출하는 문장을 작성하면 된다. 함수 호출 문장의 형식은 다음과 같다.

```
[변수이름 = ]함수이름([실인수, . . . ]);
치환식 : 변수이름 =
호출식 : 함수이름([실인수, . . . ])
실인수 : 상수, 변수, 식
```

함수 호출 문장을 작성할 수 있으려면 먼저 함수가 선언되어 있어야 한다. 그래서 앞에 먼저 함수를 선언한다. 왜냐하면, C언어에서는 개발자가 만든 이름은 반드시 사용하기 전에 미리 선언되어야 한다는 문법 때문이다. 선언하지 않은 상태에서 함수를 호출하는 문장을 작성한다면, 함수 이름이 선언되어 있지 않다는 문법 오류가 발생하게 된다.

반환형이 void가 아니면, 치환식을 먼저 적고 다음에 호출식을 적고 마지막에 세미콜론을 적어 문장으로 처리되도록 하면 된다. 그리고 반환형이 void이면 치환식을 생략하고, 호출식만을 적고 마지막에 세미콜론을 적어 문장으로 처리되도록 한다.

치환식은 변수 이름을 적고 등호를 적으면 된다. 함수 호출식은 함수 이름을 적고 소괄호를 여닫고, 매개변수들의 개수만큼, 자료형과 순서에 맞게 쉼표로 구분하여 상수, 변수 그리고 식으로 값을 적어주면 된다. 이때 값을 실인수라고 한다.

Input 함수 호출문장을 만들어 보자. 반환형이 void이므로 호출식만 작성하면 된다. Input 함수 이름을 적고, 소괄호를 여닫아야 한다. 소괄호에는 Input 함수 원형을 참조해 보면,

매개변수가 두 개이고, 매개변수의 자료형은 포인터형이다. 따라서 값으로 주소를 쉼표로 구분하여 두 개를 적어야 한다. 차례로 firstNumber변수의 주소와 secondNumber 변수의 주소가 되어야 한다.

그러면 이제는 변수의 주소를 구하는 방법을 알아보자. 변수 이름은 변수에 저장된 값인 내용을 의미한다. 따라서 변수이름을 적으면 변수에 저장된 값이 복사된다. 그렇지만 여기서는 변수의 주소를 구해서 복사해야 한다. 변수의 주소는 변수이름 앞에 & 주소 연산자를 적으면 된다. 따라서 firstNumber 변수의 주소를 구하는 식은 &firstNumber이고, secondNumber 변수의 주소를 구하는 식은 &secondNumber이다. 소괄호에 쉼표로 구분하여 차례대로 적으면 된다. 호출문장으로 처리되도록 하려면 줄의 끝에 세미콜론을 적는다.

C코드

```
//함수 정의
int main(int argc, char *argv[]) {
      // 자동 변수 선언과 정의
      ULong firstNumber;
      ULong secondNumber;
      ULong primeNumbers[MAX];
      ULong count;

      // 첫 번째 수와 두 번째 수를 입력받는다.
      Input(&firstNumber, &secondNumber);

      return 0;
}
```

다음은 GetPrimeNumbers 함수를 호출하는 문장을 작성해보자. 반환형이 void이므로 호출식만 작성하면 된다. 함수 이름을 적고 소괄호를 여닫는다. 소괄호에 네 개의 값을 쉼표로 구분하여 적어야 한다. 첫 번째 값은 첫 번째로 입력받은 값이다. firstNumber에 저장된 값이다. 따라서 변수 이름을 적으면 된다. 두 번째 값은 두 번째로 입력받은 값이다. secondNumber에 저장된 값이다. firstNumber 다음에 첫 번째로 적힌 값과 구분하기 위해 적은 쉼표 뒤에 변수 이름 secondNumber를 적으면 된다.

세 번째 매개변수는 배열 포인터이다. 다시 말해서 배열의 시작주소를 저장해야 한다. 따라서 배열 이름을 적으면 된다. C언어에서 배열 이름은 배열의 시작주소라고 정의되어 있다. 따라서 배열 이름 primeNumbers를 세 번째 인수로 적으면 된다. 그리고 마지막 네 번째 매개변수는 포인터형이므로 count 변수의 주소를 구하는 식을 적어야 한다. count 변수의 주소를 구하는 식은 변수이름 count 앞에 &를 적는다. 따라서 식은 &count이다. 줄의 끝에 세미콜론을 적어 호출문장으로 처리하도록 해야 한다.

```
C코드    //함수 정의
        int main(int argc, char *argv[]) {
               // 자동 변수 선언과 정의
               ULong firstNumber;
               ULong secondNumber;
               ULong primeNumbers[MAX];
               ULong count;

               // 첫 번째 수와 두 번째 수를 입력받는다.
               Input(&firstNumber, &secondNumber);
               // 두 개의 수들 사이에 소수들을 구한다.
               GetPrimeNumbers(firstNumber, secondNumber, primeNumbers, &count);

               return 0;
        }
```

다음은 마지막으로 Output 함수를 호출해보자. 역시 반환형이 void이므로 호출식만을 작성하면 된다. 함수 이름 Output을 적고 소괄호를 여닫는다. Output 함수 원형을 보면, 매개변수가 두 개다. 한 개는 배열 포인터형의 매개변수이고, 다른 하나는 ULong 형의 매개변수이다. 그래서 첫 번째 매개변수는 배열의 시작주소를 지정해야 하고, 두 번째 매개변수는 저장된 값인 내용을 지정해야 한다. 따라서 첫 번째는 배열 이름 primeNumbers를 적고, 쉼표를 적고, 저장된 값이므로 변수 이름 count를 적으면 된다. 그리고 줄의 끝에 세미콜론을 적어 호출문으로 처리되도록 한다.

```
C코드    //함수 정의
        int main(int argc, char *argv[]) {
               // 자동 변수 선언과 정의
               ULong firstNumber;
               ULong secondNumber;
               ULong primeNumbers[MAX];
               ULong count;

               // 첫 번째 수와 두 번째 수를 입력받는다.
               Input(&firstNumber, &secondNumber);
               // 두 개의 수들 사이에 소수들을 구한다.
               GetPrimeNumbers(firstNumber, secondNumber, primeNumbers, &count);
               // 개수만큼 소수들을 출력한다.
               Output(primeNumbers, count);

               return 0;
        }
```

이렇게 하면 main 함수의 정의가 끝난다. 다음은 Input 모듈을 Input 함수로 정의하자. Input 함수는 사용자 인터페이스를 어떻게 구현할 것인지에 따라 정의가 달라진다. C언어에서 기본적으로 사용하는 사용자 인터페이스인 문자 기반 인터페이스(Character User Interface, CUI)일 때와 요사이 윈도우로 대중화된 그래픽 기반 인터페이스(Graphic User Interface, GUI)일 때 구현되는 방식에 많은 차이가 있다. 그래서 연산모듈 GetPrimeNumbers에서 입출력 모듈을 철저하게 분리한 것이다. 사용자 인터페이스가 바뀌더라도 처리할 내용은 같기 때문이다.

사용자 인터페이스를 CUI로 한다면, 입출력 모듈은 화면설계(Screen Design)라고 하는 작업을 해야 한다. 화면설계의 산출물을 사용하여 Input 함수를 정의해야 하는데 이 책의 목표가 사용자 인터페이스가 아니라 알고리듬에 집중하도록 하는 것이므로 화면설계에 관해 설명하지 않도록 하겠다. 차후에 출간될 자료구조 편에서 설명할 예정이다.

여기서는 DOS 기반의 CUI로 키보드로 두 개의 수를 입력받는 것으로 정의하도록 하겠다. 블록 주석 기능을 이용하여 함수에 관해 설명을 달도록 하자. 최소한으로 함수 이름, 기능 그리고 입력과 출력을 적도록 하자.

C코드
```
/* ****************************************************************
   함수 이름 : Input
   기    능 : 키보드로 두 개의 수를 입력받는다.
   입    력 : 없음
   출    력 : 첫 번째 수, 두 번째 수
   **************************************************************** */
```

함수를 정의하는 절차에 따라 함수머리를 만들자. 앞에 선언된 함수 원형을 마지막에 적힌 세미콜론을 빼고 옮겨 적는다. 그리고 중괄호를 여닫아 함수 몸체를 만든다.

C코드
```
/* ****************************************************************
   함수 이름 : Input
   기    능 : 키보드로 두 개의 수를 입력받는다.
   입    력 : 없음
   출    력 : 첫 번째 수, 두 번째 수
   **************************************************************** */
void Input(ULong *firstNumber, ULong *secondNumber) {
}
```

키보드로 입력받은 수들을 저장하기 위해서는 반드시 Input 함수 블록에 변수들이 선언되어야 한다. 그런데 이미 매개변수들로 선언되었으므로 자동변수로 선언할 필요가 없다.

다음은 키보드로 수를 입력하는 처리를 해야 한다. C언어에서는 키보드 입력 기능이 없다. 대신 많은 키보드 입력 관련 함수가 C 컴파일러 개발자에 의해서 작성되어 제공된다. 가장 빈번하게 사용하는 함수가 scanf 라이브러리 함수이다. 라이브러리 함수를 사용하는 절차에 따라 구현되어야 한다.

첫 번째는 라이브러리 함수 원형을 라이브러리 함수를 호출하는 문장이 작성될 원시 코드 파일로 복사해야 한다. 앞에서도 말했듯이 함수를 사용하기 전에 반드시 함수가 선언되어 있어야 한다는 C언어의 문법에 따라야 하기 때문입니다.

따라서 라이브러리 함수의 원형이 적힌 헤더 파일을 #include 전처리기 지시자로 헤더 파일을 명기하면 된다. 매크로 형식은 다음과 같다.

C언어

```
#include <헤더파일이름.h>
```

물론 #include 전처리기 지시자로 작성되는 매크로는 라이브러리 함수 호출 문장이 적힌 줄보다는 앞에 작성되면 된다. 대부분 프로그램을 설명하는 주석 바로 다음 줄부터 작성한다. #define 전처리기 지시자로 작성되는 매크로보다는 앞에 작성된다.

헤더 파일을 알기 위해서는 라이브러리 함수 설명서를 참조해야 한다. scanf 함수 원형이 적힌 헤더 파일은 stdio.h이다. 따라서 #include 전처리기 지시자를 적고 공백문자를 두고 각진 괄호를 여닫고 괄호에 stdio.h 헤더 파일 이름을 적는다. 물론 매크로이므로 한 줄에 하나씩 작성되어야 한다.

C코드

```
// GetPrimeNumbers.c
/* ************************************************************
파일 이름 : GetPrimeNumbers.c
기    능 : 두 개의 수들 사이에 있는 소수들을 구하다.
작 성 자 : 김석현
작성 일자 : 2012년 10월 18일
************************************************************/
// 매크로
#include <stdio.h> // scanf 함수 원형

#define MAX 2147483647L
```

두 번째는 함수 호출 문장을 작성하면 된다. 함수 호출 문장을 작성하기 전에 라이브러리 함수 설명서를 참고해서 함수 원형을 확인해야 한다. scanf 함수 원형은 다음과 같다.

```
int scanf( const char *format [,argument]... );
```

키보드 입력을 처리할 때는 관습적으로 반환 값을 사용하지 않는다. 함수 호출식만 작성해보자. 매개변수 format은 입력 서식으로 입력되는 데이터의 개수를 % 기호의 개수로, 입력되는 데이터는 자료형 변환 문자로 문자열 리터럴을 지정해야 한다. 두 개의 정수형 데이터를 입력받아야 하므로 공백문자로 구분되는 % 기호를 두 개 적고, 자료형 변환 문자는 정수이므로 d를 적어야 한다. 따라서 다음과 같이 서식 문자열이 작성되어야 한다.

```
"%d %d"
```

scanf 함수의 서식 문자열에는 공백문자, % 기호 그리고 자료형 변환 문자들만 사용해야 입력하는 데 번거롭지 않다.

그리고 매개변수 argument는 키보드로 입력된 데이터를 저장하는 기억장소의 주소를 지정해야 한다. ...는 가변 인자라는 의미로 필요한 만큼 값들을 지정할 수 있다는 뜻이다.

여기서는 첫 번째 수를 저장할 기억장소의 주소와 두 번째 수를 저장할 기억장소의 주소를 지정해야 한다. 매개변수에 저장된 값이 수를 저장할 기억장소의 주소이므로, 매개변수에 저장된 값을 복사하도록 하면 된다. 따라서 변수에 저장된 값을 의미하는 변수 이름 자체를 적으면 된다. 따라서 scanf 함수 호출식은 다음과 같이 작성된다.

```
scanf("%d %d", firstNumber, secondNumber)
```

scanf 함수 이름을 적고 소괄호를 여닫아야 한다. 첫 번째 인수는 입력 서식 문자열을 적고, 두 번째는 첫 번째 수가 저장될 변수의 주소를 적고, 세 번째는 두 번째 수가 저장될 변수의 주소를 적으면 된다. 그리고 줄의 마지막에 세미콜론을 적어 호출문장으로 처리되도록 해야 한다.

```
/* ***************************************************************
함수 이름 : Input
기    능 : 키보드로 두 개의 수를 입력받는다.
입    력 : 없음
출    력 : 첫 번째 수, 두 번째 수
   *************************************************************** */
void Input(ULong *firstNumber, ULong *secondNumber) {
    scanf("%d %d", firstNumber, secondNumber);
}
```

다음은 모듈기술서와 나씨-슈나이더만 다이어그램으로 GetPrimeNumbers 모듈을 GetPrimeNumbers 함수로 정의하는 데 집중하도록 한다.

모듈 기술서

명칭	한글	소수들을 구하다
	영문	GetPrimeNumbers
기능		두 개의 수들 사이에 있는 소수들을 구하다.
입 · 출력	입력	첫 번째 수, 두 번째 수
	출력	소수들, 개수
관련 모듈		

자료 명세서

번호	명칭 한글	명칭 영문	자료유형	구분	비고
1	배열크기	MAX	정수	상수	2147483647
2	소수들	primeNumbers	정수 배열	출력	두 개의 수 사이에 있는 소수들
3	개수	count	정수	출력	소수의 개수
4	첫 번째 수	firstNumber	정수	입력	두 번째 수보다 작은 수
5	두 번째 수	secondNumber	정수	입력	첫 번째 수보다 큰 수
6	수	number	정수	처리	첫 번째 수와 두 번째 수사이 수
7	약수	factor	정수	처리	약수가 될 수 있는 수
8	나머지	remainder	정수	처리	약수인지 확인하기 위한 수
9	첨자	i	정수	추가	배열요소의 위치

처리 과정

1. 첫 번째 수와 두 번째 수를 입력받는다. (입력)
2. 첫 번째 수부터 두 번째 수까지 반복한다. (제어 : 반복)
    2.1. 수를 세다. (산술 • 기억)
    2.2. 소수인지 확인한다. (제어 : 반복)
    2.3. 소수이면 (제어 : 선택)
        2.3.1. 수를 적다. (기억)
        2.3.2. 개수를 세다. (산술 • 기억)
3. 소수들과 개수를 출력한다. (출력)
4. 끝낸다.

```
                              start
MAX = 2147483647, primeNumbers(MAX), count = 0, firstNumber, secondNumber,
number, factor, remainder, i = 1
     read firstNumber, secondNumber
     number = firstNumber
     while (number ≤ secondNumber)
       factor = 2
       remainder = number
          while (remainder ≥ factor)
            remainder = remainder − factor
          while (factor < number AND remainder ≠ 0)
            factor = factor + 1
            remainder = number
               while (remainder ≥ factor)
                 remainder = remainder − factor
                              number = factor
       TRUE                                                    FALSE
       primeNumbers(i) = number
       i = i + 1                                            ↓
       count = count + 1
       number = number + 1
                    print primeNumbers, count
                              stop
```

함수가 여러 개 사용되는 경우 함수에 관해 설명을 달아 놓는 것이 코드를 보다 이해하기 쉽게 해서 다음에 변경을 쉽게 할 수 있다. 모듈 기술서에서 개요를 참고해서 함수에 관해 설명을 달도록 하자. 최소한 함수 이름, 기능, 입력, 줄력은 반드시 적자. 그 외는 변경되는 내용을 일자와 함께 적으면 코드를 관리하기가 쉬울 것이다.

C코드

```
/* ****************************************************************************
함수 이름 : GetPrimeNumbers
기    능 : 두 수들 사이에 있는 소수들을 구한다.
입    력 : 첫 번째 수, 두 번째 수
출    력 : 소수들, 개수
*************************************************************************** */
```

다음은 함수머리를 만들어야 한다. 함수 원형을 그대로 옮겨 적는데, 줄의 마지막에 있는 세미콜론을 뺀다.

```
/* ************************************************************
   함수 이름 : GetPrimeNumbers
   기    능 : 두 수들 사이에 있는 소수들을 구한다.
   입    력 : 첫 번째 수, 두 번째 수
   출    력 : 소수들, 개수
   ************************************************************ */
void GetPrimeNumbers( ULong firstNumber, ULong secondNumber,
          ULong (*primeNumbers), ULong *count)
```

start
stop

다음은 함수 몸체를 만들어야 한다. 처리 과정에서는 "4. 끝낸다."처리단계와 나씨-슈나이더만 다이어그램에서는 start와 stop이 적힌 순차 구조 기호들에 start가 적힌 순차 구조 기호는 여는 중괄호와 stop이 적힌 순차 구조 기호는 닫는 중괄호로 여닫아 블록을 설정하여 함수 몸체를 만들어야 한다.

```
/* ************************************************************
   함수 이름 : GetPrimeNumbers
   기    능 : 두 수들 사이에 있는 소수들을 구한다.
   입    력 : 첫 번째 수, 두 번째 수
   출    력 : 소수들, 개수
   ************************************************************ */
void GetPrimeNumbers( ULong firstNumber, ULong secondNumber,
        ULong (*primeNumbers), ULong *count) {
}
```

여는 중괄호의 위치는 대부분 함수머리가 적힌 줄의 다음 줄에 적히는 데, 그렇지 않고 함수머리가 적힌 줄의 끝일 수도 있다. 어떠한 선택을 하느냐 하는 것은 프로그래머의 취향이다.

다음은 기호상수, 변수 그리고 배열을 선언하는 순차 구조 기호를 구현해야 한다. 앞에서 정리한 자료형을 참고하여 매개변수로 이미 선언된 것들을 제외하고, 나머지들은 자동변수나 배열로 선언해야 한다. 매개변수같이 자동변수는 선언과 정의를 분리할 수 없으므로 선언한다고 하면 정의도 이루어진다는 것도 명심하자.

> MAX = 2147483647, primeNumbers(MAX), count = 0, firstNumber, secondNumber, number, factor, remainder, i = 1

MAX = 2147483647 기호상수부터 구현해보자. 이미 앞에서 구현했다. 다음은 순차 구조 기호에서 매개변수들, firstNumber, secondNumber, primeNumbers, count를 빼고, 남은 number, factor, remainder, i는 자동변수로 선언 및 정의해야 한다. 또한, 초기화되어 있는 변수는 초기화해야 한다. 함수 블록의 시작 부분에 다음과 같은 형식으로 선언, 정의 그리고 초기화하면 된다.

C언어

```
auto 자료형 변수이름[= 초깃값];
```

앞에서 이미 정리된 자료형을 사용하면 된다. 그리고 한 줄에 하나의 변수를 선언하도록 하자. 그리고 반드시 줄의 끝에 세미콜론을 적어 선언문으로 처리되도록 해야 한다. auto 는 적지 않아도 컴파일러에 의해서 자동으로 추가된다.

번호	명칭		자료형	지원 유무	비고
	한글	영문			
1	배열크기	MAX	정수	○	signed long int
2	소수들	primeNumbers	정수 배열	○	ULong [2147483647]
3	개수	count	정수	○	ULong
4	첫 번째 수	firstNumber	정수	○	ULong
5	두 번째 수	secondNumber	정수	○	ULong
6	수	number	정수	○	ULong
7	약수	factor	정수	○	ULong
8	나머지	remainder	정수	○	ULong
9	첨사	i	정수	○	ULong

number, factor, remainder는 ULong을 적고, 공백문자를 두고, 변수 이름을 적고 세미콜론을 마지막에 적으면 된다. 그러나 i는 초기화가 되어 있으므로 ULong을 적고, 공백문자를 두고, 변수 이름을 적고, 뒤에 적히는 값이 초깃값이라는 것을 강조하기 위해 등호를 적어야 한다. 초깃값을 적어야 하는데 여기서 사용되는 i는 배열의 첨자이다. 다시 말해서 배열요소의 몇 번째인지를 의미하는 값이라는 것인데, C언어의 배열 첨자는 1부터 시작하는 것이 아니라, 0부터 시작하므로 1을 0을 고쳐 적어야 한다. 그리고 마지막에 세미콜론을 적으면 선언, 정의 그리고 초기화를 하게 되는 것이다.

```
┌─ C코드 ─┐
/* ***************************************************************
   함수 이름 : GetPrimeNumbers
   기    능 : 두 수들 사이에 있는 소수들을 구한다.
   입    력 : 첫 번째 수, 두 번째 수
   출    력 : 소수들, 개수
   *************************************************************** */
void GetPrimeNumbers( ULong firstNumber, ULong secondNumber,
        ULong (*primeNumbers), ULong *count) {
    // 자동변수 선언, 정의 그리고 초기화
    ULong number;
    ULong factor;
    ULong remainder;
    ULong i = 0;
}
```

순차 구조 기호를 보면, count는 초기화되어 있다. 그런데 count가 매개변수로 선언되었
다. 그것도 포인터 변수로 말이다. 따라서 여기서는 치환으로 포인터 변수에 저장된 주소
를 갖는 기억장소에 초깃값 0을 저장하도록 해야 한다. 이때는 * 간접 연산자를 사용해야
한다. 포인터 변수 count 앞에 별표를 적고, 치환 연산자인 등호를 적고 0을 적고 세미콜
론을 적어 치환문장으로 처리되도록 해야 한다. 여기서 기억할 내용은 매개변수를 선언할
때 별표는 매개변수에 주소가 저장된다는 것을 강조하는 구두점이다. 변수를 선언하는 곳
이 아닌 곳에 별표는 포인터 변수에 저장된 주소를 갖는 기억장소에 저장된 값인 내용을 의
미하는 간접 연산자인 것을 반드시 기억해야 한다.

```
┌─ C코드 ─┐
/* ***************************************************************
   함수 이름 : GetPrimeNumbers
   기    능 : 두 수들 사이에 있는 소수들을 구한다.
   입    력 : 첫 번째 수, 두 번째 수
   출    력 : 소수들, 개수
   *************************************************************** */
void GetPrimeNumbers( ULong firstNumber, ULong secondNumber,
        ULong (*primeNumbers), ULong *count) {
    // 자동변수 선언, 정의 그리고 초기화
    ULong number;
    ULong factor;
    ULong remainder;
    ULong i = 0;

    *count = 0;
}
```

다음은 모듈 기술서에 정리된 처리 과정을 한 줄 주석 기능으로 적어, 코드에 관해 설명을
달도록 하자.

```
C코드
/* ***********************************************************************
  함수 이름 : GetPrimeNumbers
  기    능 : 두 수들 사이에 있는 소수들을 구한다.
  입    력 : 첫 번째 수, 두 번째 수
  출    력 : 소수들, 개수
  *********************************************************************** */
void GetPrimeNumbers( ULong firstNumber, ULong secondNumber,
        ULong (*primeNumbers), ULong *count) {
    // 자동변수 선언, 정의 그리고 초기화
    ULong number;
    ULong factor;
    ULong remainder;
    ULong i = 0;

    *count = 0;

    // 1. 첫 번째 수와 두 번째 수를 입력받는다. (입력)
    // 2. 첫 번째 수부터 두 번째 수까지 반복한다. (제어 : 반복)
    //     2.1. 수를 세다.
    //     2.2. 소수인지 확인한다. (제어 : 반복)
    //     2.3. 소수이면 (제어 : 선택)
    //         // 2.3.1. 수를 적다. (기억)
    //         // 2.3.2. 개수를 세다. (산술 · 기억)
    // 3. 소수들과 개수를 출력한다. (출력)
    // 4. 끝낸다.
}
```

처리 과정을 주석으로 처리해 놓으면, 다음에 무엇을 해야 하는지를 알 수 있어, 해야 하는 일에 집중할 수 있다.

처리 과정을 주석으로 처리한 것을 확인하면, 첫 번째로 해야 하는 일은 "1. 첫 번째 수와 두 번째 수를 입력받는다."처리단계를 구현해야 한다. 나씨−슈나이더만 다이어그램에서는 입력하는 순차 구조 기호를 C언어로 구현해보자.

read firstNumber, secondNumber

함수머리를 보면, 순차 구조 기호에 적힌 첫 번째 수 firstNumber와 두 번째 수 secondNumber가 매개변수로 선언되어 있다. 매개변수가 하는 일은 호출하는 함수에서 복사해 주는 데이터를 저장하는 것이다. 따라서 입력하는 순차 구조 기호는 C언어에서는 함수 호출문장이다. 따라서 GetPrimeNumbers 함수를 호출하는 main 함수에서 함수 호출문장으로 구현되어야 한다.

다음은 처리 과정을 보면, "2. 첫 번째 수부터 두 번째 수까지 반복한다."이다. 나씨−슈나이더만 다이어그램에서는 다음과 같은 while 반복 구조 기호이다.

```
number = firstNumber

while (number ≤ secondNumber)

    number = number + 1
```

반복구조를 구성하는 초기식이 적힌 순차 구조 기호부터 구현해 보자. while 반복 구조 기호 앞에 순차 구조 기호를 구현하면, 순차 구조 기호에 적힌 내용을 옮겨 적고 줄의 마지막에 세미콜론을 적으면 된다.

C코드
```c
/* ********************************************************************
함수 이름 : GetPrimeNumbers
기    능 : 두 수들 사이에 있는 소수들을 구한다.
입    력 : 첫 번째 수, 두 번째 수
출    력 : 소수들, 개수
********************************************************** */
void GetPrimeNumbers( ULong firstNumber, ULong secondNumber,
        ULong (*primeNumbers), ULong *count) {
    // 자동변수 선언, 정의 그리고 초기화
    ULong number;
    ULong factor;
    ULong remainder;
    ULong i = 0;

    *count = 0;

    // 1. 첫 번째 수와 두 번째 수를 입력받는다. (입력)
    // 2. 첫 번째 수부터 두 번째 수까지 반복한다. (제어 : 반복)
    number = firstNumber;
        // 2.1. 수를 세다.
        // 2.2. 소수인지 확인한다. (제어 : 선택)
        // 2.3. 소수이면
            // 2.3.1. 수를 적다. (기억)
            // 2.3.2. 개수를 세다. (산술 · 기억)
    // 3. 소수들과 개수를 출력한다. (출력)
    // 4. 끝낸다.
}
```

while 반복 구조 기호를 구현해보자. C언어에서 제공하는 while 반복문의 형식은 다음과 같다.

C코드
```c
while ( 조건식) {
    // 단문 혹은 복문
}
```

while 키워드를 적고 조건식을 적기 위해서 소괄호를 여닫아야 한다. while 반복 구조 기호에 적힌 관계식을 소괄호에 적는다. 관계연산자 ≤는 특수문자이므로 키보드에서 〈 와 = 를 각각 입력하여 〈= 로 바꾸어서 적어야 한다. 그리고 while 반복문이 단문이면 중괄호를 여닫아 제어블록을 설정하지 않아도 되나, 코드를 효율적으로 관리하고, 이해를 쉽게 하려면 단문이든 중문이든 상관없이 반복문은 중괄호를 여닫아 제어블록을 설정하도록 하자.

C코드

```
/* ***************************************************************
함수 이름 : GetPrimeNumbers
기    능 : 두 수들 사이에 있는 소수들을 구한다.
입    력 : 첫 번째 수, 두 번째 수
출    력 : 소수들, 개수
*************************************************************** */
void GetPrimeNumbers( ULong firstNumber, ULong secondNumber,
        ULong (*primeNumbers), ULong *count) {
    // 자동변수 선언, 정의 그리고 초기화
    ULong number;
    ULong factor;
    ULong remainder;
    ULong i = 0;

    *count = 0;

    // 1. 첫 번째 수와 두 번째 수를 입력받는다. (입력)
    // 2. 첫 번째 수부터 두 번째 수까지 반복한다. (제어 : 반복)
    number = firstNumber;
    while ( number 〈= secondNumber ) {
        // 2.1. 수를 세다.
        // 2.2. 소수인지 확인한다. (제어 : 선택)
        // 2.3. 소수이면
            // 2.3.1. 수를 적다. (기억)
            // 2.3.2. 개수를 세다. (산술 · 기억)
    }
    // 3. 소수들과 개수를 출력한다. (출력)
    // 4. 끝낸다.
}
```

다음은 반복 구조 기호 안에 마지막 처리로 "2.1. 수를 세다." 처리단계의 순차 구조 기호를 구현해 보자. 반복구조에서 반복제어변수 number의 변경식이다. while 반복문의 제어블록에서 코드를 읽기 쉽게 하려면 들여쓰기하여 마지막 처리로 구현해야 한다. "2.1. 수를 세다."주석으로 제어블록의 마지막 위치로 이동한다. 그리고 이동된 주석 아래 줄에 순차 구조 기호에 적힌 내용을 적고 마지막에 세미콜론을 적어 문장으로 처리되도록 해야 한다.

```
/* ***********************************************************************
   함수 이름 : GetPrimeNumbers
   기     능 : 두 수들 사이에 있는 소수들을 구한다.
   입     력 : 첫 번째 수, 두 번째 수
   출     력 : 소수들, 개수
   *********************************************************************** */
void GetPrimeNumbers( ULong firstNumber, ULong secondNumber,
        ULong (*primeNumbers), ULong *count){
    // 자동변수 선언, 정의 그리고 초기화
    ULong number;
    ULong factor;
    ULong remainder;
    ULong i = 0;

    *count = 0;

    // 1. 첫 번째 수와 두 번째 수를 입력받는다. (입력)
    // 2. 첫 번째 수부터 두 번째 수까지 반복한다. (제어 : 반복)
    number = firstNumber;
    while ( number <= secondNumber ){
        // 2.2. 소수인지 확인한다. (제어 : 선택)
        // 2.3. 소수이면
            // 2.3.1. 수를 적다. (기억)
            // 2.3.2. 개수를 세다. (산술 · 기억)
        // 2.1. 수를 세다.
        number = number + 1;
    }
    // 3. 소수들과 개수를 출력한다. (출력)
    // 4. 끝낸다.
}
```

조금 더 공부해보자. C언어에서는 누적 관련 연산자들을 꽤 많이 제공한다. 따라서 C언어다운 코드를 작성해보자. 수를 세는 순차 구조 기호에 적힌 내용을 C언어로 구현할 방법들은 다음과 같다. 그중에서 가장 많이 사용하는 표현법은 number++;이다.

```
number = number + 1;
number += 1;
++number;
number++;
```

"2.2. 소수인지 확인한다." 처리 단계가 나씨-슈나이더만 다이어그램에서 해당하는 영역은 다음과 같다. C언어로 구현해보자. while 반복문의 제어블록에 순차 구조 기호는 식 문장으로 while 반복 구조 기호는 while 반복문으로 구현해야 한다.

| factor = 2 |
| remainder = number |
| while (remainder ≥ factor) |
| remainder = remainder − factor |
| while (factor < number AND remainder ≠ 0) |
| factor = factor + 1 |
| remainder = number |
| while (remainder ≥ factor) |
| remainder = remainder − factor |

위쪽 두 개의 순차 구조 기호는 적힌 내용을 그대로 옮겨 적고 줄의 마지막에 세미콜론을 적어 문장으로 처리되도록 한다.

C코드

```
/* ********************************************************************
   함수 이름 : GetPrimeNumbers
   기    능 : 두 수들 사이에 있는 소수들을 구한다.
   입    력 : 첫 번째 수, 두 번째 수
   출    력 : 소수들, 개수
   ******************************************************************** */
void GetPrimeNumbers( ULong firstNumber, ULong secondNumber,
        ULong (*primeNumbers), ULong *count) {
    // 자동변수 선언, 정의 그리고 초기화
    ULong number;
    ULong factor;
    ULong remainder;
    ULong i = 0;

    *count = 0;

    // 1. 첫 번째 수와 두 번째 수를 입력받는다. (입력)
    // 2. 첫 번째 수부터 두 빈째 수까지 반복한다. (제어 : 반복)
    number = firstNumber;
    while ( number <= secondNumber ) {
        // 2.2. 소수인지 확인한다. (제어 : 선택)
        factor = 2;
        remainder = number;
        // 2.3. 소수이면
            // 2.3.1. 수를 적다. (기억)
            // 2.3.2. 개수를 세다. (산술 · 기억)
        // 2.1. 수를 세다.
        number++;
    }
    // 3. 소수들과 개수를 출력한다. (출력)
    // 4. 끝낸다.
}
```

while 반복 구조 기호는 while 반복문으로 구현해야 한다. while 키워드를 적고, 소괄호를 여닫고, 소괄호에 조건식을 적으면 된다. 조건식을 그대로 옮겨 적는 데 관계 연산자 ≥는 키보드로 〉와 = 를 연달아 입력하여 〉= 로 고쳐서 적으면 된다. 그리고 반복 구조 기호에 한 개의 순차 구조 기호만 있으므로 단문이라는 것인데, 이때는 중괄호로 여닫아 제어블록을 설정할 필요는 없지만, 앞에서 이미 언급했듯이 중괄호로 여닫아 제어블록을 설정하도록 하자.

C코드
```
/* ********************************************************************
함수 이름 : GetPrimeNumbers
기     능 : 두 수들 사이에 있는 소수들을 구한다.
입     력 : 첫 번째 수, 두 번째 수
출     력 : 소수들, 개수
******************************************************************** */
void GetPrimeNumbers( ULong firstNumber, ULong secondNumber,
        ULong (*primeNumbers), ULong *count) {
    // 자동변수 선언, 정의 그리고 초기화
    ULong number;
    ULong factor;
    ULong remainder;
    ULong i = 0;

    *count = 0;

    // 1. 첫 번째 수와 두 번째 수를 입력받는다. (입력)
    // 2. 첫 번째 수부터 두 번째 수까지 반복한다. (제어 : 반복)
    number = firstNumber;
    while ( number <= secondNumber ) {
        // 2.2. 소수인지 확인한다. (제어 : 선택)
        factor = 2;
        remainder = number;
        while( remainder >= factor ) {
        }
        // 2.3. 소수이면
            // 2.3.1. 수를 적다. (기억)
            // 2.3.2. 개수를 세다. (산술 · 기억)
        // 2.1. 수를 세다.
        number++;
    }
    // 3. 소수들과 개수를 출력한다. (출력)
    // 4. 끝낸다.
}
```

while 반복 구조 기호 안에 있는 순차 구조 기호는 while 반복문의 제어블록에 들여쓰기 하고, 순차 구조 기호를 구현하는 방식대로 적힌 내용을 옮겨 적고, 줄의 끝에 세미콜론을 적어 문장으로 처리되도록 한다.

```
C코드
/* ***************************************************************
   함수 이름 : GetPrimeNumbers
   기      능 : 두 수들 사이에 있는 소수들을 구한다.
   입      력 : 첫 번째 수, 두 번째 수
   출      력 : 소수들, 개수
   *************************************************************** */
void GetPrimeNumbers( ULong firstNumber, ULong secondNumber,
        ULong (*primeNumbers), ULong *count) {
    // 자동변수 선언, 정의 그리고 초기화
    ULong number;
    ULong factor;
    ULong remainder;
    ULong i = 0;

    *count = 0;

    // 1. 첫 번째 수와 두 번째 수를 입력받는다. (입력)
    // 2. 첫 번째 수부터 두 번째 수까지 반복한다. (제어 : 반복)
    number = firstNumber;
    while ( number <= secondNumber ) {
        // 2.2. 소수인지 확인한다. (제어 : 선택)
        factor = 2;
        remainder = number;
        while( remainder >= factor ) {
            remainder = remainder - factor;
        }
        // 2.3. 소수이면
            // 2.3.1. 수를 적다. (기억)
            // 2.3.2. 개수를 세다. (산술 · 기억)
        // 2.1. 수를 세다.
        number++;
    }
    // 3. 소수들과 개수를 출력한다. (출력)
    // 4. 끝낸다.
}
```

내용이 누적 관련이므로 C언어에서 제공하는 누적 관련 연산자들을 이용하여 코드를 작성
해보자. 다음과 같다. −= 누적 연산자를 이용한 구현을 선호한다.

```
C코드

        remainder = remainder - factor;
        remainder -= factor;
```

다음은 while 반복 구조 기호를 구현해보자. while 키워드를 적고 소괄호를 여닫아 조건식
을 적을 수 있도록 하고, 중괄호를 여닫아 제어블록을 설정하다. while 반복 구조 기호에서
소괄호에 적힌 식들을 그대로 옮겨 적는다. 이때 AND 논리곱 논리 연산자는 &&로 바꾸고,

≠ 관계 연산자는 키보드로 !와 =를 연달아 적어서 !=로 바꾸어 적으면 된다.

C코드

```
/* ******************************************************************
함수 이름 : GetPrimeNumbers
기    능 : 두 수들 사이에 있는 소수들을 구한다.
입    력 : 첫 번째 수, 두 번째 수
출    력 : 소수들, 개수
****************************************************************** */
void GetPrimeNumbers( ULong firstNumber, ULong secondNumber,
        ULong (*primeNumbers), ULong *count) {
    // 자동변수 선언, 정의 그리고 초기화
    ULong number;
    ULong factor;
    ULong remainder;
    ULong i = 0;

    *count = 0;

    // 1. 첫 번째 수와 두 번째 수를 입력받는다. (입력)
    // 2. 첫 번째 수부터 두 번째 수까지 반복한다. (제어 : 반복)
    number = firstNumber;
    while ( number <= secondNumber ) {
        // 2.2. 소수인지 확인한다. (제어 : 선택)
        factor = 2;
        remainder = number;
        while( remainder >= factor ) {
            remainder -= factor;
        }
        while( factor < number && remainder != 0) {
        }
        // 2.3. 소수이면
            // 2.3.1. 수를 적다. (기억)
            // 2.3.2. 개수를 세다. (산술 · 기억)
        // 2.1. 수를 세다.
        number++;
    }
    // 3. 소수들과 개수를 출력한다. (출력)
    // 4. 끝낸다.
}
```

반복 구조 기호 내에 순차 구조 기호와 반복 구조 기호는 방금 작성한 while 반복문의 제어블록에 들여쓰기하여 구현해야 한다.

● **여러분이 직접 구현해 보자.**

다음은 "2.3. 소수이면" 처리단계의 다음의 선택 구조 기호를 구현해보자.

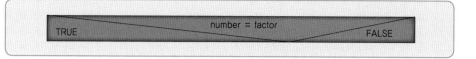

선택 구조 기호는 C언어에서는 기본적으로 if 문과 else 절로 구현해야 한다. C언어에서 선택문의 형식은 다음과 같다.

C언어
```
if(조건식) {
        // 조건식을 평가했을 때 참일 때 처리해야하는 문장(들)
}
else {
        // 조건식을 평가했을 때 거짓일 때 처리해야하는 문장(들)
}
```

if 키워드를 적고 소괄호를 여닫아 조건식을 적어야 한다. 소괄호에 조건식은 선택 구조 기호에서 가운데 삼각형에 적힌 내용을 그대로 옮겨 적는다. = 관계연산자는 C언어에서는 치환 연산자 =와 구분하기 위해서 ==로 고쳐 적어야 한다. 등호를 띄어 쓰면 되지 않고, 연달아 적어야 한다. 중괄호를 여닫아 제어블록을 설정해야 한다. 그리고 줄을 바꾸고 else 키워드를 적고 중괄호를 여닫아 제어블록을 설정해야 한다.

C코드
```
/* *********************************************************
함수 이름 : GetPrimeNumbers
기    능 : 두 수들 사이에 있는 소수들을 구한다.
입    력 : 첫 번째 수, 두 번째 수
출    력 : 소수들, 개수
********************************************************* */
void GetPrimeNumbers( ULong firstNumber, ULong secondNumber,
        ULong (*primeNumbers), ULong *count) {
    // 자동변수 선언, 정의 그리고 초기화
    ULong number;
    ULong factor;
    ULong remainder;
    ULong i = 0;

    *count = 0;

    // 1. 첫 번째 수와 두 번째 수를 입력받는다. (입력)
    // 2. 첫 번째 수부터 두 번째 수까지 반복한다. (제어 : 반복)
    number = firstNumber;
    while ( number <= secondNumber ) {
        // 2.2. 소수인지 확인한다. (제어 : 선택)
        factor = 2;
```

```
        remainder = number;
        while( remainder >= factor ){
            remainder -= factor;
        }
        while( factor < number && remainder != 0){
            factor++;
            remainder = number;
            while( remainder >= factor ){
                remainder -= factor;
            }
        }
        // 2.3. 소수이면
        if(number == factor ){
            // 2.3.1. 수를 적다. (기억)
            // 2.3.2. 개수를 세다. (산술 · 기억)
        }
        else{
        }

        // 2.1. 수를 세다.
        number++;
    }
    // 3. 소수들과 개수를 출력한다. (출력)
    // 4. 끝낸다.
}
```

다음에 구현해야 하는 "2.3.1. 수를 적다."처리단계와 "2.3.2. 개수를 세다." 처리단계는
나씨-슈나이더만 다이어그램에서는 다음과 같다.

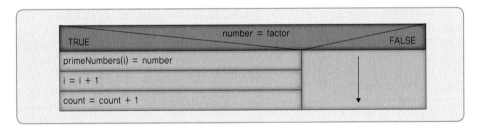

조건식을 평가했을 때 참일 때 처리해야 하는 내용은 if 문의 제어블록에 적어야 하고, 거짓
일 때 처리해야 하는 내용은 else 절의 제어블록에 적어야 한다. 처리 과정에서나 나씨-슈
나이더만 다이어그램에서 조건식을 평가했을 때 거짓일 때 처리할 내용이 없으므로 else
절은 생략해도 된다. 나씨-슈나이더만 다이어그램에서 오른쪽 삼각형 아래쪽에 작도된 순
차 구조 기호를 보면 아래쪽으로 향하는 화살표가 그려져 있는데, 이는 "처리 없음"을 나
타내는 것이다.

"2.3.1. 수를 적다."와 "2.3.2. 개수를 세다." 주석은 if 문의 제어블록으로 옮겨 적어야 하고, else 절은 생략하면 된다.

C코드

```
/* ***********************************************************
   함수 이름 : GetPrimeNumbers
   기    능 : 두 수들 사이에 있는 소수들을 구한다.
   입    력 : 첫 번째 수, 두 번째 수
   출    력 : 소수들, 개수
   *********************************************************** */
void GetPrimeNumbers( ULong firstNumber, ULong secondNumber,
        ULong (*primeNumbers), ULong *count) {
    // 자동변수 선언, 정의 그리고 초기화
    ULong number;
    ULong factor;
    ULong remainder;
    ULong i = 0;

    *count = 0;

    // 1. 첫 번째 수와 두 번째 수를 입력받는다. (입력)
    // 2. 첫 번째 수부터 두 번째 수까지 반복한다. (제어 : 반복)
    number = firstNumber;
    while ( number <= secondNumber ) {
        // 2.2. 소수인지 확인한다. (제어 : 선택)
        factor = 2;
        remainder = number;
        while( remainder >= factor ) {
            remainder -= factor;
        }
        while( factor < number && remainder != 0) {
            factor++;
            remainder = number;
            while( remainder >= factor ) {
                remainder -= factor;
            }
        }
        // 2.3. 소수이면
        if(number == factor ) {
            // 2.3.1. 수를 적다. (기억)
            // 2.3.2. 개수를 세다. (산술 · 기억)
        }
        // 2.1. 수를 세다.
        number++;
    }
    // 3. 소수들과 개수를 출력한다. (출력)
    // 4. 끝낸다.
}
```

"2.3.1. 수를 적다."처리단계의 두 개의 순차 구조 기호를 구현해보자. if 문의 제어블록에 들여쓰기하여 순차 구조 기호에 적힌 내용을 그대로 옮겨 적고, 줄의 끝에 세미콜론을 적어 문장으로 처리하도록 해야 한다. 첫 번째 순차 구조 기호를 구현할 때는 C언어에서 첨자 연산자는 대괄호([])이므로 소괄호가 아니라 대괄호로 바꾸어 적어야 한다.

C코드

```
/* ****************************************************************
함수 이름 : GetPrimeNumbers
기    능 : 두 수들 사이에 있는 소수들을 구한다.
입    력 : 첫 번째 수, 두 번째 수
출    력 : 소수들, 개수
**************************************************************** */
void GetPrimeNumbers( ULong firstNumber, ULong secondNumber,
        ULong (*primeNumbers), ULong *count) {
    // 자동변수 선언, 정의 그리고 초기화
    ULong number;
    ULong factor;
    ULong remainder;
    ULong i = 0;

    *count = 0;

    // 1. 첫 번째 수와 두 번째 수를 입력받는다. (입력)
    // 2. 첫 번째 수부터 두 번째 수까지 반복한다. (제어 : 반복)
    number = firstNumber;
    while ( number <= secondNumber ) {
        // 2.2. 소수인지 확인한다. (제어 : 선택)
        factor = 2;
        remainder = number;
        while( remainder >= factor ) {
            remainder -= factor;
        }
        while( factor < number && remainder != 0) {
            factor++;
            remainder = number;
            while( remainder >= factor ) {
                remainder -= factor;
            }
        }
        // 2.3. 소수이면
        if(number == factor ) {
            // 2.3.1. 수를 적다. (기억)
            primeNumbers[i] = number;
            i = i + 1;
            // 2.3.2. 개수를 세다. (산술 · 기억)
        }
        // 2.1. 수를 세다.
        number++;
    }
    // 3. 소수들과 개수를 출력한다. (출력)
    // 4. 끝낸다.
}
```

두 번째 순차 구조 기호를 구현할 때는 다양하게 구현할 수 있다. 가장 선호하는 방식은 i++;이다.

● **여러분이 직접 C언어로 다양하게 구현해 보자.**

"2.3.2. 개수를 세다."처리단계의 순차 구조 기호를 구현해 보자. 순차 구조 기호를 구현하는 방식대로 기호에 적힌 내용을 그대로 옮겨 적고, 줄의 끝에 세미콜론을 적어 문장으로 처리되도록 한다. 그런데 C언어에서는 조심해야 하는 것이 있는데, 포인터 변수일 때는 포인터 변수에 값을 저장하는 것이 아니다. 포인터 변수에 저장된 값인 주소를 갖는 기억장소에 값을 저장해야 한다. 그래서 포인터 변수 이름 앞에 간접 연산자 별표(*)를 적어야 한다. 간접 연산자와 치환연산자를 사용하여 주소를 갖는 기억장소에 값을 저장하도록 해야 한다.

C코드

```
/* *******************************************************************
함수 이름 : GetPrimeNumbers
기    능 : 두 수들 사이에 있는 소수들을 구한다.
입    력 : 첫 번째 수, 두 번째 수
출    력 : 소수들, 개수
******************************************************************* */
void GetPrimeNumbers( ULong firstNumber, ULong secondNumber,
        ULong (*primeNumbers), ULong *count) {
    // 자동변수 선언, 정의 그리고 초기화
    ULong number;
    ULong factor;
    ULong remainder;
    ULong i = 0;

    *count = 0;

    // 1. 첫 번째 수와 두 번째 수를 입력받는다. (입력)
    // 2. 첫 번째 수부터 두 번째 수까지 반복한다. (제어 : 반복)
    number = firstNumber;
    while ( number <= secondNumber ) {
        // 2.2. 소수인지 확인한다. (제어 : 선택)
        factor = 2;
        remainder = number;
        while( remainder >= factor ) {
            remainder -= factor;
        }
        while( factor < number && remainder != 0 ) {
            factor++;
            remainder = number;
            while( remainder >= factor ) {
                remainder -= factor;
            }
        }
```

```
        // 2.3. 소수이면
        if(number == factor){
            // 2.3.1. 수를 적다. (기억)
            primeNumbers[i] = number;
            i++;
            // 2.3.2. 개수를 세다. (산술 · 기억)
            *count = *count + 1;
        }
        // 2.1. 수를 세다.
        number++;
    }
    // 3. 소수들과 개수를 출력한다. (출력)
    // 4. 끝낸다.
}
```

누적이므로 누적 관련 연산자를 사용하여 다양하게 구현할 수 있다.

● **여러분이 직접 C언어로 다양하게 구현해 보자.**

가장 선호하는 구현은 다음과 같다.

C언어
```
        *count++;
```

여기서 주의해야 하는 내용은 ++ 증가 연산자로 구현할 때이다. 왜냐하면, 포인터 변수에서 ++ 증가 연산자가 사용되면, 주소를 구하는 포인터 산술 연산자가 된다. 따라서 우선순위로 보면 ++ 먼저이고, 저장된 값을 의미하는 * 간접 연산자가 다음에 평가된다.

++ 연산자로 count에 저장된 주소로부터 주소를 갖는 기억장소 크기만큼 이동한 곳의 기억장소의 주소를 구한다. 명확하지 않은 기억장소의 주소를 구하게 된다. 그리고 * 간접 연산자로 구해진 주소를 갖는 명확하지 않은 기억장소에 저장된 값을 구하는 것이다.

따라서 우리가 의도하는 count가 저장하고 있는 주소를 갖는 기억장소에 저장된 값에 1을 증가시키는 누적이 되는 것이 아니다.

우리가 의도하는 값을 구하기 위해서는 우선 count에 저장된 주소를 갖는 기억장소에 저장된 값에다가 1을 더하여 구한 값을 다시 저장하도록 해야 한다. 따라서 ++연산자보다는 * 연산자를 먼저 해야 한다. 이럴 때 소괄호를 사용하여 평가순서를 바꾸면 된다. 따라서 * 연산자를 먼저 평가하도록 해야 하므로 다음과 같이 코드가 작성되어야 한다.

C코드

```
(*count)++;
```

"3. 소수들과 개수를 출력한다." 처리단계의 다음의 순차 구조 기호를 구현해보자.

```
print primeNumbers, count
```

함수는 전형적으로 한 개의 값을 구하는 연산이다. 따라서 return 문장으로 호출한 함수로 값을 하나만 반환할 수 있다. 이 문제처럼 여러 개의 데이터를 구해서 호출한 함수로 출력하기 위해서는 포인터를 사용하여 출력해야 한다. 따라서 출력데이터들, primeNumbers와 count는 포인터 변수로 선언하고, 첨자 연산자(Subscript Operator)나 간접 연산자(Indirect Operator)를 사용하여 값을 저장했기 때문에 이미 처리에서 출력된 상태이다. 따라서 다른 출력 표현이 필요하지 않다. 이렇게 해서 GetPrimeNumbers 모듈을 GetPrimeNumbers 함수로 정의했다.

다음은 Output 모듈을 Output 함수로 정의하자. Output 모듈은 화면설계로 출력형식을 정리한 후에 Output 함수를 정의해야 한다. 이 책의 목표에 맞지 않으므로 화면설계는 생략하고, 개수만큼 소수를 단순히 위쪽에서 아래쪽으로 줄을 바꾸면서 출력하도록 하자.

블록 주석 기능으로 함수에 관해 설명을 달도록 하자.

C코드

```
/* ***********************************************************
함수 이름 : Output
기    능 : 개수만큼 소수들을 출력한다.
입    력 : 소수들, 개수
출    력 : 없음
   *********************************************************** */
```

함수 원형에서 세미콜론을 빼고 적어 함수머리를 만든다. 그리고 중괄호를 여닫아 함수 몸체를 만든다.

```
C코드
/* ***********************************************************************
   함수 이름 : Output
   기    능 : 개수만큼 소수들을 출력한다.
   입    력 : 소수들, 개수
   출    력 : 없음
   *********************************************************************** */
void Output(ULong (*primeNumbers), ULong count) {
}
```

다음은 개수만큼 반복해서 소수를 출력해야 하므로 반복횟수를 저장하는 변수, 반복제어변수를 자동변수로 선언해야 한다. 개수와 비교해야 하므로 반복제어변수의 자료형은 ULong으로 하고, 반복제어변수 이름은 관습적으로 i로 하자.

```
C코드
/* ***********************************************************************
   함수 이름 : Output
   기    능 : 개수만큼 소수들을 출력한다.
   입    력 : 소수들, 개수
   출    력 : 없음
   *********************************************************************** */
void Output(ULong (*primeNumbers), ULong count) {
    ULong i;
}
```

count에 저장되는 값은 실행 시에 결정되므로 while 반복문을 이용해서 count만큼 반복하도록 하자. 반복제어변수 i에 초깃값으로 1을 주어야 하는데, 첨자로도 사용하고자 한다면 C언어에서는 첨자가 0부터 시작하므로 0으로 초기화하자.

while 키워드를 적고 소괄호를 여닫자. 그리고 소괄호에 조건식을 작성하자. 조건식을 구성하는 관계식에서는 1부터 시작할 때 count까지 반복해야 한다면, <= 관계 연산자가 사용해야 하지만, 0부터 시작하면 count보다 작은 동안 반복하면 된다. 따라서 < 관계연산자로 바꾸어 관계식으로 조건식을 작성한다.

그리고 닫는 소괄호에 뒤에 여는 중괄호를 적고 다음 줄에 닫는 중괄호를 적어 while 반복문의 제어블록을 만들자. 제어블록의 마지막 문장으로는 반복제어변수의 변경식 문장을 작성하자. 반복제어변수는 1씩 증가해야 하므로 ++증가 연산자로 변경식을 작성하자.

```
C코드
/* ****************************************************************
   함수 이름 : Output
   기    능 : 개수만큼 소수들을 출력한다.
   입    력 : 소수들, 개수
   출    력 : 없음
   **************************************************************** */
void Output(ULong (*primeNumbers), ULong count) {
    ULong i = 0;

    while( i < count ) {
        i++;
    }
}
```

다음은 소수들을 모니터에 출력하도록 해야 한다. C언어에서는 키보드 입력 기능과 마찬가지로 모니터 출력 기능을 제공하지 않는다. 대신 C 컴파일러 개발자에 의해서 제공되는 라이브러리 함수를 사용해야 한다. 가장 빈번하게 사용하는 라이브러리 함수는 printf 함수이다. 라이브러리 함수를 사용하는 절차에 따라 구현을 해보자.

첫 번째로 printf 함수 원형을 원시 코드 파일에서 printf 함수를 호출하는 문장이 적힌 줄보다는 앞에 복사하도록 해야 한다. 그러나 대개 프로그램을 설명하는 주석 바로 아래쪽에 #include 전처리기 지시자로 복사하도록 매크로를 작성한다. printf 함수 원형이 적힌 헤더 파일은 stdio.h이다. 따라서 다음과 같이 매크로를 작성해야 한다.

```
C언어
#include <stdio.h>
```

그런데 scanf 함수를 사용하기 위해서 이미 똑같은 매크로가 작성되었기 때문에 중복해서 작성할 필요가 없다.

두 번째는 printf 함수를 호출하는 문장을 작성해야 한다. 함수 원형을 참고해야 한다. printf 함수 원형은 다음과 같다.

```
C언어
int printf( const char *format [, argument]...);
```

모니터 출력을 처리할 때는 관습적으로 반환되는 값은 사용하지 않으므로 우리도 사용하지 않도록 하겠다.

함수 호출식만을 작성해보자. 매개변수 format은 출력 서식으로 출력되는 데이터의 개수를 % 기호의 개수로, 출력되는 데이터는 자료형 변환 문자로 구성된 문자열 리터럴을 만들어 지정해야 한다. 한 개의 정수형 데이터를 출력해야 하므로 % 기호를 한 개 적고, 자료형 변환 문자는 정수이므로 d를 적어야 한다. 그리고 줄을 바꾸어야 하는데, 다시 말해서 엔터 키 입력을 C언어로 구현해야 하는데, 엔터 키와 같은 제어 키는 확장 열을 사용해야 한다. 엔터 키의 확장 열은 ' \n'이다. 이러한 것도 printf 함수의 서식 문자열에 추가할 수 있다.

scanf 함수의 서식 문자열에는 공백문자, % 기호 그리고 자료형 변환 문자들만 사용해야 하지만 printf 함수의 서식 문자열에서는 어떠한 문자도 사용이 가능하다. 따라서 출력 서식 문자열은 다음과 같이 작성된다.

C언어

```
"%d \n"
```

그리고 매개변수 argument는 출력하고자 하는 값을 상수, 변수, 배열요소, 식으로 지정해야 한다. ...는 가변 인자라는 의미로 필요한 만큼 값들을 지정할 수 있다는 뜻이다.

여기서는 한 개의 정수형의 값이므로 특히 배열요소에 저장된 값이므로 첨자 연산자 [ ]를 사용해서 배열 이름이나 배열 포인터 변수 이름 뒤에 대괄호를 여닫아 첨자 연산자를 적고, 대괄호에 첨자 i를 설정한 식을 적으면 된다. 따라서 printf 함수 호출식은 다음과 같이 작성된다.

C언어

```
printf("%d \n", primeNumbers[i])
```

printf 함수를 적고 소괄호를 여닫아야 한다. 첫 번째 인수는 출력 서식 문자열을 적고, 두 번째는 i번째 배열요소에 저장된 값으로 배열 포인터 변수 이름 뒤에 대괄호를 여닫아 첨자 연산자를 적고, 대괄호에 첨자 i를 적으면 된다. 그리고 줄의 마지막에 세미콜론을 적어 호출문장으로 처리되도록 해야 한다. printf 함수 호출 문장은 while 반복문의 제어블록에 들여쓰기하여 적는다.

```
C코드
/* ***********************************************************
함수 이름 : Output
기    능 : 개수만큼 소수들을 출력한다.
입    력 : 소수들, 개수
출    력 : 없음
*********************************************************** */
void Output(ULong (*primeNumbers), ULong count) {
    // 반복제어변수 선언
    ULong i = 0;

    // count 만큼 반복한다.
    while( i < count ) {
        // i번째 배열요소에 저장된 값을 모니터에 출력한다.
        printf("%d\n", primeNumbers[i]);
        i++;
    }
}
```

편집이 끝났다. 코드를 정리하면 다음과 같다.

```
C코드
// GetPrimeNumbers.c
/* ***********************************************************
파일 이름 : GetPrimeNumbers.c
기    능 : 두 개의 수들 사이에 있는 소수들을 구하다.
작 성 자 : 김 석 현
작성 일자 : 2012년 10월 18일
***********************************************************/
// 매크로
#include <stdio.h> // scanf, printf 함수 원형

#define MAX 2147483647L

// type name 선언
typedef unsigned long int ULong;

// 함수 선언
int main( int argc, char *argv[] );
void Input( ULong *firstNumber, ULong *secondNumber );
void GetPrimeNumbers( ULong firstNumber, ULong secondNumber,
    ULong (*primeNumbers), ULong *count );
void Output(ULong (*primeNumbers), ULong count );

// 함수 정의
int main(int argc, char *argv[]) {
    // 자동 변수 선언과 정의
    ULong firstNumber;
    ULong secondNumber;
    ULong primeNumbers[MAX];
```

```
    ULong count;

    // 첫 번째 수와 두 번째 수를 입력받는다.
    Input(&firstNumber, &secondNumber);
    // 두 개의 수들 사이에 소수들을 구한다.
    GetPrimeNumbers(firstNumber, secondNumber, primeNumbers, &count);
    // 개수만큼 소수들을 출력한다.
    Output(primeNumbers, count);

    return 0;
}

/* ****************************************************************
함수 이름 : Input
기    능 : 키보드로 두 개의 수를 입력받는다.
입    력 : 없음
출    력 : 첫 번째 수, 두 번째 수
   **************************************************************** */
void Input(ULong *firstNumber, ULong *secondNumber) {
    scanf("%d %d", firstNumber, secondNumber);
}

/* ****************************************************************
함수 이름 : GetPrimeNumbers
기    능 : 두 수들 사이에 있는 소수들을 구한다.
입    력 : 첫 번째 수, 두 번째 수
출    력 : 소수들, 개수
   **************************************************************** */
void GetPrimeNumbers( ULong firstNumber, ULong secondNumber,
        ULong (*primeNumbers), ULong *count) {
    // 자동변수 선언, 정의 그리고 초기화
    ULong number;
    ULong factor;
    ULong remainder;
    ULong i = 0;

    *count = 0;

    // 1. 첫 번째 수와 두 번째 수를 입력받는다. (입력)
    // 2. 첫 번째 수부터 두 번째 수까지 반복한다. (제어 : 반복)
    number = firstNumber;
    while ( number <= secondNumber ) {
        // 2.2. 소수인지 확인한다. (제어 : 선택)
        factor = 2;
        remainder = number;
        while( remainder >= factor ) {
            remainder -= factor;
        }
        while( factor < number && remainder != 0) {
            factor++;
            remainder = number;
```

```
            while( remainder >= factor ) {
                remainder -= factor;
            }
        }
        // 2.3. 소수이면
        if(number == factor ) {
            // 2.3.1. 수를 적다. (기억)
            primeNumbers[i] = number;
            i++;
            // 2.3.2. 개수를 세다. (산술 · 기억)
            (*count)++;
        }
        // 2.1. 수를 세다.
        number++;
    }
    // 3. 소수들과 개수를 출력한다. (출력)
    // 4. 끝낸다.
}


/* ************************************************************
함수 이름 : Output
기    능 : 개수만큼 소수들을 출력한다.
입    력 : 소수들, 개수
출    력 : 없음
   ********************************************************* */
void Output(ULong (*primeNumbers), ULong count) {
    // 반복제어변수 선언
    ULong i = 0;

    // count 만큼 반복한다.
    while( i < count ) {
        // i번째 배열요소에 저장된 값을 모니터에 출력한다.
        printf("%d\n", primeNumbers[i]);
        i++;
    }
}
```

저장하고, 컴파일, 링크 그리고 실행시켜보자. 정상적으로 실행된 결과는 다음과 같아야
한다. 2와 5를 입력했을 때 소수들로 2, 3, 5가 출력되어야 한다.

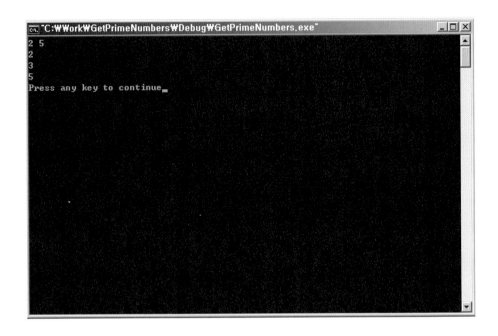

6.6. 오류와 해결책 : 배열 크기 줄이기

그렇지만, 이러한 결과를 보기도 전에 컴파일할 때 오류가 발생할 것이다. 컴파일할 때 오류가 나지 않으면 프로그램이 실행되고 끝날 때 메모리 접근에 대한 실행 오류(Run-Time Error)가 발생하게 된다. 여하튼 문제가 있다는 것이다. 어디서 문제가 있다는 것일까?

컴파일할 때 발생하는 문법 오류 메시지를 보면, 배열 크기가 너무 커서 배열을 할당할 수 없다는 메시지이다. 오류가 발생한 이유는 무엇일까?

C언어에서는 기본적으로 메모리 관리 방식은 세그먼트 방식이다. 데이터를 저장하는 데 사용되는 스택 세그먼트와 DATA 세그먼트의 크기는 정해져 있다. 물론 운영체제에 의해서 크기는 다르지만 16비트 운영체제(예를 들어, DOS)일 때는 64KB이고, 32비트 운영체제(예를 들어, Windows XP)일 때는 1,024KB이다.

따라서 스택 세그먼트나 DATA 세그먼트에서 배열을 할당할 때는 상수로 배열 크기를 설정해야 한다. 왜냐하면, 세그먼트의 크기가 정해져 있으므로 배열 크기가 너무 커 할당되는 배열이 세그먼트 크기를 벗어나지 않도록 명확하게 배열 크기를 정해야 하기 때문이다.

```
C코드   #define MAX 2147483647L

        typedef unsigned long int ULong;

        int main( int argc, char *argv[]) {
            ULong primeNumbers[MAX]; // 배열 선언 및 정의 : 배열을 할당하라는 코드
```

앞에서 작성된 코드에서 배열을 할당하라는 명령에 해당하는 코드를 보면, 배열을 할당하는 위치는 main 함수 스택 세그먼트이다. 배열 크기가 2,147,483,647이다. 할당되는 배열을 구성하는 배열요소가 2,147,483,647개이다. 배열요소의 크기는 32비트 운영체제에서 기준으로 하면 long형이므로 4바이트이다. 따라서 배열이 할당되면 2,147,483,647 * 4 (= 8,589,934,580) 바이트이다. 8기가(G) 바이트이다. 엄청난 크기의 배열이 할당된다. 32비트 운영체제일 때 1,024KB보다 엄청나게 큰 배열을 할당하는 것을 알 수 있다. 따라서 배열 크기가 너무 커서 main 함수 스택 세그먼트에 배열을 할당할 수 없다. 따라서 컴파일할 때 컴파일러가 오류가 났다는 것을 메시지로 알려 주는 것이다.

함수 스택 세그먼트에 할당할 수 있는 최대 크기로 배열을 잡는 수밖에 없다. 얼마나 될까? 오류를 없애고자 한다면, 1,024KB보다 작게 배열을 할당해야 하므로 배열 크기를 엄청나게 줄어야 한다. 1,024,000을 4로 나누어 보아라. 최대는 256,000개이고, 다른 변수들이 사용된다면 256,000개보다 작게 설정해야 한다. 요사이 사용되는 컴퓨터들은 워드 크기가 4바이트이거나 8바이트인 운영체제를 사용하고 있고, 운영체제가 기억장소를 관리하는 방식이 세그먼트 방식만을 사용하는 것이 아니라 다른 방식도 사용하므로 앞에서 제시된 것보다는 약간 크다.

물론, 컴퓨터 시스템의 사양과 운영체제에 따라 차이들은 약간 존재할 수 있다. 그렇지만, 중요한 것은 스택에서 할당할 수 있는 배열 크기는 한정적이라는 것이다. 따라서 스택에 배열을 할당할 시에는 반드시 배열 크기는 상수나 상수 식이어야 한다는 것이다. 배열 크기를 250,000개로 고치도록 하자.

```
C코드   #define MAX 250000L
```

컴파일해보면, 컴파일이 정상적으로 끝나고, 링크도 정상적으로 이루어져서 실행파일이 만들어질 것이다. 실행시켜 결과를 확인해 보아라. 앞에서 본 콘솔 윈도우처럼 작동하는 것을 확인할 수 있을 것이다. 여러분이 직접 꼭 해보도록 하자.

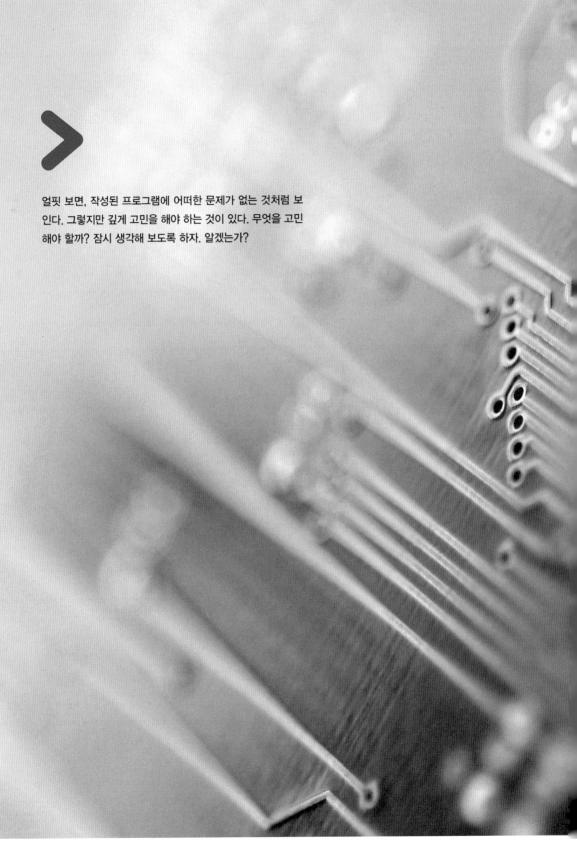

얼핏 보면, 작성된 프로그램에 어떠한 문제가 없는 것처럼 보인다. 그렇지만 깊게 고민을 해야 하는 것이 있다. 무엇을 고민해야 할까? 잠시 생각해 보도록 하자. 알겠는가?

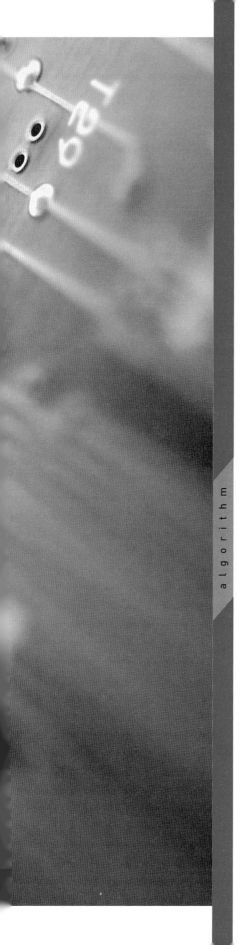

공간 복잡도 문제

1 배열을 사용할 때 발생할 수 있는 문제들은 무엇일까?

2 힙(Heap)을 이용한 동적 메모리 관리

3 스택에 할당할 수 없는 배열 할당

   3.1. 나씨-슈나이더만 다이어그램

   3.2. 구현

4 입력받은 수들을 포함하여 숫자들의 개수만큼
   배열을 할당하는 방법

   4.1. 나씨-슈나이더만 다이어그램

   4.2. 구현

5 소수의 개수만큼 할당하는 방법

   5.1. 나씨-슈나이더만 다이어그램

   5.2. 구현

   5.3. 디버깅

03
|CHAPTER|

공간 복잡도 문제

1 배열을 사용할 때 발생할 수 있는 문제들은 무엇일까?

얼핏 보면, 작성된 프로그램에 어떠한 문제가 없는 것처럼 보인다. 그렇지만 깊게 고민을 해야 하는 것이 있다. 무엇을 고민해야 할까? 잠시 생각해 보도록 하자. 알겠는가?

이렇게 만들어진 프로그램은 기억장소를 사용하는 측면에서 보면 매우 비효율적이다. 2와 5를 입력했을 때 배열 크기는 4이면 충분한데, 배열 크기가 250,000인 배열을 사용하는 것은 비효율적이다. 배열을 이용할 때 먼저 최대로 배열 크기를 설정한 후 사용해야 하므로 기억장소 낭비가 매우 크다는 것이다. 스택에 배열을 할당할 때는 상수로 배열 크기를 정해야 한다. 즉 다시 말해서 한정된 크기의 배열을 할당해 놓고 처리해야 한다는 것이다. 이러한 원리 때문에 배열을 사용할 때마다 메모리가 낭비되는 경우가 빈번하다. 메모리 낭비를 줄이고자 하면, 작성된 프로그램에서는 입력받은 첫 번째 수와 두 번째 수에 따라 배열의 크기가 결정되어야 한다는 것이다. 프로그램이 실행되어야만 첫 번째 수와 두 번째 수를 입력받을 수 있다.

입력받은 두 개의 수 사이에서 구할 수 있는 소수들의 개수가 프로그래밍할 때 정해 놓은 배열 크기를 벗어난다면, 모든 소수를 다 구할 수 없는 상태가 될 것이다. 또한, 프로그램이 정상적으로 끝나지 않고, 예기치 않은 실행 오류(Run Time Error)가 발생해서 강제적으로 프로그램이 끝나는 현상을 경험하게 된다. 과연 그러한지 확인해 보도록 하자.

배열 크기를 줄여보자. 배열 크기 MAX를 10으로 고치자. 다시 컴파일, 링크 그리고 실행시키자. 그리고 2와 30을 입력했을 때는 정상적으로 프로그램이 끝나고 결과를 확인할 수 있다. 그렇지만 2와 50을 입력해 보자. 프로그램이 정상적으로 끝나지 않고, 예기치 않은 오류가 발생해서 강제적으로 프로그램을 끝내야 할 것이다.

C코드
```
// GetPrimeNumbers.c
/* *************************************************************
파일 이름 : GetPrimeNumbers.c
기     능 : 두 개의 수들 사이에 있는 소수들을 구하다.
작 성 자 : 김 석 현
작성 일자 : 2012년 10월 18일
************************************************************* */
// 매크로
#include <stdio.h> // scanf, printf 함수 원형

#define MAX 10
```

예기치 않은 오류가 발생하는 이유는 할당되지 않은 배열요소들에 값을 쓰는 작업이 이루어졌기 때문이다. 2에서 50까지 소수의 개수는 산수 시간에 배운 대로 종이와 연필로 구해 보면, 15개 일 것이다. 따라서 GetPrimeNumbers 함수와 Output 함수에서 각각 할당되지 않은 기억장소들에 값을 쓰거나 읽으므로 운영체제 입장에서는 단단히 화가 났을 것이다. 따라서 예기치 않은 오류를 발생시켜 프로그램을 강제로 끝내게 되는 것이다.

이러한 실행 오류를 발생하지 않도록 하기 위해서는 Input 함수에서 입력할 수 있는 값의 최대치를 알리는 메시지를 출력하는 코드를 작성해야 한다.

C언어
```
/* *************************************************************
함수 이름 : Input
기     능 : 키보드로 두 개의 수를 입력받는다.
입     력 : 없음
출     력 : 첫 번째 수, 두 번째 수
************************************************************* */
void Input(ULong *firstNumber, ULong *secondNumber) {
    printf("1부터 최대 XX까지만 입력해야 합니다! ");
    scanf("%d %d", firstNumber, secondNumber);
}
```

여러분이 사용하고 있는 스마트폰, 데스크톱, 노트북 컴퓨터에 내장된 기억장치의 용량은 대용량이다. 프로그램 사용자가 가진 컴퓨터도 대용량일 것이다. 이러한 상황에서 입력할 수 있는 수의 범위를 지정해야 하는 것은 비효율적이다. 찜찜하다. 그렇다면 어떻게 해야 할까?

오류를 고쳤지만, 이렇게 해결하면 사용자가 두 번째 수를 입력하는 데 있어 제약을 받아야 한다. 수를 입력하는 데 있어 제약을 받는다는 것은 사용자가 컴퓨터를 사용하는 데 있어 비효율적이다. 또한, 문제는 요사이 사용할 수 있는 컴퓨터에 장착된 기억장치의 용량은 매우 크다. 따라서 컴퓨터의 하드웨어를 사용하는 효율성이 떨어지는 것이다.

단순히 종이와 연필로 푸는 문제를 컴퓨터로 해결한다는 개념인 프로그램(Program)이 아니라 효율성을 갖춘 프로그램인 소프트웨어를 만들어야 할 것이다. 장착된 기억장치를 효율적으로 사용할 수 있고, 또한 사용자가 컴퓨터를 효율적으로 사용할 수 있는 해결책을 생각해야 한다. 다시 말해서 효율성도 고려한 프로그램을 만들어야 한다. 이러한 프로그램은 소프트웨어라고 한다.

소프트웨어(Software)란 컴퓨터와 하드웨어를 사용하는 데 있어 효율성을 극대화하는 기술이다. 따라서 소프트웨어를 실제화한 프로그램에서도 효율성 개념이 적용되어야 한다.

사용자에 의해서 입력되는 숫자의 범위에 존재하는 소수의 개수가 스택에서 할당할 수 있는 배열 크기를 넘으면 아무런 해결책이 없을까? 특히 컴퓨터에 장착된 RAM의 용량이 요사이 출시되는 컴퓨터면 2GB 이상인데도 말이다. 아무런 해결책이 없다면 장착된 RAM은 쓸모없는 것이 된다. 그러면 컴퓨터의 하드웨어 사용 효율성에 문제가 있다.

소프트웨어의 본질은 하드웨어 사용 효율성을 극대화하는 것이다. 따라서 기억장소 사용 효율을 극대화할 방법이 존재할 것이다. 그것이 무엇일까?

2 힙(Heap)을 이용한 동적 메모리 관리

스택 세그먼트에 배열을 할당하지 않고, 장착된 기억장치를 충분히 사용할 수 있는 곳에 배열을 할당하면 될 것이다. 또한, 입력된 두 개의 수로 정해지는 배열 크기를 갖는 배열을 사용해야 한다면, 실행하는 동안에 배열을 할당할 수 있는 영역이어야 한다. 다시 말해서 필요할 때 할당하고, 필요하지 않으면 할당 해제되는 영역이어야 한다.

프로그램이 실행할 때, 기억장소를 할당하여 사용하는 것이 아니라 실행 중에 필요한 기억장소를 할당받아 처리하는 방식이다. 이러한 기억장치 관리 방식을 동적 관리라고 한다. C 언어로 작성된 프로그램에서는 스택과 힙이라는 영역을 이용하여 프로그램이 실행 중에 필요한 기억장소를 할당하고, 필요하지 않을 때 해제하여 기억장치를 효율적으로 사용할 수 있다.

동적으로 관리되는 스택은 함수 호출로 할당되고, 함수가 끝날 때 해제된다. 프로그래머에 의해서 작성된 함수 호출 문장으로 시스템에 의해서 동적으로 관리되는 영역이다. 그런데 스택에 의해서 관리되는 기억장소의 용량은 제한이 있다. 그래서 많은 양의 데이터를 처리하는데 있어서는 비효율적인 기억장소 영역이다.

따라서 사용자에 의해서 관리되는 대용량의 데이터를 관리하기 위해 동적으로 관리되는 또 다른 기억장소가 필요하다. C 언어에서는 힙(Heap)이라고 하는 영역을 제공한다.

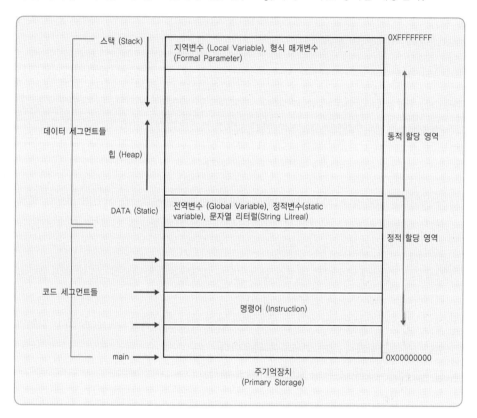

그림에서 보는 것처럼 힙은 스택 세그먼트와 DATA 데이터 세그먼트 사이에 존재하는 데이터 세그먼트이다. DATA 데이터 세그먼트쪽에서 시작하여 스택 세그먼트쪽으로 할당된다. 힙 세그먼트의 크기는 스택 세그먼트나 DATA 데이터 세그먼트같이 일정한 크기로 정해져 있는 것이 아니라, 필요할 때마다 바이트 단위로 할당해서 사용할 수 있는 영역이다. 따라서 시스템이 제공할 수 있는 기억장치의 용량까지 충분히 사용할 수 있는 영역이다.

시스템이 허용하는 범위에서 프로그래머가 자유롭게 사용할 수 있는 기억장소 영역이다. 스택과 DATA 데이터 영역과 달리 프로그래머에 의해서 할당되고 할당 해제되는 영역이다. 프로그래머가 힙 영역에 기억장소를 할당하고자 한다면, 코드로 할당 명령을 내려야 하고, 필요하지 않으면 힙 영역에 할당된 기억장소를 해제하라는 명령을 코드로 내려, 프로그램이 실행 중에도 코드로 필요한 기억장소를 할당과 해제를 할 수 있는 주기억장치 영역을 말한다.

힙에 할당된 기억장소는 스택과 DATA 데이터 영역처럼 이름에 의한 직접 접근이 되지 않는다. 다시 말해서 힙 영역에 기억장소 하나를 할당할 때 프로그래머가 식별하기 위한 이름, 다시 말해서 변수 이름이나 배열 이름을 지정할 수 없다는 것이다. 그래서 이름에 의해서 값을 쓰고 읽을 수 없다.

주소로 간접 접근만 할 수 있는 영역이다. 따라서 간접 접근으로 값을 쓰고 읽어야 한다. 기억장소를 식별하는 값인 주소를 저장하는 기억장소인 링크(Link) 개념을 사용해야 한다. C언어에서는 포인터 개념을 사용해야 한다.

힙 영역의 기억장소를 사용하는 방법은 다음과 같다.

(1) 기본적으로 스택이나 DATA 데이터 세그먼트에 주소를 저장하는 포인터 변수를 할당한다. 스택이나 DATA 데이터 세그먼트에 할당되어 힙에 할당된 기억장소의 주소를 저장하는 변수를 참조변수라고 한다.
(2) 다음은 힙 영역에 데이터를 읽거나 쓸 수 있는 기억장소를 할당한다. 힙 영역에 할당된 기억장소의 주소를 참조 변수에 저장한다.
(3) 참조 변수에 저장된 값인 주소를 이용하여 힙에 할당된 기억장소에 값을 쓰고 읽어야 한다. 간접 연산자나 첨자 연산자를 사용한다.
(4) 사용하지 않을 때는 반드시 할당 해제해야 한다.

이렇게 힙을 이용한 기억장소 관리는 데이터의 기본적인 형식은 알고 있지만, 데이터의 양이 얼마나 있는지 모르고, 프로그램을 작성할 때 미리 필요한 만큼의 기억장소를 할당하여 사용할 수 없어서 필요하다. 예로 디스크 파일 내의 레코드의 전체 개수를 모를 때 레코드의 크기를 알고 있으면 그만큼의 기억장소를 동적으로 할당받아 전체 레코드를 처리할 수 있다. 이처럼 전체 데이터의 개수를 모를 때 동적 메모리 할당을 이용하면 매우 유용하다.

소수들을 구하는 문제로 계속해서 기억장소를 효율적으로 사용하는 알고리듬과 프로그램을 만들어 보자.

소수들을 구하는 알고리듬을 만드는 데 힙을 적용한다고 해서, 개념을 정리하는 도구들인 시스템 다이어그램, 자료명세서 그리고 처리 과정에서는 어떠한 변경도 없다. 힙을 적용하는 문제는 방법적이므로 나씨-슈나이더만 다이어그램에서만 변경된다.

3 스택에 할당할 수 없는 배열 할당

먼저 앞에서 스택에 할당할 수 없는 배열을 힙에 어떻게 할당하는지 알아보자. 스택에서는 할당할 수 없는 크기의 배열을 힙에 할당하는 표현이 어떻게 되는지 알아보자. MAX 크기의 배열을 힙에 할당하도록 나씨-슈나이더만 다이어그램을 고쳐 보자.

3.1. 나씨-슈나이더만 다이어그램

나씨-슈나이더만 다이어그램에서 힙을 이용하는 방법을 알아보도록 하자. 선언하는 순차 구조 기호에 배열을 선언할 때는 배열 이름을 적고 소괄호를 여닫도록 하자. 특히 이름 뒤에 소괄호를 여닫아 배열이 변수와 구별되도록 하자. 이때 소괄호에 적어야 하는 배열 크기를 적지 말아야 한다.

힙에 배열을 할당하는 표현은 순차 구조 기호를 그리고, 순차 구조 기호에 배열 이름을 적고 소괄호를 여닫고 소괄호에 배열 크기를 상수, 변수 그리고 식으로 적도록 하자. 여기서는 상수를 적도록 하사. 나음과 같이 징리되어야 힌다.

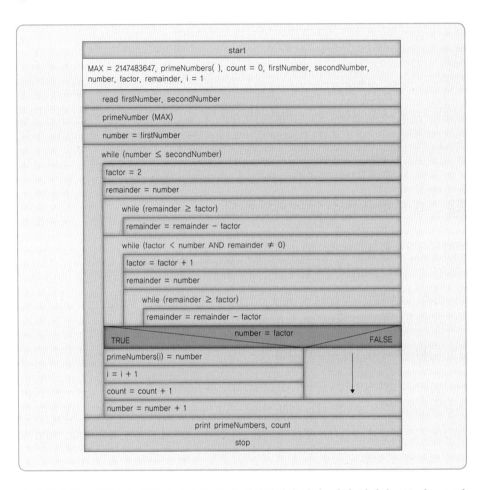

힙에 할당된 기억장소는 필요치 않으면 할당 해제되어야 한다. 할당 해제하도록 하는 표현은 배열에 null을 치환하도록 하면 된다.

```
primeNumbers = null
```

3.2. 구현

- 먼저, 여러분이 본문 형식으로 구현 절차에 맞춰 구현해보자.
- 원시 코드 파일을 만들자.
- 프로그램에 관해 설명을 달아 보자.
- 자료형을 설계하자.

● 함수를 선언하자.

GetPrimeNumbers 함수를 선언할 때 도움이 되도록 먼저 main 함수에서 primeNumbers 변수를 선언해 보자.

```
primeNumbers ( )
```

시스템 다이어그램에 의하면, GetPrimeNumbers 모듈로부터 출력되어 Main 모듈에 입력되고, Output 모듈에서 사용해야 하므로 main 함수에 배열을 선언하고 정의해야 한다. 그렇지만, 스택에 배열을 할당하는 것이 아니라 힙에 할당하고자 하므로 main 함수에서 배열 선언 및 정의 문장을 배열 포인터 선언 및 정의 문장으로 고쳐야 한다.

힙에 배열이 할당되어야 하고, 힙은 이름으로 직접 접근이 가능한 영역이 아니라 간접 접근만이 가능한 영역이므로 힙에 할당된 배열의 시작주소를 저장할 변수가 main 함수 스택 세그먼트에 선언 및 정의되어야 한다. 이렇게 선언 및 정의되는 변수를 참조 변수라고도 한다.

앞에서 배운 대로 배열 포인터 변수가 필요하다. 배열 포인터 변수를 선언하는 절차에 따라 primeNumbers 배열 포인터 변수를 선언 및 정의하자.

(1) 배열 포인터 변수 이름을 적는다. primeNumbers
(2) 주소를 저장하는 포인터 변수라는 것을 강조하기 위해 변수 이름 앞에 *를 적는다. *primeNumbers
(3) 저장된 주소를 갖는 기억장소, 다시 말해서 배열의 첫 번째 요소의 자료형을 *앞에 공백문자를 두고 적는다. ULong *primeNumbers
(4) 일반 포인터와 구분하기 위해 배열 포인터 변수 이름과 바로 앞에 있는 별표를 소괄호로 묶는다. ULong (*primeNumbers)
(5) 자동변수이므로 선언문장으로 처리되도록 줄의 마지막에 세미콜론을 적는다.

C코드
```
ULong (*primeNumbers);
```

다시 GetPrimeNumbers 함수를 선언해 보자. 배열을 할당하는 작업은 이제 main 함수가 아니라 GetPrimeNumbers 함수에서 이루어져야 한다. 왜냐하면, 기억장소는 필요한 모둘에서 할당해서 사용하면 되기 때문이다. 그리고 Output 모듈에서도 사용해야 하므로 힙에 할당된 배열의 주소를 저장하는 변수는 main 함수 스택 세그먼트에 할당되어야 한다. 따라서 GetPrimeNumbers 함수에 할당되는 primeNumbers 변수에 저장되는 값은 주소이어야 한다. main 함수 스택 세그먼트에 할당된 primeNumbers 변수의 주소이어야 한다. primeNumbers는 출력데이터이므로 매개변수로 선언된다면, 포인터형이어야 한다. 그렇게 해야 힙에 할당된 배열의 시작주소를 main 함수로 출력할 수 있어, Output에서 사용할 수 있게 된다.

시스템 다이어그램을 보고, GetPrimeNumbers 함수를 선언해 보자.

소수들과 개수가 출력되어야 하므로 반환형은 void이어야 한다. 여러 개의 데이터가 출력된다. 또한, 배열이 출력된다. 배열 자체는 반환형으로 사용할 수 없다. 왜? 문법이다. 그리고 한 칸 띄우고 함수 이름을 적고, 소괄호를 여닫는다.

```
C코드   void GetPrimeNumbers()
```

소괄호에 입력데이터는 매개변수로 선언한다. 매개변수를 선언하는 형식은 다음과 같다.

```
C코드   자료형 매개변수이름
```

자료형을 적고 한 칸 띄우고 시스템 다이어그램에서 입력데이터의 이름을 적는다. 두 개의 입력데이터가 있다. 따라서 쉼표로 구분하여 매개변수를 선언해야 한다.

```
C코드   void GetPrimeNumbers(ULong firstNumber, ULong secondNumber)
```

출력데이터가 두 개 이상이면, 마찬가지로 소괄호에 매개변수로 선언해야 한다. 그리고 매개변수의 자료형은 포인터형이어야 한다. 포인터 변수를 선언하는 절차에 따라 primeNumbers 매개변수를 선언해 보자.

(1) 변수 이름을 적는다. primeNumbers
(2) 변수 이름 앞에 별표를 적는다. *primeNumbers
(3) 변수에 저장된 주소를 갖는 기억장소의 자료형을 공백문자를 두고 별표 앞에 적는다. main 함수에 할당된 primeNumbers의 자료형이다. 변수의 자료형을 쉽게 아는 방법은

변수 선언문에서 이름과 세미콜론을 지우면 된다. main 함수에 할당된 primeNumbers
변수 선언문은 다음과 같다.

```
ULong (*primeNumbers); // 자료형 ULong (*)
```

변수 이름과 세미콜론을 지우고 남는 것이 자료형이다. 따라서 main 함수에 할당된
primeNumbers 변수의 자료형은 ULong (*)이다. 공백문자를 두고 별표 앞에 자료형을
적는다. ULong (*) *primeNumbers

(4) 별표를 싸고 있는 소괄호가 정리되어야 하는데, 변수 이름과 가장 오른쪽 별표를 소괄
호로 싼다. ULong *(*primeNumbers)

"배열 포인터의 포인터"라고 읽는다.

(5) 매개변수가 아닌 자동변수이면 줄의 끝에 세미콜론을 적어 선언문으로 취급되도록 한다.
매개변수이므로 세미콜론을 적지 않고, 쉼표로 구분하여 세 번째 매개변수로 선언한다.

```
void GetPrimeNumbers(ULong firstNumber, ULong secondNumber,
                     ULong *(*primeNumbers))
```

다음은 개수를 출력하는 count 매개변수를 선언해 보자.

(1) 변수 이름을 적는다. count
(2) 변수 이름 앞에 별표를 적는다. *count
(3) 변수에 저장된 주소를 갖는 기억장소의 자료형을 공백문자를 두고 별표 앞에 적는다.
main 함수에 할당된 count의 자료형이다. 변수의 자료형을 쉽게 아는 방법은 변수 선
언문에서 이름과 세미콜론을 지우면 된다. main 함수에 할당된 count 변수 선언문은
다음과 같다.

```
ULong count; // 자료형 ULong
```

변수 이름과 세미콜론을 지우고 남는 것이 자료형이다. 따라서 main 함수에 할당된 count
변수의 자료형은 ULong이다. 공백문자를 두고 별표 앞에 자료형을 적는다. ULong *count

(4) 일반 포인터이므로 변수 이름과 가장 오른쪽 별표를 소괄호로 싸지 말아야 한다.

(5) 매개변수가 아닌 자동변수이면 줄의 끝에 세미콜론을 적어 선언문으로 취급되도록 한다. 매개변수이므로 세미콜론을 적지 않고, 쉼표로 구분하여 네 번째 매개변수로 선언한다.

```
void GetPrimeNumbers(ULong firstNumber, ULong secondNumber,
                ULong *(*primeNumbers), ULong *count )
```

선언문이므로 줄의 끝에 세미콜론을 적어 문장으로 처리되도록 한다.

```
void GetPrimeNumbers(ULong firstNumber, ULong secondNumber,
                ULong *(*primeNumbers), ULong *count );
```

● 함수를 정의하자.

시스템 다이어그램에 정리된 순서로 함수를 정의해야 한다. 따라서 먼저 main 함수를 정의하자. 권장하는 함수 원형으로 함수 머리를 만들자. 함수 원형을 옮겨 적고 마지막에 적힌 세미콜론을 지우자. 그리고 한 칸 띄우고 여는 중괄호를 적고, 다음 줄에 닫는 중괄호를 적어 함수 블록을 만들자.

```
int main( int argc, char *argv[] ){
 }
```

main 함수의 마지막 문장으로 정상적으로 프로그램이 끝난다는 의미의 값인 0을 반환하는 return 문장을 작성하자.

```
int main( int argc, char *argv[] ){
      return 0;
 }
```

다음은 시스템 다이어그램을 보고, Main 모듈로 입력되는 데이터들을 변수나 배열로 선언하자. Input 모듈로부터 입력되는 데이터들, firstNumber과 secondNumber, GetPrimeNumbers 모듈로부터 입력되는 데이터들, primeNumbers과 count를 세 개의 변수들과 한 개의 배열을 선언해야 한다.

● Input 모듈로부터 입력되는 데이터들, firstNumber과 secondNumber를 자동변수로 여러분이 직접 선언하자.

primeNumbers 배열은 main 함수 스택 세그먼트에 할당하지 않고, 힙에 할당하고자 한다. 따라서 main 함수에서는 힙에 할당된 배열의 시작주소를 저장하는 배열 포인터 변수가 선언되어야 한다. 앞에서 이미 설명되었다. 여러분은 복습삼아 배열 포인터 변수를 선언하는 절차에 따라 배열 포인터 변수를 선언해 보자.

● GetPrimeNumbers 모듈로부터 입력되는 데이터인 count를 자동변수로 여러분이 직접 선언하자.

자동 변수는 첫 번째 식보다는 앞에 선언되어야 하므로, 다시 말해서 블록의 선두에 선언되어야 하므로 다음과 같이 코드가 정리되어야 한다.

```
int main( int argc, char *argv[]){
    ULong firstNumber;
    ULong secondNumber;
    ULong (*primeNumbers);
    ULong count;

    return 0;
}
```

다음은 시스템 다이어그램에서 Main 모듈과 Input 모듈, GetPrimeNumbers 모듈, Output 모듈 간의 관계를 왼쪽에서 오른쪽으로 차례로 함수 호출 문장으로 구현하면 된다.

● 여러분이 Input 함수 호출 문장을 직접 작성해 보자.

GetPrimeNumbers 함수 호출 문장을 작성해 보자. 반환형이 void이다. 따라서 치환식은 작성할 수 없다. 따라서 호출식만 작성하면 된다. 함수 이름을 적고, 함수 이름 뒤에 소괄호를 여닫는다. 함수 호출 연산자이다.

```
GetPrimeNumbers()
```

시스템 다이어그램을 보면, 입력데이터가 두 개다. firstNumber와 secondNumber이다. firstNumber와 secondNumber에 저장된 값을 복사하도록 해야 한다. 따라서 변수 이름을 적으면 된다. 차례로 순서에 맞게 쉼표로 구분하여 적는다.

```
GetPrimeNumbers( firstNumber, secondNumber)
```

다음은 출력데이터도 두 개다. primeNumbers와 count이다. primeNumbers가 배열이라면 배열 이름을 적으면 되지만, 여기서는 배열 포인터 변수이므로 count 변수같이 변수의 주소를 구하는 식을 작성해서 호출할 때 변수의 주소를 구하여 복사하도록 해야 한다. 변수의 주소를 구하는 식을 작성해야 한다. 변수 이름 앞에 & 주소 연산자를 적으면 된다. 차례로 식을 쉼표로 구분하여 적는다.

```
C코드
GetPrimeNumbers( firstNumber, secondNumber, &primeNumbers, &count)
```

호출 문장으로 처리되도록 줄의 끝에 세미콜론을 적어야 한다. 함수 호출 문장이 작성되었다.

```
C코드
GetPrimeNumbers( firstNumber, secondNumber, &primeNumbers, &count);
```

● 여러분이 Output 함수 호출 문장을 직접 작성해 보자.

main 함수 정의가 끝나게 된다. main 함수의 코드를 정리하면 다음과 같다.

```
C코드
int main( int argc, char *argv[]){
        // 자동 변수 선언문들
        ULong firstNumber;
        ULong secondNumber;
        ULong (*primeNumbers);
        ULong count;

        // 함수 호출 문장들
        Input(&firstNumber, &secondNumber);
        GetPrimeNumbers(firstNumber, secondNumber, &primeNumbers, &count);
        Output(primeNumbers, count);

        return 0;
}
```

다음은 시스템 다이어그램을 보면, Input 함수를 정의해야 한다. Input 함수는 달라지는 것이 없다. 따라서 복습삼아 여러분이 직접 정의해 보자.

● 여러분이 Input 함수를 직접 정의해 보자.

다음은 GetPrimeNumbers 함수를 정의해야 한다.

● 여러분이 직접 GetPrimeNumbers 함수 관련해서 설명을 달자.
● 여러분이 직접 GetPrimeNumber 함수 머리를 작성해 보자.

● 여러분이 직접 "4. 끝낸다." 처리단계와 나씨–슈나이더만 다이어그램에서는 start와 stop이 적힌 순차 구조 기호들로 GetPrimeNumbers 함수 몸체를 만들어보자.

```
                            start


                            stop
```

● 여러분이 직접 자동 변수를 선언하고, 초기화해 보자.

```
MAX = 2147483647, primeNumbers, count = 0, firstNumber, secondNumber,
number, factor, remainder, i = 1
```

C코드

```
/* **********************************************************************
함수 이름 : GetPrimeNumbers
기    능 : 두 수들 사이에 있는 소수들을 구한다.
입    력 : 첫 번째 수, 두 번째 수
출    력 : 소수들, 개수
*********************************************************************** */
void GetPrimeNumbers( ULong firstNumber, ULong secondNumber,
        ULong *(*primeNumbers), ULong *count) {
    // 자동변수 선언, 정의 그리고 초기화
    ULong number;
    ULong factor;
    ULong remainder;
    ULong i = 0;
}
```

순차 구조 기호를 보면, count는 초기화되어 있다. 그런데 count가 매개변수로 선언되었다. 그것도 포인터 변수로 말이다. 따라서 여기서는 치환으로 포인터 변수에 저장된 주소를 갖는 기억장소에 초깃값 0을 저장하도록 해야 한다. 이때는 * 간접 연산자를 사용해야 한다. 포인터 변수 count 앞에 별표를 적고, 치환 연산자인 등호를 적고 0을 적고 세미콜론을 적어 치환 문장으로 처리되도록 해야 한다. 여기서 기억할 내용은 매개변수를 선언할 때 별표는 매개변수에 주소가 저장된다는 것을 강조하는 구두점이다. 변수를 선언하는 곳이 아닌 곳에 별표는 포인터 변수에 저장된 주소를 갖는 기억장소에 저장된 값인 내용을 의미하는 간접 연산자인 것을 반드시 기억해야 한다.

```
C코드  /* ****************************************************************
        함수 이름 : GetPrimeNumbers
        기    능 : 두 수들 사이에 있는 소수들을 구한다.
        입    력 : 첫 번째 수, 두 번째 수
        출    력 : 소수들, 개수
        **************************************************************** */
        void GetPrimeNumbers( ULong firstNumber, ULong secondNumber,
                ULong *(*primeNumbers), ULong *count) {
            // 자동변수 선언, 정의 그리고 초기화
            ULong number;
            ULong factor;
            ULong remainder;
            ULong i = 0;

            *count = 0;
        }
```

다음은 모듈 기술서에 정리된 처리 과정을 한 줄 주석 기능으로 적어, 코드에 관해 설명을 달도록 하자.

● 여러분이 직접 코드에 관해 설명을 달도록 하자.
● 여러분이 직접 "1. 첫 번째 수와 두 번째 수를 입력받는다." 처리단계의 나씨-슈나이더만 다이어그램의 입력하는 순차 구조 기호를 C언어로 구현해보자.

> read firstNumber, secondNumber

다음은 힙에 배열을 할당하는 코드를 작성하자. 나씨-슈나이더만 다이어그램에서 다음과 같은 순차 구조 기호를 구현해 보자.

> primeNumbers (MAX)

C언어로 작성되는 프로그램에서는 어떻게 힙에 배열을 할당하고, 할당 해제하는지를 알아보자.

C언어에는 기억장소를 관리하는 기능이 없다. 힙에 기억장소를 할당하고, 해제하는 기능은 C 언어의 기능이 아니다. 따라서 컴파일러 개발자가 작성해서 제공하는 라이브러리 함수들을 사용해야 한다. 다음 표는 관련 라이브러리 함수들을 정리한 것이다.

번호	함수 원형	설명
1	void *malloc(size_t size);	힙에 기억장소를 할당한다.
2	void *calloc(size_t num, size_t size);	힙에 배열을 할당하고 0으로 초기화한다.
3	void *realloc(void *memblock, size_t size);	할당된 기억장소의 크기를 변경한다.
4	void free(void *memblock);	힙에 할당된 기억장소를 해제한다.

라이브러리 함수를 사용하는 절차에 따라 원시 코드 파일로 라이브러리 함수 원형을 복사하도록 지시해야 한다. 따라서 전처리기 지시자 #include를 사용하여 헤더 파일을 지정해야 한다. calloc 함수, malloc 함수, 그리고 realloc 함수와 free 함수 원형이 작성된 헤더 파일은 stdlib.h 이다. 다음과 같이 매크로를 작성해야 한다.

C코드
```
#include <stdlib.h>
```

힙에 배열을 할당할 때 사용되는 함수는 calloc 함수이다. 함수 호출 문장을 작성하기 위해서는 함수 원형을 확인해야 한다.

C코드
```
void *calloc( size_t num, size_t size );
```

calloc 함수는 2개의 매개변수를 가진다. 첫 번째 매개변수는 배열 크기, 두 번째 매개변수는 배열요소의 크기이다. 첫 번째 매개변수에 배열 크기, 다시 말해서 배열요소의 개수로 MAX를 적으면 된다. 두 번째 매개변수는 메모리 크기를 구하는 sizeof 연산자를 사용하여 배열요소의 크기를 구하는 식을 작성하여 적으면 된다. sizeof 연산자를 사용하는 식의 형식은 다음과 같다.

C코드
```
sizeof(자료형)
```

배열요소의 자료형이 ULong이므로 sizeof(ULong) 으로 식을 작성하여 적으면 된다.
함수 이름 calloc를 적고 함수 호출식이므로 소괄호를 여닫아야 한다. 그리고 소괄호에 차례로 위에 작성된 상수와 식을 쉼표로 구분하여 적어 함수 호출식을 작성한다.

C코드
```
calloc( MAX, sizeof(ULong))
```

함수 호출식이 평가되면, 다른 말로는 calloc 함수가 호출되면, 주어진 값들에 의해서 계산된 기억장소만큼 힙에 할당하고, 할당된 기억장소의 주소를 반환한다고 한다. 따라서 main 함수에 할당된 참조변수 primeNumbers에 저장해야 한다. 따라서 치환식을 작성해야 한다. 그렇지만, 매개변수는 main 함수에 할당된 참조 변수의 주소를 가지므로 아래처럼 코드를 작성하면 되지 않는다.

C코드

```
primeNumbers = calloc( MAX, sizeof(ULong))
```

GetPrimeNumbers 함수 스택 세그먼트에 할당된 매개변수 primeNumbers에 힙에 할당된 배열의 시작 주소를 저장하는 코드이므로 GetPrimeNumbers 함수 스택 세그먼트가 할당 해제되면, 매개변수 primeNumbers도 할당 해제되므로 main 함수에서 힙에 할당된 배열의 시작 주소를 알지 못하게 된다.

매개변수에 간접 연산자를 지정하여 매개변수에 저장된 주소를 갖는 기억장소, 다시 말해서 main 함수 스택 세그먼트에 할당된 참조변수 primeNumbers에 저장하도록 해야 한다.

C코드

```
*primeNumbers = calloc( MAX, sizeof(ULong))
```

이때 왼쪽 값과 오른쪽 값의 자료형이 다르다. 왼쪽 값 *primeNumbers은 main 함수에서 선언된 primeNumbers 변수에 저장된 값을 의미한다. 따라서 main 함수에서 선언된 primeNumbers 변수의 자료형을 알아야 한다. main 함수에서 선언된 primeNumbers 변수의 선언문장에서 변수 이름과 세미콜론을 지워 보아라. 그러면 지워진 것들을 빼고 남는 것이 자료형이 된다.

C코드

```
ULong (*) // ULong (*primeNumbers);
```

오른쪽 값의 자료형은 calloc 함수 원형에서 반환형 void*이다. 이렇게 왼쪽 값의 자료형과 오른쪽 값의 자료형이 다르면 컴파일러에 따라 다르지만, 오류나 경고를 발생시킨다. 식을 작성할 때 사용되는 데이터들은 같은 자료형이 되도록 해야 한다. 특히 치환식을 작성할 때는 반드시 왼쪽 값의 자료형으로 오른쪽 값의 자료형을 맞추어 주어야 한다. 이러한 문법적인 기능을 형 변환(Type casting)이라고 한다. ( ) 형 변환 연산자를 사용해야 한다. = 뒤에 소괄호를 여닫고, 소괄호에 왼쪽 값의 자료형을 적으면 된다.

C코드

```
*primeNumbers = (ULong (*))calloc( MAX, sizeof(ULong))
```

호출 문장으로 처리되도록 줄의 끝에 세미콜론을 적어 마무리한다.

C코드

```
*primeNumbers = (ULong (*))calloc( MAX, sizeof(ULong));
```

C코드

```
/* *************************************************************
   함수 이름 : GetPrimeNumbers
   기    능 : 두 수들 사이에 있는 소수들을 구한다.
   입    력 : 첫 번째 수, 두 번째 수
   출    력 : 소수들, 개수
   ************************************************************* */
void GetPrimeNumbers( ULong firstNumber, ULong secondNumber,
        ULong *(*primeNumbers), ULong *count) {
    // 자동변수 선언, 정의 그리고 초기화
    ULong number;
    ULong factor;
    ULong remainder;
    ULong i = 0;

    *count = 0;

    // 1. 첫 번째 수와 두 번째 수를 입력받는다. (입력)

    *primeNumbers = ( ULong (*))calloc(MAX, sizeof(ULong));

    // 2. 첫 번째 수부터 두 번째 수까지 반복한다. (제어 : 반복)
        // 2.1. 수를 세다.
        // 2.2. 소수인지 확인한다. (제어 : 선택)
        // 2.3. 소수이면
            // 2.3.1. 수를 적다. (기억)
            // 2.3.2. 개수를 세다. (산술 · 기억)
    // 3. 소수들과 개수를 출력한다. (출력)
    // 4. 끝낸다.
}
```

● 여러분이 직접 처리 단계 "2. 첫 번째 수부터 두 번째 수까지 반복한다."의 나씨–슈나이더만 다이어그램에서는 다음과 같은 while 반복 구조를 구현해 보자.

```
┌─────────────────────────────────────────┐
│ number = firstNumber                     │
├─────────────────────────────────────────┤
│ while (number ≤ secondNumber)            │
│  ┌──────────────────────────────────────┤
│  │                                       │
│  ├──────────────────────────────────────┤
│  │ number = number + 1                   │
└──┴──────────────────────────────────────┘
```

● 여러분이 직접 "2.2. 소수인지 확인한다." 처리 단계의 다음과 같은 나씨-슈나이더만 다이어그램에서 해당하는 영역을 구현해 보자.

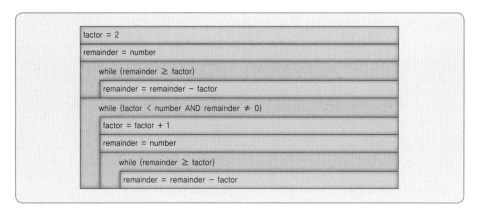

● 여러분이 직접 "2.3. 소수이면" 처리단계의 나씨-슈나이더만 다이어그램의 선택 구조 기호를 구현해보자.

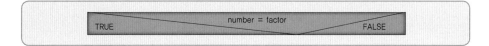

다음에 구현해야 하는"2.3.1. 수를 적다." 처리단계와 "2.3.2. 개수를 세다." 처리단계에 대해 나씨-슈나이더만 다이어그램에서는 다음과 같다.

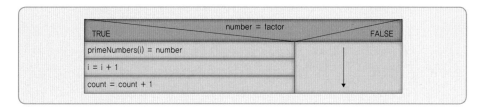

"2.3.1. 수를 적다."와 "2.3.2. 개수를 세다." 주석은 if 선택 문의 제어블록으로 옮겨 적어야 하고, else 절은 생략하면 된다.

```
C코드
/* ***********************************************************
함수 이름 : GetPrimeNumbers
기    능 : 두 수들 사이에 있는 소수들을 구한다.
입    력 : 첫 번째 수, 두 번째 수
출    력 : 소수들, 개수
*********************************************************** */
void GetPrimeNumbers( ULong firstNumber, ULong secondNumber,
```

```
        ULong *(*primeNumbers), ULong *count) {
    // 자동변수 선언, 정의 그리고 초기화
    ULong number;
    ULong factor;
    ULong remainder;
    ULong i = 0;

    *count = 0;

    // 1. 첫 번째 수와 두 번째 수를 입력받는다. (입력)

    *primeNumbers = ( ULong (*) )calloc( MAX, sizeof(ULong));

    // 2. 첫 번째 수부터 두 번째 수까지 반복한다. (제어 : 반복)
    number = firstNumber;
    while ( number <= secondNumber ) {
        // 2.2. 소수인지 확인한다. (제어 : 선택)
        factor = 2;
        remainder = number;
        while( remainder >= factor ) {
            remainder -= factor;
        }
        while( factor < number && remainder != 0) {
            factor++;
            remainder = number;
            while( remainder >= factor ) {
                remainder -= factor;
            }
        }
        // 2.3. 소수이면
        if(number == factor ) {
            // 2.3.1. 수를 적다. (기억)
            // 2.3.2. 개수를 세다. (산술 · 기억)
        }
        // 2.1. 수를 세다.
        number++;
    }
    // 3. 소수들과 개수를 출력한다. (출력)
    // 4. 끝낸다.
}
```

"2.3.1. 수를 적다." 처리단계의 두 개의 순차 구조 기호를 구현해보자. if 선택문의 제어 블록에 들여쓰기하여 순차 구조 기호에 적힌 내용을 그대로 옮겨 적고, 줄의 끝에 세미콜 론을 적어 문장으로 처리하도록 해야 한다. 첫 번째 순차 구조 기호를 구현할 때는 C언 어에서 첨자 연산자는 대괄호([])이므로 소괄호가 아니라 대괄호로 바꾸어 적어야 한다.

그런데 여기서 다시 생각해 보아야 하는 것이 있다. C언어의 문법 오류가 있다. primeNumbers 매개변수는 배열 포인터의 포인터이다. 다시 말해서 배열의 시작주소를 가지는 배열 포인터 변수가 아니다. 배열의 시작주소를 갖는 배열 포인터 변수의 주소를 갖는 포인터 변수이다. 따라서 첨자 연산자를 바로 사용할 수 없다. 첨자 연산자는 배열이나 배열 포인터 변수에 사용할 수 있다.

첨자 연산자를 사용하고자 한다면, 먼저 배열의 시작주소를 구해야 한다. 따라서 primeNumbers 매개변수 이름 앞에 간접 연산자 *를 적어야 한다. *primeNumbers는 힙에 할당된 배열의 시작주소를 의미한다. 이 값에는 첨자 연산자를 사용할 수 있다. *primeNumbers[i]이다. 그렇지만, 이도 문법 오류이다. 왜냐하면, 우선순위 때문이다. [] 첨자 연산자는 * 간접 연산자보다 먼저 평가되므로 문제가 있는 것이다. 이러할 때는 우선순위에 무관하도록 소괄호로 먼저 평가하는 식을 싸서 평가순서를 정해야 한다. 간접 연산자를 첨자 연산자보다 먼저 평가하도록 해야 하므로 다음과 같이 코드가 작성되어야 한다.

C코드

```
(*primeNumbers)[i]
```

● **여러분이 직접 첨자를 변경하는 순차 구조 기호를 구현해 보자.**

"2.3.2. 개수를 세다." 처리단계의 순차 구조 기호를 구현해 보자. 순차 구조 기호를 구현하는 방식대로 기호에 적힌 내용을 그대로 옮겨 적고, 줄의 끝에 세미콜론을 적어 문장으로 처리되도록 한다. 그런데 C언어에서는 조심해야 하는 것이 있는데, 포인터 변수일 때는 포인터 변수에 값을 저장하는 것이 아니다. 포인터 변수에 저장된 값인 주소를 갖는 기억장소에 값을 저장해야 한다. 그래서 포인터 변수 이름 앞에 간접 연산자 별표(*)를 적어야 한다. 간접 연산자와 치환연산자를 사용하여 주소를 갖는 기억장소에 값을 저장하도록 해야 한다.

누적이므로 누적 관련 연산자를 사용하여 다양하게 구현할 수 있다.

● **여러분이 직접 C언어로 다양하게 구현해 보자.**

가장 선호하는 구현은 다음과 같다.

C코드

```
*count++;
```

여기서 주의해야 하는 내용은 ++ 증가 연산자로 구현할 때이다. 왜냐하면, 포인터 변수에서 ++ 증가 연산자가 사용되면, 주소를 구하는 포인터 산술 연산자가 된다. 따라서 우선순위로 보면 ++ 먼저이고, 저장된 값을 의미하는 * 간접 연산자가 다음에 평가된다.

++ 연산자에 의해서 count에 저장된 주소로부터 주소를 갖는 기억장소 크기만큼 이동한 곳의 기억장소의 주소를 구한다. 명확하지 않은 기억장소의 주소를 구하게 된다. 그리고 * 간접 연산자에 의해서 구해진 주소를 갖는 명확하지 않은 기억장소에 저장된 값을 구하는 것이다.

따라서 우리가 의도하는 count가 저장하고 있는 주소를 갖는 기억장소에 저장된 값에 1을 증가시키는 누적이 되는 것이 아니다.

우리가 의도하는 값을 구하기 위해서는 우선 count에 저장된 주소를 갖는 기억장소에 저장된 값에다가 1을 더하여 구한 값을 다시 저장하도록 해야 한다. 따라서 ++연산자보다는 * 연산자를 먼저 해야 한다. 이럴 때 소괄호를 사용하여 평가순서를 바꾸면 된다. 따라서 * 연산자를 먼저 평가하도록 해야 하므로 다음과 같이 코드가 작성되어야 한다.

C코드

```
(*count)++;
```

● 여러분이 직접 "3. 소수들과 개수를 출력한다." 처리단계의 다음의 나씨–슈나이더만 다이어그램을 구현해보자.

```
print primeNumbers, count
```

이렇게 해서 GetPrimeNumbers 모듈을 GetPrimeNumbers 함수로 정의했다.

그런데 여기서 생각해 보아야 하는 것이 있다. 힙에 할당된 배열을 언제, 어디에서 할당 해제해야 할까? GetPrimeNumbers 함수에서 힙에 할당된 배열은 필요하지 않으면 반드시 할당 해제해야 한다.

```
primeNumbers = null
```

힙에 할당된 배열은 프로그래머가 할당 해제를 책임져야 한다. 그렇지 않으면 시스템에 의해서 할당 해제되지 않기 때문에 할당했던 프로그램으로 점유되어 다른 프로그램이 결코 사용할 수 없는 상태가 된다. 이러한 상황을 "메모리 누수(Memory Leak)가 발생했다"고

한다. 메모리 누수로 할당 해제되지 않은 영역은 다른 프로그램에서 결코 사용되지 못한다. 메모리 누수가 심하면, 컴퓨터의 처리 속도가 느려지는 현상을 초래한다. 왜? 사용할 수 있는 기억장치가 적어지기 때문이다.

힙에 할당한 배열은 필요하지 않으면, 반드시 할당 해제해야 한다. 할당한 배열을 해제할 때 할당하지 않은 영역을 해제시키면 실행 오류가 발생한다. 그러므로 선택구조를 사용하여 free 함수를 호출하기 전에 할당되어 있는지를 검사해야 한다. 포인터 변수에 저장된 값으로 검사해야 한다.

포인터 변수에 NULL이 저장되면, 개념상 할당된 기억장소의 주소가 저장되어 있지 않은 포인터 변수란 약속이다. 이처럼 NULL을 저장하고 있는 포인터를 NULL 포인터라고 한다. 대개는 주소를 반환하는 함수에서 지정된 주소를 갖는 기억장소가 없음을 알려 줄 때 사용하거나 매개변수의 개수가 가변적인 함수에서 마지막 매개변수를 나타낼 때 사용한다.

C언어에서는 stddef.h 헤더 파일이나 stdlib.h에 기술되어 있는 매크로 상수 NULL을 의미한다.

```
01 : /* Define NULL pointer value */
02 : #
03 : #ifndef NULL
04 : #ifndef __cplusplus
05 : #define Null      0
06 : #else
07 : #define NULL    ((void *)0)
08 : #endif
09 : #endif
```

할당되어 있는지를 검사하는 조건식은 다음과 같이 작성되어야 한다.

C코드
```
if( primeNumbers != NULL){
}
```

primeNumbers 포인터 변수에 저장된 값이 NULL이 아닌지를 평가하는 식으로 작성되어야 한다. NULL이 아닌 값이 저장되어 있다면 할당된 기억장소가 있다는 것이 된다. 할당되어 있다면 free 함수를 호출해야 한다. free 함수 원형을 보자. 매개변수로 힙에 할당된 기억장소의 주소를 저장하게 되어 있다.

C코드
```
void free( void *memblock );
```

따라서 함수 호출식을 작성하고 마지막에 세미콜론을 적어 함수 호출문장으로 작성하면 된다. 할당된 배열을 할당 해제하기 위해 다음과 같이 작성되어야 한다.

3장 공간 복잡도 문제

```
C코드
if( primeNumbers != NULL ) {
    free(primeNumbers);
}
```

여기서도 하나 기억해야 하는 것이 있다. 힙에 할당된 배열이 free 함수로 할당 해제되었다고, primeNumbers 변수에 NULL이 저장되는 것은 아니다. 아직도 primeNumbers에는 주소가 저장되어 있지만, 주소를 갖는 기억장소는 할당 해제된 상태일 뿐이다. 이러한 상태의 포인터 변수를 Dangling Pointer(좋은 우리말이 없어 댕글링 포인터)라고 한다는 것도 기억하자.

그러면 어디에서 할당 해제하는 코드가 작성되어야 할까? GetPrimeNumbers 함수에서는 아니다. 왜냐하면, 여기서 할당 해제하게 되면, Output 함수에서 사용하여 모니터에 소수들을 출력할 수 없기 때문이다. 또한, Output 함수에서도 아니다. main 함수에서 할당 해제하는 코드가 작성되어야 한다.

main 함수에서 코드의 위치는 프로그램이 끝나기 전에 해야 하므로 return 문장 앞이어야 한다.

```
C코드
int main(int argc, char *argv[]) {
    // 자동 변수 선언과 정의
    ULong firstNumber;
    ULong secondNumber;
    ULong (*primeNumbers);
    ULong count;

    // 첫 번째 수와 두 번째 수를 입력받는다.
    Input(&firstNumber, &secondNumber);

    // 두 개의 수들 사이에 소수들을 구한다.
    GetPrimeNumbers(firstNumber, secondNumber,
                &primeNumbers, &count);
    // 개수만큼 소수들을 출력한다.
    Output(primeNumbers, count);

    // 힙에 할당된 배열을 할당 해제한다.
    if( primeNumbers != NULL){
        free(primeNumbers);
    }

    return 0;
}
```

Output 함수에서 결코 코드를 고칠 필요가 없다. 단지 프로그램에 사용할 배열의 위치만을 스택에서 힙으로 바꾼 것밖에 없기 때문이다.

● 여러분이 직접 Output 함수를 정의해 보자.

여기까지 작성된 코드를 정리하면 다음과 같다.

`C코드`

```c
// GetPrimeNumbers.c
/* *******************************************************************
파일 이름 : GetPrimeNumbers.c
기    능 : 두 개의 수들 사이에 있는 소수들을 구하다.
작 성 자 : 김 석 현
작성 일자 : 2012년 10월 18일
******************************************************************* */
// 매크로
#include <stdio.h> // scanf, printf 함수 원형
#include <stdlib.h> // calloc, free 함수 원형

#define MAX 2147483647

// type name 선언
typedef unsigned long int ULong;

// 함수 선언
int main( int argc, char *argv[] );
void Input( ULong *firstNumber, ULong *secondNumber );
void GetPrimeNumbers( ULong firstNumber, ULong secondNumber,
    ULong *(*primeNumbers), ULong *count );
void Output(ULong (*primeNumbers), ULong count );

// 함수 정의
int main(int argc, char *argv[]) {
    // 자동 변수 선언과 정의
    ULong firstNumber;
    ULong secondNumber;
    ULong (*primeNumbers);
    ULong count;

    // 첫 번째 수와 두 번째 수를 입력받는다.
    Input(&firstNumber, &secondNumber);

    // 두 개의 수들 사이에 소수들을 구한다.
    GetPrimeNumbers(firstNumber, secondNumber,
            &primeNumbers, &count);
    // 개수만큼 소수들을 출력한다.
    Output(primeNumbers, count);

    // 힙에 할당된 배열을 할당 해제한다.
    if( primeNumbers != NULL){
```

```
            free(primeNumbers);
    }

    return 0;
}

/* ****************************************************************
함수 이름 : Input
기    능 : 키보드로 두 개의 수를 입력받는다.
입    력 : 없음
출    력 : 첫 번째 수, 두 번째 수
**************************************************************** */
void Input(ULong *firstNumber, ULong *secondNumber) {
    scanf("%d %d", firstNumber, secondNumber);
}

/* ****************************************************************
함수 이름 : GetPrimeNumbers
기    능 : 두 수들 사이에 있는 소수들을 구한다.
입    력 : 첫 번째 수, 두 번째 수
출    력 : 소수들, 개수
**************************************************************** */
void GetPrimeNumbers( ULong firstNumber, ULong secondNumber,
        ULong *(*primeNumbers), ULong *count) {
    // 자동변수 선언, 정의 그리고 초기화
    ULong number;
    ULong factor;
    ULong remainder;
    ULong i = 0;

    *count = 0;

    // 1. 첫 번째 수와 두 번째 수를 입력받는다. (입력)

    *primeNumbers = ( ULong (*) )calloc( MAX, sizeof(ULong) );

    // 2. 첫 번째 수부터 두 번째 수까지 반복한다. (제어 : 반복)
    number = firstNumber;
    while ( number <= secondNumber ) {
        // 2.2. 소수인지 확인한다. (제어 : 선택)
        factor = 2;
        remainder = number;
        while( remainder >= factor ) {
            remainder -= factor;
        }
        while( factor < number && remainder != 0) {
            factor++;
            remainder = number;
            while( remainder >= factor ) {
                remainder -= factor;
            }
```

```
        }
        if(number == factor ) {
            // 2.2.1. 수를 적다. (기억)
            (*primeNumbers)[i] = number;
            i++;
            // 2.2.2. 개수를 세다. (산술·기억)
            (*count)++;
        }
        // 2.1. 수를 세다.
        number++;
    }
    // 3. 소수들과 개수를 출력한다. (출력)
    // 4. 끝낸다.
}


/* *************************************************************
함수 이름 : Output
기    능 : 개수만큼 소수들을 출력한다.
입    력 : 소수들, 개수
출    력 : 없음
   ************************************************************* */
void Output(ULong (*primeNumbers), ULong count) {
    // 반복제어변수 선언
    ULong i = 0;

    // count 만큼 반복한다.
    while( i < count ) {
        // i번째 배열요소에 저장된 값을 모니터에 출력한다.
        printf("%d\n", primeNumbers[i]);
        i++;
    }
}
```

이제 컴파일, 링크한 후 실행시켜 보자. 실행되는가? 잘 실행이 될 것이다. 작성된 코드에서 힙에 기억장소를 할당하는 코드에서 다음같이 차례로 바꾸면서 컴파일, 링크 그리고 실행을 반복해 보아라.

1024KB 크기 스택에 할당될 수 있는 배열 크기인 250000을 MAX로 고치고, 배열요소의 개수를 10의 거듭제곱으로 늘려 보아라.

C언어

```
#define MAX 250000
        primeNumbers = (ULong (*))calloc( MAX, sizeof(ULong));
//      primeNumbers = (ULong (*))calloc( MAX * 10, sizeof(ULong));
//      primeNumbers = (ULong (*))calloc( MAX * 100, sizeof(ULong));
//      primeNumbers = (ULong (*))calloc( MAX * 1000, sizeof(ULong));
//      primeNumbers = (ULong (*))calloc( MAX * 10000, sizeof(ULong));
//      primeNumbers = (ULong (*))calloc( MAX * 100000, sizeof(ULong));
```

물론 사용하는 컴퓨터 사양에 따라, 다시 말해서 시스템에 따라서 차이가 있지만, 대개 최
소 10배까지 기억장소를 할당할 수 있는 것을 확인할 수 있을 것이다. 스택보다는 더 많은
용량을 사용할 수 있어 효율적으로 기억장치를 사용할 수 있다.

그렇지만, 이렇게 할당한 경우 입력되는 두 개의 수에 따라 메모리 낭비를 초래하는 기억장
소 관리 방법이므로 힙을 이용하는 경우 효율적이지 않은 것 같다. 기억장소 사용량이 엄
청나다. 이러할 때 "공간복잡도가 높다"라고 한다. 비효율적인 알고리듬과 프로그램이다.
힙을 사용하면서 이러한 알고리듬과 프로그램을 만들게 되면 비효율적이다.
힙을 사용할 때 어떻게 하는 것이 효율적인 기억장소 관리인지 생각해 보자.

4 입력받은 수들을 포함하여 숫자들의 개수만큼 배열을 할당하는 방법

입력받은 수들을 포함하여 숫자들의 개수만큼 배열 크기를 갖는 배열을 힙에 할당하도록
하자. 예를 들면, 입력받은 두 개의 수가 2와 7이라고 하면, 입력받은 두 개의 수를 포함
하여 숫자들이라고 하면, 2, 3, 4, 5, 6, 7이 된다. 그래서 7 − 2 + 1로 구해진 개수만큼
배열 크기를 갖는 배열을 힙에 할당하도록 하자. 그래서 메모리가 낭비되지 않도록 하자.

4.1. 나씨-슈나이더만 다이어그램

MAX 기호 상수를 지우자. 배열을 선언할 때는 배열 이름을 적고 소괄호를 여닫도록 하자.
그래서 배열을 변수와 구별하도록 하자.

입력된 두 개의 수를 가지고 배열 크기를 결정해야 하므로 두 개의 수를 입력받는 순차 구
조 기호 아래쪽에 순차 구조 기호를 작도하고, 힙에 배열을 할당하는 표현을 적는다. 배열
이름을 적고 소괄호를 여닫고, 소괄호에 힙에 할당되는 기억장소(들)의 개수를 적도록 하

자. 이때는 상수, 변수 그리고 식일 수 있다. 여기서는 식을 사용해야 한다. 두 번째 수에서 첫 번째 수를 뺀 다음 1을 더하면, 입력받는 두 개 수를 포함하여 두 수 사이의 모든 숫자의 개수가 된다.

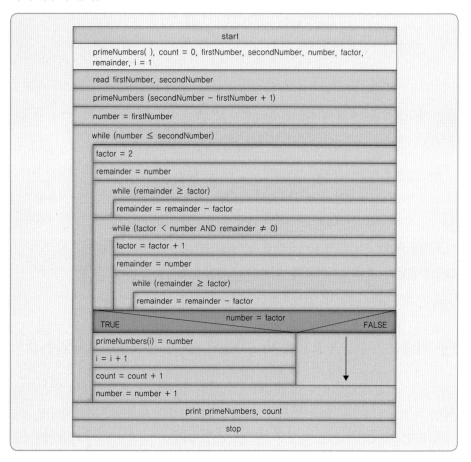

4.2. 구현

나씨-슈나이더만 다이어그램에서만, 그것도 힙에 배열을 할당하는 부분만 달라졌다. 따라서 GetPrimeNumbers 함수를 정의하는 데 있어 힙에 배열을 할당하는 코드를 작성해 보자.

```
primeNumbers (secondNumber − firstNumber + 1)
```

힙에 배열을 할당할 때 사용되는 함수는 calloc 함수이다. 함수 호출 문장을 작성하기 위해서는 함수 원형을 확인해야 한다.

```
C코드    void *calloc( size_t num, size_t size );
```

calloc 함수는 2개의 매개변수를 가진다. 첫 번째 매개변수는 배열 크기를 말하고, 두 번째 매개변수는 배열요소의 크기이다. 첫 번째 매개변수에 배열 크기, 다시 말해서 배열요소의 개수로 secondNumber – firstNumber + 1 산술식을 작성하여 적으면 된다. 두 번째 매개변수는 sizeof 연산자를 사용하여 배열요소의 크기를 구하는 식을 작성하여 적으면 된다. 배열요소의 자료형이 ULong이므로 sizeof(ULong) 으로 식을 작성하여 적으면 된다.

함수 이름 calloc를 적고 함수 호출식이므로 소괄호를 여닫아야 한다. 그리고 소괄호에 차례로 위에 작성된 식들을 쉼표로 구분하여 적어 함수 호출식을 작성한다.

```
C코드    calloc( secondNumber – firstNumber + 1, sizeof(ULong))
```

함수 호출식이 평가되면, 다른 말로는 calloc 함수가 호출되면, 주어진 값들로 계산된 기억장소만큼 힙에 기억장소를 할당하고, 할당된 기억장소의 주소를 반환한다고 한다. 그러면, main 함수에 할당된 참조변수 primeNumbers에 저장해야 한다. 주소를 이용하여 힙에 할당된 기억장소들을 참조할 수 있기 때문이다. 따라서 치환식을 작성해야 한다. 이때, 주의해야 하는 것은 primeNumbers는 GetPrimeNumbers 함수 스택 세그먼트에 할당된 매개변수로 main 함수 스택 세그먼트에 할당된 primeNumbers 자동변수의 주소를 저장하고 있다. 따라서 main 함수 스택 세그먼트에 할당된 참조 변수 primeNumbers에 주소를 저장하기 위해서는 간접 연산자를 사용해야 한다. 따라서 매개변수 primeNumbers 앞에 * 간접 연산자를 적도록 하자.

```
C코드    *primeNumbers = calloc( secondNumber – firstNumber + 1, sizeof(ULong))
```

이때 왼쪽 값과 오른쪽 값의 자료형이 다르다. 왼쪽 값 *primeNumbers, 다시 말해서 main 함수 스택 세그먼트에 할당된 primeNumbers 배열 포인터 변수의 자료형은 선언문장에서 변수 이름과 세미콜론을 지워 보아라. 그러면 지워진 것들을 빼고 남는 것이 자료형이 된다.

```
C코드    ULong (*) // ULong (*primeNumbers);
```

오른쪽 값의 자료형은 calloc 함수 원형에서 반환형 void*이다. 이렇게 왼쪽 값의 자료형과 오른쪽 값의 자료형이 다르면 컴파일러에 따라 다르지만, 오류나 경고를 발생시킨다. 그리고 식을 작성할 때 사용되는 데이터들은 같은 자료형이 되도록 해야 한다. 그래서 치환식을 작성할 때는 반드시 왼쪽 값의 자료형으로 오른쪽 값의 자료형을 맞추어 주어야 한다. 이러한 문법적인 기능을 형 변환이라고 한다. 형 변환 연산자를 사용해야 한다. 등호 뒤에 형 변환 연산자인 소괄호를 여닫고, 소괄호에 왼쪽 값의 자료형을 적으면 된다.

C코드
```
*primeNumbers = (ULong (*))
        calloc( secondNumber - firstNumber + 1, sizeof(ULong))
```

호출 문장으로 처리되도록 문장의 끝에 세미콜론을 적어 마무리한다.

C코드
```
*primeNumbers = (ULong (*))
        calloc( secondNumber - firstNumber + 1, sizeof(ULong));
```

secondNumber와 firstNumber가 입력된 후에 실행되도록 해야 하므로, GetPrimeNumbers 함수에서만 힙에 배열을 할당하는 코드가 위쪽 코드처럼 바뀌기만 하면 된다.

컴파일, 링크, 적재해서 프로그램을 실행시키자. 그리고 2와 5를 키보드로 입력하면 정확히 실행되어 다음과 같이 출력될 것이다.

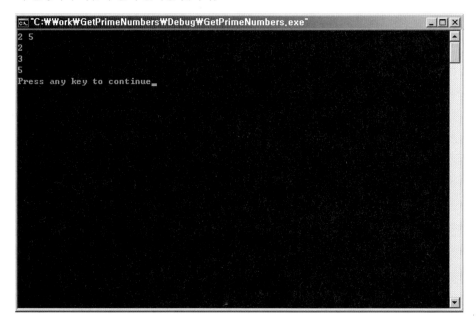

입력받은 수들이 2와 100이면 배열 크기가 99인 배열을 할당할 것이고, 2와 10000이면 배열 크기가 9,999인 배열을 할당할 것이다. 스택에서 정적으로 할당되는 배열보다는 메모리 낭비를 줄일 수 있고, 사용자가 수들을 입력할 때 제약을 줄일 수 있다. 기억장소 사용량도 적어서 "공간 복잡도가 낮다"라고 평가할 수 있다.

이러한 방식으로 프로그램의 실행 중에 필요한 만큼의 기억장소들을 할당하고, 필요치 않으면 해제할 수 있는 기억장치 관리 방식을 힙에 의한 동적 메모리 관리라고 한다.

C언어로 프로그램을 작성할 때 반드시 적용해야 하는 개념이며, 따라서 반드시 알아야 하는 내용이므로 정확하게 숙지하도록 하자.

5 소수의 개수만큼 할당하는 방법

앞에서 설명된 방식으로 해도 메모리가 낭비된다. 입력받은 수들이 2와 100이면 배열 크기가 99인 배열이 할당되지만, 2에서 100까지 소수들의 개수는 25개이므로 여전히 74개가 쓸모없게 된다. 2와 10000이면 배열 크기가 9,999인 배열을 할당하지만, 소수들의 개수는 1229이므로 8,770개가 쓸모없게 된다. 범위가 커지면 커질수록 메모리 낭비가 심해질 것이다. 이러한 문제점도 해결하려면, 어떻게 해야 할까?

답은 입력된 두 개의 수 사이에 있는 소수들의 개수만큼 배열을 할당하는 것이다. 두 개의 수 사이에 있는 소수들의 개수를 세어야 한다. 소수의 개수만큼 힙에 할당하고, 다시 소수들을 배열에 저장하여야 할 것이다. 나씨-슈나이더만 다이어그램으로 정리하면 다음과 같다.

5.1. 나씨-슈나이더만 다이어그램

먼저 입력된 두 개의 수를 포함하여 소수들의 개수를 세고, 배열을 할당한 다음 배열에 소수들을 저장하는 것이다. 앞에 작성된 나씨-슈나이더만 다이어그램에서 개수를 세는 처리를 먼저 하고, 개수가 0보다 크면, 배열을 할당하고, 할당된 배열에 소수를 차례로 적도록 하면 된다.

start

primeNumbers( ), count = 0, firstNumber, secondNumber, number, factor, remainder, i = 1

read firstNumber, secondNumber

number = firstNumber

while (number ≤ secondNumber)
factor = 2
remainder = number
while (remainder ≥ factor)
remainder = remainder − factor
while (factor < number AND remainder ≠ 0)
factor = factor + 1
remainder = number
while (remainder ≥ factor)
remainder = remainder − factor

	number = factor	
TRUE		FALSE
count = count + 1		↓

number = number + 1

	count > 0	
TRUE		FALSE
primeNumbers(count)		↓

number = firstNumber

while (number ≤ secondNumber AND count > 0)
factor = 2
remainder = number
while (remainder ≥ factor)
remainder = remainder − factor
while (factor < number AND remainder ≠ 0)
factor = factor + 1
remainder = number
while (remainder ≥ factor)
remainder = remainder − factor

	number = factor	
TRUE		FALSE
primeNumbers(i) = number		↓
i = i + 1		

number = number + 1

print primeNumbers, count
stop

● 여러분이 직접 검토해 보자. 그래서 나씨-슈나이더만 다이어그램으로 정리된 알고리듬의 정

확성을 확인하자.

● 정확성이 확인되면 여러분이 직접 C언어로 구현해 보자.

5.2. 구현

나씨-슈나이더만 다이어그램을 C언어로 구현해 보자. 다음은 GetPrimeNumbers 함수를
정의하자. 앞에서 언급했던 내용을 참고하여 복습삼아 여러분이 나씨-슈나이더만 다이어
그램으로직접 구현해 보자.

연습

● 함수 머리를 만들자.
● start와 stop이 적힌 순차 구조 기호들로 함수 몸체를 만들자.
● 배열과 변수를 선언하는 순차 구조 기호를 참고하여 배열과 자동변수를 선언하자.
● 0으로 count를 초기화하는 순차 구조 기호를 구현하자.
● 반복제어변수 number에 첫 번째 수로 설정하는 초기식이 적힌 순차 구조 기호를 구현하자.
● while 반복 구조 기호를 구현하자.
● 2로 factor를 설정하는 순차 구조 기호를 구현하자.
● remainder 반복제어변수에 number로 설정하는 초기식이 적힌 순차 구조 기호를 구현하자.
● while 반복 구조 기호를 구현하자.
● remainder 반복제어변수의 변경식이 적힌 순차 구조 기호를 구현하자.
● while 반복 구조 기호를 구현하자.
● factor를 1씩 증가시키는 누적이 표현된 순차 구조 기호를 구현하자.
● remainder 반복제어변수에 number로 설정하는 초기식이 적힌 순차 구조 기호를 구현하자.
● while 반복 구조 기호를 구현하자.
● remainder 반복제어변수의 변경식이 적힌 순차 구조 기호를 구현하자.
● 선택 구조 기호를 구현하자.
● 개수를 세는 순차 구조 기호를 구현하자.
● number 반복제어변수의 변경식이 적힌 순차 구조 기호를 구현하자.

여기까지 구현한 코드를 정리하자.

C코드

```
/* ***********************************************************
함수 이름 : GetPrimeNumbers
기     능 : 두 수들 사이에 있는 소수들을 구한다.
입     력 : 첫 번째 수, 두 번째 수
출     력 : 소수들, 개수
*********************************************************** */
void GetPrimeNumbers( ULong firstNumber, ULong secondNumber,
        ULong *(*primeNumbers), ULong *count) {
    // 자동변수 선언, 정의 그리고 초기화
        ULong number;
        ULong factor;
        ULong remainder;
        ULong i = 0;
```

```
*count = 0;

// 1. 첫 번째 수와 두 번째 수를 입력받는다. (입력)
// 2. 첫 번째 수부터 두 번째 수까지 반복한다. (제어 : 반복)
number = firstNumber;
while ( number <= secondNumber ) {
    // 2.2. 소수인지 확인한다. (제어 : 선택)
    factor = 2;
    remainder = number;
    while( remainder >= factor ) {
        remainder -= factor;
    }
    while( factor < number && remainder != 0) {
        factor++;
        remainder = number;
        while( remainder >= factor ) {
            remainder -= factor;
        }
    }
    if(number == factor ) {
        // 2.2.2. 개수를 세다. (산술 · 기억)
        (*count)++;
    }
    // 2.1. 수를 세다.
    number++;
}

// 3. 소수들과 개수를 출력한다. (출력)
// 4. 끝낸다.
}
```

다음은 소수가 있는지를 확인하는 선택 구조 기호를 구현하자.

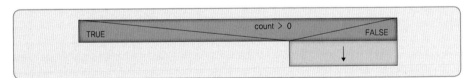

C언어에서 제공하는 if~else 선택문으로 구현하면 되는데, 형식은 다음과 같다.

C코드
```
if(조건식) {      // 참일 때 처리할 단문 혹은 복문
}
else {
     // 거짓일 때 처리할 단문 혹은 복문
}
```

if 키워드를 적고, 소괄호를 여닫아야 한다. 소괄호에 조건식을 적고 조건식을 평가했을

때 참이면 처리할 문장(들)을 적도록 중괄호를 열고, 다음 줄에 중괄호를 닫아 제어블록을 만든다. 조건식을 평가했을 때 거짓이면 처리할 내용이 있으면 else 키워드를 적고 중괄호를 열고 다음 줄에 중괄호를 닫아 제어블록을 만든다. 거짓일 때 처리할 내용이 없으면 else 절을 생략한다.

선택 구조 기호를 C언어로 구현해 보자. if 키워드를 적고 소괄호를 여닫아야 한다. 소괄호에 조건식을 적어야 하는 데 가운데 역삼각형에 적힌 관계식을 옮겨 적는다. 그런데 주의할 것은 count가 주소를 저장한 변수인 포인터 변수라는 것이다. count에 저장된 값은 소수의 개수가 아니라 소수의 개수를 저장한 변수의 주소이다. 따라서 소수의 개수를 저장한 변수에 저장된 값을 읽고 쓰기 위해서는 * 간접 연산자를 사용해야 한다. 따라서 count 포인터 변수 앞에 * 간접 연산자를 적어야 한다. 그리고 조건식을 평가했을 때 참이면 처리할 내용을 C언어의 문장으로 구현해야 하므로 중괄호를 열고 다음 줄에 중괄호를 닫아 제어블록을 만든다. 조건식을 평가했을 때 거짓이면 처리할 내용이 없으므로 else 절은 생략한다.

C코드

```
if( *count > 0 ){
        // 참일 때 처리할 단문 혹은 복문
}
```

조건식을 평가했을 때 참이면 처리해야 하는 제어구조 기호는 힙에 배열을 할당하는 순차 구조 기호이다. C언어로 어떻게 구현해야 하는지를 공부해 보자.

primeNumbers (count)

if 선택문의 제어블록에서 들여쓰기하여 구현해야 한다. calloc 함수를 사용하여 힙에 배열을 할당하는 코드를 작성해야 한다. 소수의 개수와 배열요소의 크기를 인수로 해서 calloc 함수 호출식을 작성해야 한다. 소수의 개수는 앞에서 이미 언급했듯이 count가 포인터 변수이므로 포인터 변수에 저장된 주소를 갖는 변수에 저장된 값을 참조하기 위해서 간접 연산자를 포인터 변수 앞에 적어야 한다.

배열요소의 크기는 배열요소의 자료형 ULong을 이용하여 sizeof 연산자를 사용하여 식으로 작성하면 된다.

C코드

```
calloc(*count, sizeof(ULong))
```

그리고 calloc 함수에 의해서 반환되는 값인 주소를 main 함수 스택에 할당된 primeNumbers 참조변수에 저장해야 한다. 따라서 calloc 함수 호출식을 오른쪽 값으로 하는 치환식을 작성해야 한다. GetPrimeNumbers 함수 스택에 할당된 변수 primeNumbers는 포인터 변수이다. 주소를 저장하는 포인터 변수이다. 그렇다고 힙에 할당된 배열의 시작주소를 저장하는 포인터 변수가 아니다. 힙에 할당된 배열의 시작주소를 저장하는 배열 포인터 변수는 main 함수 스택 세그먼트에 할당된 primeNumbers이고, GetPrimeNumbers 함수 스택 세그먼트에 할당된 primeNumbers는 main 함수 스택 세그먼트에 할당된 배열 포인터 변수의 주소이다. 따라서 GetPrimeNumbers 함수 스택 세그먼트에 할당된 포인터 변수 primeNumbers에 저장된 주소를 갖는 변수에 값을 쓰고 읽기 위해서는 GetPrimeNumbers 함수 스택 세그먼트에 할당된 primeNumbers 포인터 변수 앞에 * 간접 연산자를 적어야 한다.

이때 반드시 형 변환 연산을 해야 한다. calloc 함수 호출식 앞에 형 변환 연산자인 소괄호를 여닫고 소괄호에 왼쪽 값의 자료형을 적어야 한다.

main 함수 스택 세그먼트에 할당된 primeNumbers 배열 포인터 변수의 자료형이어야 한다. 변수 선언문에서 변수 이름과 세미콜론을 지우고 남은 것이 자료형이다. ULong (*)이다.

C코드

```
ULong (*primeNumbers); // 자료형 ULong (*)
```

함수 호출 문장으로 처리되도록 해야 하므로 줄의 끝에 세미콜론을 적는다. 따라서 다음과 같이 정리되어야 한다.

C코드

```
/* ***********************************************************
함수 이름 : GetPrimeNumbers
기      능 : 두 수들 사이에 있는 소수들을 구한다.
입      력 : 첫 번째 수, 두 번째 수
출      력 : 소수들, 개수
   *********************************************************** */
void GetPrimeNumbers( ULong firstNumber, ULong secondNumber,
        ULong *(*primeNumbers), ULong *count) {
    // 자동변수 선언, 정의 그리고 초기화
    ULong number;
    ULong factor;
    ULong remainder;
    ULong i = 0;

    *count = 0;

    // 1. 첫 번째 수와 두 번째 수를 입력받는다. (입력)
```

```
        // 2. 첫 번째 수부터 두 번째 수까지 반복한다. (제어 : 반복)
        number = firstNumber;
        while ( number <= secondNumber ) {
            // 2.2. 소수인지 확인한다. (제어 : 선택)
            factor = 2;
            remainder = number;
            while( remainder >= factor ) {
                remainder -= factor;
            }
            while( factor < number && remainder != 0) {
                factor++;
                remainder = number;
                while( remainder >= factor ) {
                    remainder -= factor;
                }
            }
            if(number == factor ) {
                // 2.2.2. 개수를 세다. (산술 · 기억)
                *count = *count + 1;
            }
            // 2.1. 수를 세다.
            number++;
        }
        if( *count > 0) {
            *primeNumbers = (ULong (*))calloc(*count, sizeof(ULong));
        }

        // 3. 소수들과 개수를 출력한다. (출력)
        // 4. 끝낸다.
}
```

다음 번째 제어 구조 기호부터 복습삼아 여러분이 직접 구현해 보자.

연습

- 반복제어변수 number에 첫 번째 수로 설정하는 초기식이 적힌 순차 구조 기호를 구현하자.
- while 반복 구조 기호를 구현하자.
- 2로 factor를 설정하는 순차 구조 기호를 구현하자.
- remainder 반복제어변수에 number로 설정하는 초기식이 적힌 순차 구조 기호를 구현하자.
- while 반복 구조 기호를 구현하자.
- remainder 반복제어변수의 변경식이 적힌 순차 구조 기호를 구현하자.
- while 반복 구조 기호를 구현하자.
- factor를 1씩 증가시키는 누적이 표현된 순차 구조 기호를 구현하자.
- remainder 반복제어변수에 number로 설정하는 초기식이 적힌 순차 구조 기호를 구현하자.
- while 반복 구조 기호를 구현하자.
- remainder 반복제어변수의 변경식이 적힌 순차 구조 기호를 구현하자.
- 선택 구조 기호를 구현하자.

배열요소에 소수를 저장하는 순차 구조 기호를 C언어로 구현해 보자.

```
primeNumbers(i) = number
```

순차 구조 기호를 구현할 때는 순차 구조 기호에 적힌 내용을 그대로 옮겨 적고 마지막에
세미콜론을 적어 문장으로 처리되도록 해야 한다. 첨자 연산자는 소괄호가 아니라 대괄호
로 고치는 것에 주의해야 한다.

C코드
```
primeNumbers[i] = number;
```

그런데 작성된 코드는 문제가 있다. 첨자 연산자는 배열의 시작주소를 나타내는 배열 이
름이나 배열 포인터 변수 이름과 같이 사용된다. 앞에서 설명했듯이 GetPrimeNumbers
함수 스택 세그먼트에 할당된 primeNumbers 포인터 변수에는 힙에 할당된 배열의 시작
주소가 저장되어 있지 않다. 힙에 할당된 배열의 시작주소를 저장하는 배열 포인터 변수
로 main 함수 스택 세그먼트에 할당된 primeNumebrs 포인터 변수의 주소가 저장되어
있다. 따라서 포인터 변수 앞에 * 간접 연산자를 적어 main 함수 스택 세그먼트에 할당된
primeNumbers 변수에 저장된 배열의 시작주소를 참조하도록 해야 한다. 따라서 다음과
같이 코드가 작성되어야 한다.

C코드
```
*primeNumbers[i] = number;
```

연산자 우선순위에 의해서 배열의 시작주소를 참조하기 전에 첨자 연산을 먼저 하게 된다.
그러면 앞에서 해결하고자 하는 문제가 아직도 해결되지 못한 것이 된다. 그래서 우선순위
와 무관하게 평가하도록 평가순서를 조정해 주어야 한다. 배열의 시작주소를 먼저 참조하
도록 간접 지정 연산을 먼저 하도록 식을 소괄호로 싼다.

C코드
```
(*primeNumbers)[i] = number;
```

● 여러분이 직접 첨자를 변경하는 순차구조 기호를 구현해 보자.

```
i = i + 1
```

● number 반복제어변수의 변경식이 적힌 순차구조 기호를 구현하자.

이렇게 해서 GetPrimeNumbers 함수를 정의하게 된다. 다음과 같이 코드가 정리되어야 한다.

C코드

```
/* *********************************************************************
   함수 이름 : GetPrimeNumbers
   기     능 : 두 수들 사이에 있는 소수들을 구한다.
   입     력 : 첫 번째 수, 두 번째 수
   출     력 : 소수들, 개수
   ********************************************************************* */
void GetPrimeNumbers( ULong firstNumber, ULong secondNumber,
        ULong *(*primeNumbers), ULong *count) {
    // 자동변수 선언, 정의 그리고 초기화
    ULong number;
    ULong factor;
    ULong remainder;
    ULong i = 0;

    *count = 0;

    // 1. 첫 번째 수와 두 번째 수를 입력받는다. (입력)
    // 2. 첫 번째 수부터 두 번째 수까지 반복한다. (제어 : 반복)
    number = firstNumber;
    while ( number <= secondNumber ) {
        // 2.2. 소수인지 확인한다. (제어 : 선택)
        factor = 2;
        remainder = number;
        while( remainder >= factor ) {
            remainder -= factor;
        }
        while( factor < number && remainder != 0) {
            factor++;
            remainder = number;
            while( remainder >= factor ) {
                remainder -= factor;
            }
        }
        if(number == factor ) {
            // 2.2.2. 개수를 세다. (산술 · 기억)
            (*count)++;
        }
        // 2.1. 수를 세다.
        number++;
    }
    if( *count > 0) {
        *primeNumbers = ( ULong (*))calloc(*count, sizeof(ULong));
    }
    number = firstNumber;
    while ( number <= secondNumber && *count > 0) {
        // 2.2. 소수인지 확인한다. (제어 : 선택)
        factor = 2;
        remainder = number;
        while( remainder >= factor ) {
```

```
                    remainder -= factor;
            }
            while( factor < number && remainder != 0 ) {
                factor++;
                remainder = number;
                while( remainder >= factor ) {
                    remainder -= factor;
                }
            }
            if(number == factor ) {
                // 2.2.1. 수를 적다. (기억)
                (*primeNumbers)[i] = number;
                i++;
            }
            // 2.1. 수를 세다.
            number++;
        }

        // 3. 소수들과 개수를 출력한다. (출력)
        // 4. 끝낸다.
}
```

소수의 개수만큼 할당하는 배열을 사용하는 경우 전체 코드를 정리하면 다음과 같다.

C코드

```
// GetPrimeNumbers.c
/* ********************************************************************
   파일 이름 : GetPrimeNumbers.c
   기      능 : 두 개의 수들 사이에 있는 소수들을 구하다.
   작 성 자 : 김 석 현
   작성 일자 : 2012년 10월 18일
   ********************************************************************/
// 매크로
#include <stdio.h> // scanf, printf 함수 원형
#include <stdlib.h> // calloc, free 함수 원형

// type name 선언
typedef unsigned long int ULong;

// 함수 선언
int main( int argc, char *argv[] );
void Input( ULong *firstNumber, ULong *secondNumber );
void GetPrimeNumbers( ULong firstNumber, ULong secondNumber,
     ULong *(*primeNumbers), ULong *count );
void Output(ULong (*primeNumbers), ULong count );

// 함수 정의
int main(int argc, char *argv[]) {
    // 자동 변수 선언과 정의
    ULong firstNumber;
```

```
    ULong secondNumber;
    ULong (*primeNumbers);
    ULong count;

    // 첫 번째 수와 두 번째 수를 입력받는다.
    Input(&firstNumber, &secondNumber);

    // 두 개의 수들 사이에 소수들을 구한다.
    GetPrimeNumbers(firstNumber, secondNumber,
        &primeNumbers, &count);

    // 개수만큼 소수들을 출력한다.
    Output(primeNumbers, count);

    // 힙에 할당된 배열을 할당 해제한다.
    if( primeNumbers != NULL) {
        free(primeNumbers);
    }

    return 0;
}

/* ***********************************************************
함수 이름 : Input
기    능 : 키보드로 두 개의 수를 입력받는다.
입    력 : 없음
출    력 : 첫 번째 수, 두 번째 수
*********************************************************** */
void Input(ULong *firstNumber, ULong *secondNumber) {
    scanf("%d %d", firstNumber, secondNumber);
}

/* ***********************************************************
함수 이름 : GetPrimeNumbers
기    능 : 두 수들 사이에 있는 소수들을 구한다.
입    력 : 첫 번째 수, 두 번째 수
출    력 : 소수들, 개수
*********************************************************** */
void GetPrimeNumbers( ULong firstNumber, ULong secondNumber,
        ULong *(*primeNumbers), ULong *count) {
    // 자동변수 선언, 정의 그리고 초기화
    ULong number;
    ULong factor;
    ULong remainder;
    ULong i = 0;

    *count = 0;

    // 1. 첫 번째 수와 두 번째 수를 입력받는다. (입력)
    // 2. 첫 번째 수부터 두 번째 수까지 반복한다. (제어 : 반복)
    number = firstNumber;
```

```
while ( number <= secondNumber ) {
    // 2.2. 소수인지 확인한다. (제어 : 선택)
    factor = 2;
    remainder = number;
    while( remainder >= factor ) {
        remainder -= factor;
    }
    while( factor < number && remainder != 0) {
        factor++;
        remainder = number;
        while( remainder >= factor ) {
            remainder -= factor;
        }
    }
    if(number == factor ) {
        // 2.2.2. 개수를 세다. (산술 · 기억)
        (*count)++;
    }
    // 2.1. 수를 세다.
    number++;
}
if( *count > 0) {
    *primeNumbers = ( ULong (*))calloc(*count, sizeof(ULong));
}
number = firstNumber;
while ( number <= secondNumber && *count > 0) {
    // 2.2. 소수인지 확인한다. (제어 : 선택)
    factor = 2;
    remainder = number;
    while( remainder >= factor ) {
        remainder -= factor;
    }
    while( factor < number && remainder != 0) {
        factor++;
        remainder = number;
        while( remainder >= factor ) {
            remainder -= factor;
        }
    }
    if(number == factor ) {
        // 2.2.1. 수를 적다. (기억)
        (*primeNumbers)[i] = number;
        i++;
    }
    // 2.1. 수를 세다.
    number++;
}

// 3. 소수들과 개수를 출력한다. (출력)
// 4. 끝낸다.
}
```

```
/* *************************************************************
   함수 이름 : Output
   기    능 : 개수만큼 소수들을 출력한다.
   입    력 : 소수들, 개수
   출    력 : 없음
   ************************************************************* */
void Output(ULong (*primeNumbers), ULong count) {
    // 반복제어변수 선언
    ULong i = 0;

    // count 만큼 반복한다.
    while( i < count ) {
        // i번째 배열요소에 저장된 값을 모니터에 출력한다.
        printf("%d\n", primeNumbers[i]);
        i++;
    }
}
```

고쳐진 부분은 GetPrimeNumbers 함수 정의 영역이다. 컴파일, 링크, 적재해 보자. 그리고 2와 5를 키보드로 입력해 보자. 정확하게 작동할 것이다. 정확하게 작동하는지를 디버깅으로 확인해 보자.

5.3. 디버깅

작성된 코드로 디버깅해보자. 줄마다 번호를 매겨 디버깅 코드를 작성하자.

C코드

```
001 : // GetPrimeNumbers.c
002 : /*************************************************************
003 :    파일 이름 : GetPrimeNumbers.c
004 :    기    능 : 두 개의 수들 사이에 있는 소수들을 구하다.
005 :    작 성 자 : 김 석 현
006 :    작성 일자 : 2012년 10월 18일
007 :    *************************************************************/
008 : // 매크로
009 : #include <stdio.h> // scanf, printf 함수 원형
010 : #include <stdlib.h> // calloc, free 함수 원형
011 :
012 : // type name 선언
013 : typedef unsigned long int ULong;
014 :
015 : // 함수 선언
016 : int main( int argc, char *argv[] );
017 : void Input( ULong *firstNumber, ULong *secondNumber );
018 : void GetPrimeNumbers( ULong firstNumber, ULong secondNumber,
019 :     ULong *(*primeNumbers), ULong *count );
```

```
020 : void Output(ULong (*primeNumbers), ULong count );
021 :
022 : // 함수 정의
023 : int main(int argc, char *argv[]) {
024 :    // 자동 변수 선언과 정의
025 :    ULong firstNumber;
026 :    ULong secondNumber;
027 :    ULong (*primeNumbers);
028 :    ULong count;
029 :
030 :    // 첫 번째 수와 두 번째 수를 입력받는다.
031 :    Input(&firstNumber, &secondNumber);
032 :
033 :    // 두 개의 수들 사이에 소수들을 구한다.
034 :    GetPrimeNumbers(firstNumber, secondNumber,
035 :            &primeNumbers, &count);
036 :
037 :    // 개수만큼 소수들을 출력한다.
038 :    Output(primeNumbers, count);
039 :
040 :    // 힙에 할당된 배열을 할당 해제한다.
041 :    if( primeNumbers != NULL) {
042 :        free(primeNumbers);
043 :    }
044 :
045 :    return 0;
046 : }
047 :
048 : /*************************************************************
049 : 함수 이름 : Input
050 : 기      능 : 키보드로 두 개의 수를 입력받는다.
051 : 입      력 : 없음
052 : 출      력 : 첫 번째 수, 두 번째 수
053 : ************************************************************* */
054 : void Input(ULong *firstNumber, ULong *secondNumber) {
055 :    scanf("%d %d", firstNumber, secondNumber);
056 : }
057 :
058 : /* *********************************************************
059 : 함수 이름 :GetPrimeNumbers
060 : 기      능 : 두 수들 사이에 있는 소수들을 구한다.
061 : 입      력 : 첫 번째 수, 두 번째 수
062 : 출      력 : 소수들, 개수
063 :    ********************************************************* */
064 : void GetPrimeNumbers( ULong firstNumber, ULong secondNumber,
065 :        ULong *(*primeNumbers), ULong *count) {
066 :    // 자동변수 선언, 정의 그리고 초기화
067 :    ULong number;
068 :    ULong factor;
069 :    ULong remainder;
070 :    ULong i = 0;
```

```
071 :
072 :    *count = 0;
073 :
074 :    // 1. 첫 번째 수와 두 번째 수를 입력받는다. (입력)
075 :    // 2. 첫 번째 수부터 두 번째 수까지 반복한다. (제어 : 반복)
076 :    number = firstNumber;
077 :    while ( number <= secondNumber ) {
078 :        // 2.2. 소수인지 확인한다. (제어 : 선택)
079 :        factor = 2;
080 :        remainder = number;
081 :        while( remainder >= factor ) {
082 :            remainder -= factor;
083 :        }
084 :        while( factor < number && remainder != 0) {
085 :            factor++;
086 :            remainder = number;
087 :            while( remainder >= factor ) {
088 :                remainder -= factor;
089 :            }
090 :        }
091 :        if(number == factor ) {
092 :            // 2.2.2. 개수를 세다. (산술 · 기억)
093 :            (*count)++;
094 :        }
095 :        // 2.1. 수를 세다.
096 :        number++;
097 :    }
098 :    if( *count > 0) {
099 :        *primeNumbers = ( ULong (*))calloc(*count, sizeof(ULong));
100 :    }
101 :    number = firstNumber;
102 :    while ( number <= secondNumber && *count >0 ) {
103 :        // 2.2. 소수인지 확인한다. (제어 : 선택)
104 :        factor = 2;
105 :        remainder = number;
106 :        while( remainder >= factor ) {
107 :            remainder -= factor;
108 :        }
109 :        while( factor < number && remainder != 0) {
110 :            factor++;
111 :            remainder = number;
112 :            while( remainder >= factor ) {
113 :                remainder -= factor;
114 :            }
115 :        }
116 :        if(number == factor ) {
117 :            // 2.2.1. 수를 적다. (기억)
118 :            (*primeNumbers)[i] = number;
119 :            i++;
120 :        }
121 :        // 2.1. 수를 세다.
```

```
122 :        number++;
123 :    }
124 :
125 :    // 3. 소수들과 개수를 출력한다. (출력)
126 :    // 4. 끝낸다.
127 : }
128 :
129 : /* **********************************************************
130 :    함수 이름 : Output
131 :    기    능 : 개수만큼 소수들을 출력한다.
132 :    입    력 : 소수들, 개수
133 :    출    력 : 없음
134 :    ********************************************************** */
135 : void Output(ULong (*primeNumbers), ULong count) {
136 :    // 반복제어변수 선언
137 :    ULong i = 0;
138 :
139 :    // count 만큼 반복한다.
140 :    while( i < count ) {
141 :        // i번째 배열요소에 저장된 값을 모니터에 출력한다.
142 :        printf("%d\n", primeNumbers[i]);
143 :        i++;
144 :    }
145 : }
```

메모리 맵을 작도하자. 프로그램이 실행되면, 코드 세그먼트들과 DATA 정적 데이터 세그먼트들이 할당되고, 명령어, 상수와 문자열 리터럴들이 각각 저장된다.

● **여러분이 직접 코드 세그먼트들을 작도하자.**

운영체제로 호출되는 main 함수부터 호출 순서로 주소가 낮은 쪽으로부터 높은 쪽으로 코드 세그먼트가 할당된다.

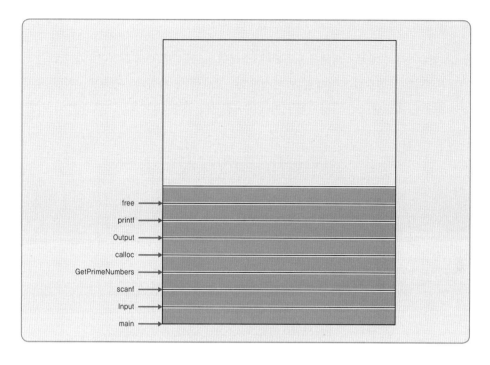

● 여러분이 직접 DATA 데이터 세그먼트를 작도하자.

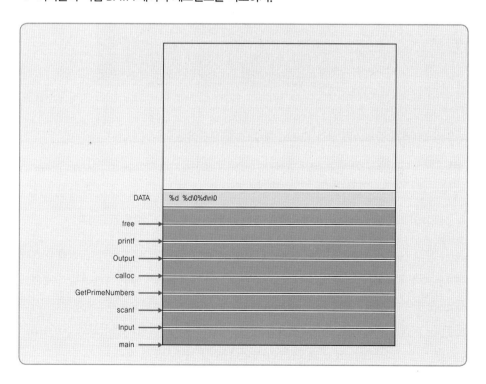

● 여러분이 직접 main 함수 스택 세그먼트를 작도하자.

main 함수가 운영체제에 의해서 호출된다. 그러면 main 함수 스택 세그먼트가 할당되고, 매개변수와 자동변수들이 할당된다. 매개변수는 호출될 때 복사되는 값으로, 자동변수는 초기화되면, 초깃값으로, 그렇지 않으면 쓰레기를 저장하게 된다.

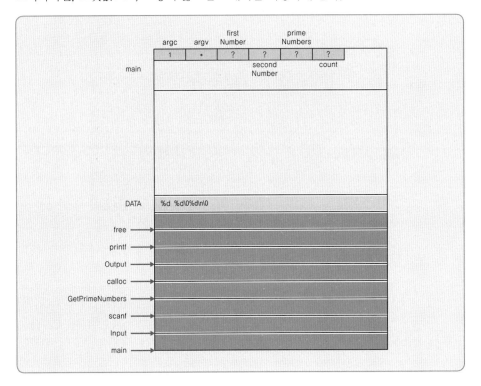

다음은 031번째 줄로 이동한다. Input 함수 호출 문장이다.

C코드
```
030 :    // 첫 번째 수와 두 번째 수를 입력받는다.
031 :    Input(&firstNumber, &secondNumber);
```

● 여러분이 직접 Input 함수가 호출되었을 때 Input 함수 스택 세그먼트를 작도하자.

main 함수 스택 세그먼트 아래에 Input 함수 스택 세그먼트가 할당된다. Input 함수 스택 세그먼트에 매개변수들을 할당한다. 그리고 Input 함수 호출 문장에서 적힌 호출식에 의해서 main 함수에 할당된 변수들, firstNumber와 secodNumber 변수의 주소를 구해 복사하게 된다. 따라서 매개변수 변수에 별표를 적고, 별표로부터 시작하여 화살표를 그려 main 함수에 할당된 firstNumber, secondNumber 변수를 가리키도록 한다.

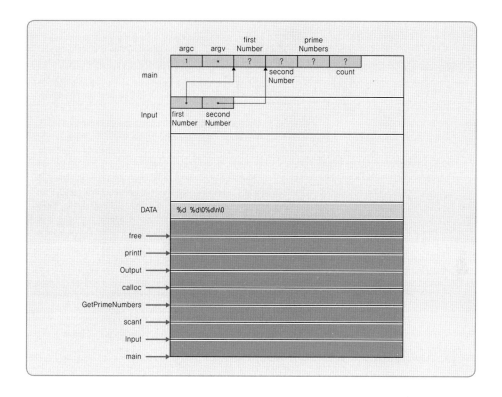

이러한 상태에서는 중앙처리장치에 의해서 데이터가 읽힐 수 있는 스택 세그먼트는 Input 함수 스택 세그먼트이다. 따라서 실행제어가 Input 함수로 이동되었다는 것이다. 다음은 Input 함수의 제어구조에 따라 scanf 함수 호출 문장을 실행하게 된다.

C코드

```
055 :    scanf("%d %d", firstNumber, secondNumber);
```

● **여러분이 직접 scanf 함수가 호출되었을 때 scanf 함수 스택 세그먼트를 작도하자.**

Input 스택 세그먼트 아래쪽에 scanf 함수 스택 세그먼트가 할당되고, 복사되는 값을 저장할 변수들을 할당해야 한다. 첫 번째 매개변수에는 DATA 정적 데이터 세그먼트에 저장된 문자열에 관한 문자 배열의 시작주소가 저장된다. 두 번째와 세 번째 매개변수에는 Input 함수 스택 세그먼트에 할당된 firstNumber와 secondNumber에 저장된 값이 복사되어 저장된다. 그래서 main 함수 스택 세그먼트에 할당된 firstNumber와 secondNumber의 주소를 저장하게 된다. 변수 이름은 변수에 저장된 값이다. 항상 기억하자. 이 상태에서 사용자가 키보드로 데이터를 입력할 때까지 대기하게 된다.

여러분이 직접 사용자가 키보드로 2와 5를 입력했을 때 메모리 맵을 작도하자.

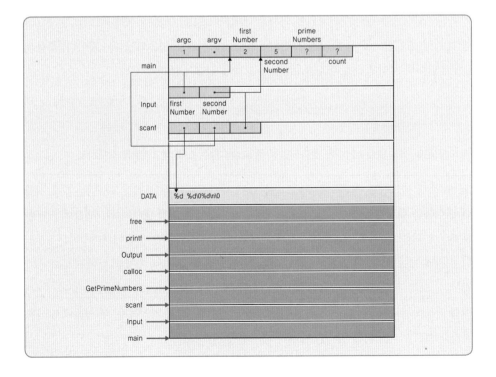

● 여러분이 scanf 함수 스택 세그먼트가 할당 해제되었을 때 메모리 맵을 작도하자.

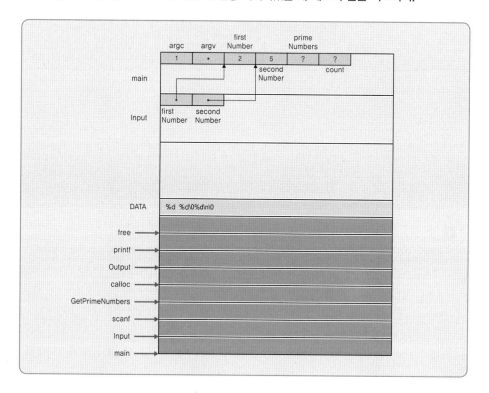

사용자가 키보드로 2와 5를 입력하게 되면, scanf 함수의 실행이 끝나게 된다. 그러면 scanf 함수 스택 세그먼트가 할당 해제된다. scanf 함수에 복사되는 값이 main 함수 스택 세그 먼트에 할당된 변수들의 주소이므로 main 함수 스택 세그먼트에 할당된 firstNumber와 secondNumber에 2와 5가 저장되게 된다.

다음은 056번째 줄로 이동하여 Input 함수 몸체의 끝을 나타내는 닫는 중괄호를 만나면, Input 함수가 실행이 끝난다는 것이므로 Input 함수 스택 세그먼트가 할당 해제된다.

● 여러분이 Input 함수 스택 세그먼트가 할당 해제되었을 때 메모리 맵을 작도하자.

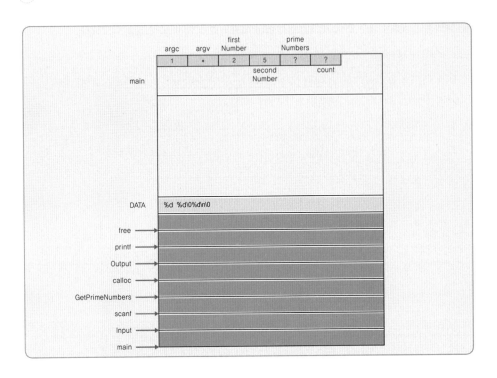

main 함수 스택 세그먼트에 할당된 firstNumber와 secondNumber에 2와 5가 저장되었다.

Input 함수가 끝났으므로 다시 실행 제어는 main 함수로 반환되고, Input 함수 호출 문장 다음 문장으로 이동하게 된다. 034번째 줄로 이동한다.

```
C코드
033 :    // 두 개의 수들 사이에 소수들을 구한다.
034 :    GetPrimeNumbers(firstNumber, secondNumber,
035 :            &primeNumbers, &count);
```

GetPrimeNumbers 함수 호출 문장이다. GetPrimeNumbers 함수가 호출되면, GetPrimeNumbers 함수 스택 세그먼트가 main 함수 스택 세그먼트 아래쪽에 할당된다.

● 여러분이 직접 GetPrimeNumbers 함수 스택 세그먼트를 작도해 보자.

main 함수 스택 세그먼트의 아래쪽에 일정한 크기의 사각형을 그린다. 그리고 왼쪽에 함수 이름 GetPrimeNumbers를 적는다. 함수 머리와 자동변수 선언문들을 보고, 변수들의 개수만큼 매개변수부터 시작하여 차례대로 작은 사각형을 그리고, 사각형 바깥쪽에 적당한 위치에 변수 이름을 적는다.

```
C코드  064 : void GetPrimeNumbers( ULong firstNumber, ULong secondNumber,
     065 :        ULong *(*primeNumbers), ULong *count){
     066 :        // 자동변수 선언, 정의 그리고 초기화
     067 :        ULong number;
     068 :        ULong factor;
     069 :        ULong remainder;
     070 :        ULong i = 0;
```

그리고 매개변수는 함수 호출식을 보고, 자동변수는 선언문을 보고 값을 적는다. 저장되는 값이 주소이면, 별표를 적고 화살표로 주소를 갖는 변수를 가리키도록 작도하고, 쓰레기이면 물음표를 적는다.

함수 호출식에서 첫 번째 인수 firstNumber와 두 번째 인수 secondNumber 는 변수 이름이 적혀 있으므로 main 함수 스택 세그먼트에 할당된 변수에 저장된 값을 그대로 옮겨 적는다. 세 번째 인수와 네 번째 인수는 변수 이름 앞에 & 주소 연산자가 적힌 식이므로 식을 평가한 결과인 주소를 저장한다는 의미로 별표를 적고 화살표를 이용하여 main 함수 스택 세그먼트에 할당된 변수를 가리키도록 하여야 한다. 자동변수 선언문에서 초기화되어 있는 i에는 초깃값을 적고, 초기화되지 않는 변수들에는 쓰레기가 저장되므로 물음표를 적는다.

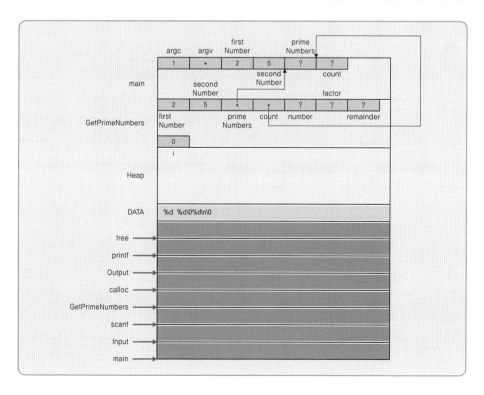

이러한 상태에서 중앙처리장치로 명령어와 데이터가 읽히는 스택 세그먼트는 GetPrimeNumbers 함수 스택 세그먼트이므로 실행제어를 GetPrimeNumbers 함수가 갖는다. 그래서 실행제어가 072번째 줄로 이동한다.

C코드
```
072 :     *count = 0;
```

간접 연산자가 적혀 있으므로 count에 저장된 주소를 갖는 변수, 다시 말해서 main 함수 스택 세그먼트에 할당된 변수 count에 0을 저장하게 된다.

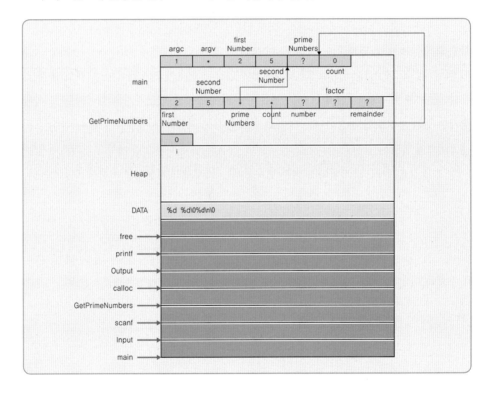

다음은 076번째 줄로 이동한다.

C코드
```
075 :     // 2. 첫 번째 수부터 두 번째 수까지 반복한다. (제어 : 반복)
076 :     number = firstNumber;
```

firstNumber에 저장된 값 2를 number에 저장한다. 따라서 메모리 맵에서는 number에 적힌 물음표를 지우고 2를 적는다.

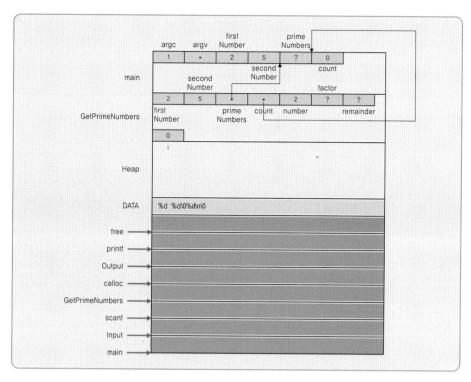

다음은 077번째 줄로 이동한다. 077번째 줄부터 097번째 줄까지 while 반복문이다. 소수의 개수를 세는 반복문이다.

```
C코드
077 :      while ( number <= secondNumber ) {
078 :          // 2.2. 소수인지 확인한다. (제어 : 선택)
079 :          factor = 2;
080 :          remainder = number;
081 :          while( remainder >= factor ) {
082 :              remainder -= factor;
083 :          }
084 :          while( factor < number && remainder != 0) {
085 :              factor++;
086 :              remainder = number;
087 :              while( remainder >= factor ) {
088 :                  remainder -= factor;
089 :              }
090 :          }
091 :          if(number == factor ) {
092 :              // 2.2.2. 개수를 세다. (산술 · 기억)
093 :              (*count)++;
094 :          }
095 :          // 2.1. 수를 세다.
096 :          number++;
097 :      }
```

077번째 줄의 조건식을 평가해야 한다. number에 저장된 값 2와 secondNumber에 저장된 값 5를 읽어 2가 5보다 작거나 같은지 관계식을 평가한다. 참이다. while 반복문은 진입 조건 반복 구조이다. 따라서 참일 때 반복하고, 거짓일 때 반복을 끝내야 한다. 참이므로 반복한다. 따라서 실행제어가 while 반복문의 제어블록으로 이동하여 079번째 줄로 이동한다.

```
C코드  079 :    factor = 2;
       080 :    remainder = number;
```

079번째 줄과 080번째 줄은 순차 구조이므로 위쪽에서 아래쪽으로 이동하면서 식을 평가하게 된다. 따라서 factor에 2를 저장하게 되고, remainder에는 number에 저장된 값인 2를 읽어 저장하게 된다.

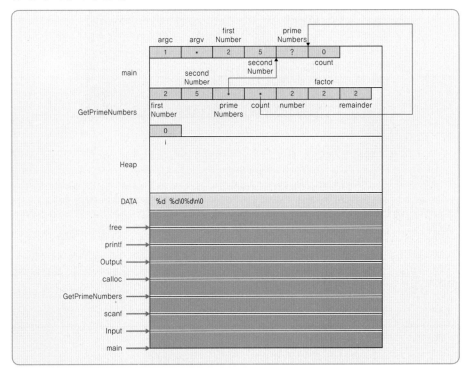

다음은 081번째 줄로 이동한다. 나머지를 구하는 while 반복문이다.

```
C코드  081 :    while( remainder >= factor ){
       082 :        remainder -= factor;
       083 :    }
```

remainder에 저장된 값 2와 factor에 저장된 값 2를 읽어 2가 2보다 크거나 같은지 관계식을 평가한다. 참이다. 그러면 while 반복문의 제어블록으로 이동하여 82번째 줄로 이동한다. remainder에 저장된 값 2를 읽어 레지스터에 복사하고, factor에 저장된 값 2를 읽어 빼서 구한 값 0을 다시 remainder에 저장한다.

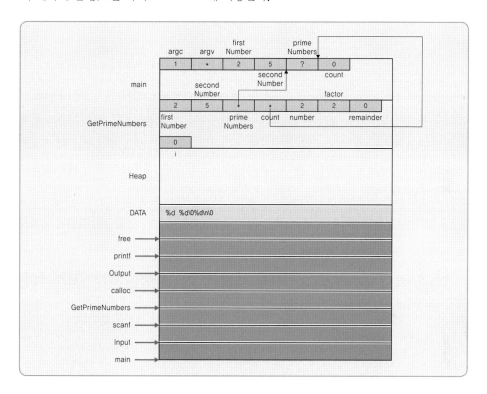

083번째 줄로 이동한다. 083번째 줄에 만나는 닫는 중괄호는 while 반복문의 끝을 나타내는 것이므로 081번째 줄로 이동해야 한다. 왜냐하면, 반복문에서는 조건식을 평가하여 제어 흐름을 결정하기 때문이다. remainder에 저장된 값 0을 읽고 factor에 저장된 값 2를 읽어 0이 2보다 크거나 같은지 관계식을 평가한다. 거짓이다. 그러면 반복을 탈출해야 한다. 084번째 줄로 이동한다.

```
C코드    084 :    while( factor < number && remainder != 0) {
        085 :        factor++;
        086 :        remainder = number;
        087 :        while( remainder >= factor ) {
        088 :            remainder -= factor;
        089 :        }
        090 :    }
```

조건식을 평가해 보자. 두 개의 관계식과 한 개의 논리식으로 구성되었다. 우선순위로 관계식을 논리식보다 먼저 평가해야 하고, 두 개의 관계식은 결합성으로 왼쪽 식을 오른쪽 식보다 먼저 평가해야 한다. 물론 논리식이 논리곱이므로 왼쪽 식을 평가했을 때 거짓이면 오른쪽 관계식을 평가하지 않는다. 왜냐하면, 논리곱은 두 개의 값이 참일 때만 참으로 평가되기 때문이다.

factor에 저장된 값 2와 number에 저장된 값 2를 읽어 2가 2보다 작은지 관계식을 평가하면 거짓이다. 따라서 오른쪽 관계식을 평가할 필요 없이 조건식을 평가한 값은 거짓이다. 따라서 반복하지 않고 탈출한다. 084번째 줄부터 090번째 줄까지 while 반복문의 제어블록을 건너뛰어 91번째 줄로 이동한다.

```
C코드    091 :    if(number == factor ) {
        092 :        // 2.2.2. 개수를 세다. (산술 · 기억)
        093 :        (*count)++;
        094 :    }
```

if 선택문이다. 조건식을 평가해서 참이면 093번째 줄로 이동하고, 거짓이면 091번째 줄부터 094번째 줄까지 if 선택문의 제어블록을 건너뛰어 096번째 줄로 이동한다. factor에 저장된 값 2와 number에 저장된 값 2를 읽어 2와 2가 같은지 관계식을 평가한다. 참이다. 따라서 if 선택문의 제어블록으로 이동하여 093번째 줄로 이동한다. 개수를 센다. count에 저장된 주소를 갖는 변수, main 함수 스택 세그먼트에 할당된 count 변수에 저장된 값 0을 읽어 레지스터에 복사한다. 그리고 1을 더하여 구한 값 1을 다시 count에 저장된 주소를 갖는 변수, main 함수 스택 세그먼트에 할당된 변수 count에 저장한다.

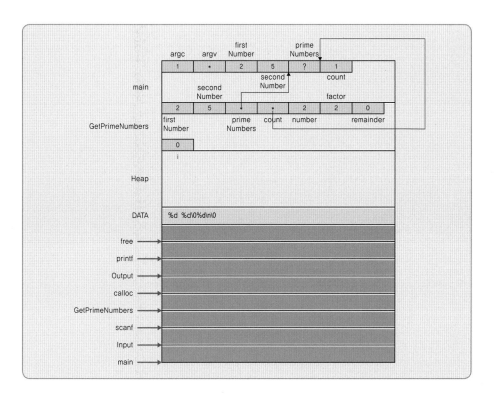

094번째 줄로 이동한다. 094번째 줄에 만나는 닫는 중괄호는 if 선택문의 끝을 나타내는 것으로 if 선택문이 끝난다. 그리고 실행제어가 096번째 줄로 이동한다.

C코드

```
091 :        if(number == factor){
092 :            // 2.2.2. 개수를 세다. (산술 · 기억)
093 :            (*count)++;
094 :        }
095 :        // 2.1. 수를 세다.
096 :        number++;
097 :    }
```

number에 저장된 값 2를 읽어 1을 더하여 구한 값 3을 number에 다시 저장한다.

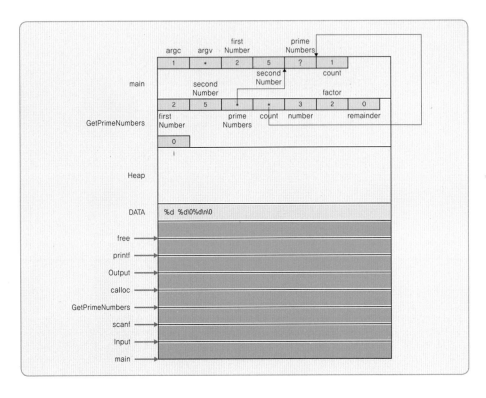

실행제어가 097번째 줄로 이동한다. 097번째 줄의 닫는 중괄호는 while 반복문의 제어블록의 끝을 나타낸다. 따라서 조건식을 평가한 값으로 제어 흐름을 결정해야 하므로 조건식이 기술된 줄로 이동하여야 한다. 077번째 줄로 이동한다.

```
C코드
077 :    while ( number <= secondNumber ) {
078 :        // 2.2. 소수인지 확인한다. (제어 : 선택)
079 :        factor = 2;
080 :        remainder = number;
             ...
095 :        // 2.1. 수를 세다.
096 :        number++;
097 :    }
```

조건식을 평가해서 제어 흐름을 결정해야 한다. number에 저장된 값 3과 secondNumber에 저장된 값 5를 읽어 3이 5보다 작거나 같은지 관계식을 평가한다. 참이다. 반복해야 한다.

● 여러분이 직접 number가 3일 때 메모리 맵으로 디버깅해 보자.

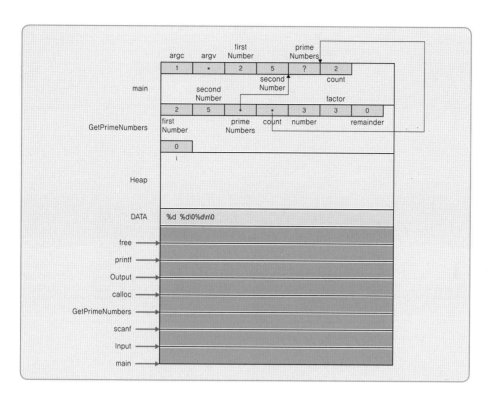

number가 3일 때 처리가 끝난 다음은 실행제어가 096번째 줄로 이동한다.

C코드

```
077:    while( number <= secondNumber ){

095:        // 2.1. 수를 세다.
096:        number++;
097:    }
```

number에 저장된 값 3을 읽어 1을 더하여 구한 값 4를 number에 다시 저장한다.

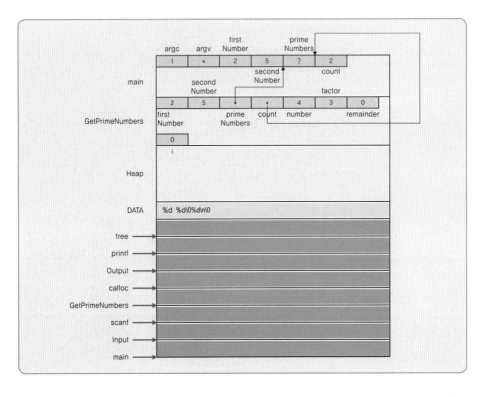

실행제어가 097번째 줄로 이동한다. 097번째 줄의 닫는 중괄호는 while 반복문의 제어블록의 끝을 나타낸다. 따라서 조건식을 평가한 값으로 제어 흐름을 결정해야 하므로 조건식이 적힌 줄로 이동하여야 한다. 077번째 줄로 이동한다.

조건식을 평가해서 제어 흐름을 결정해야 한다. number에 저장된 값 4와 secondNumber에 저장된 값 5를 읽어 4가 5보다 작거나 같은지 관계식을 평가한다. 참이다. 반복을 계속해야 한다. 반복문의 제어블록으로 이동하여 079번째 줄로 이동한다.

C코드

```
078 :    // 2.2. 소수인지 확인한다. (제어 : 선택)
079 :    factor = 2;
080 :    remainder = number;
```

079번째 줄에서 factor에 2를 저장한다. 다시 새로이 시작하기 위해 처음의 값으로 정하는 작업으로 원위치(Reset)라고 한다. 치환 문장은 순차 구조이므로 080번째 줄로 이동하여 number에 저장된 값 4를 읽어 remainder에 저장한다.

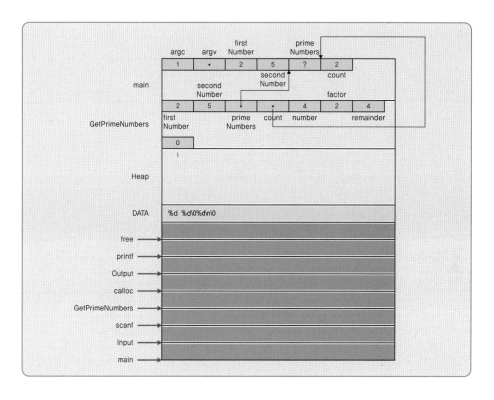

081번째 줄로 이동한다. 나머지를 구하는 while 반복문이다.

C코드

```
081:    while( remainder >= factor ){
082:        remainder -= factor;
083:    }
```

remainder에 저장된 값 4와 factor에 저장된 값 2를 읽어 4가 2보다 크거나 같은지 관계식을 평가한다. 참이다. 따라서 반복문의 제어블록으로 082번째 줄로 이동한다. remainder에 저장된 값 4에서 factor에 저장된 값 2를 읽어 빼서 구한 값 2를 remainder에 저장한다.

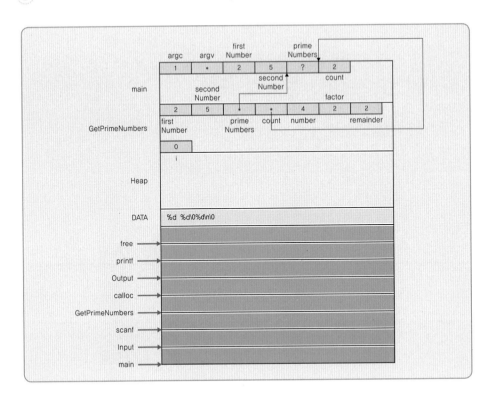

083번째 줄로 이동한다. 083번째 줄은 while 반복문의 제어블록의 끝을 나타내는 닫는 중
괄호이다. 따라서 조건식이 있는 줄로 이동하여 조건식을 평가하여 반복을 계속할지 끝낼
지를 결정해야 한다. 따라서 081번째 줄로 이동한다. remainder에 저장된 값 2와 factor
에 저장된 값 2를 읽어 2가 2보다 크거나 같은지 관계식을 평가한다. 같으므로 참이다. 반
복해야 한다. 따라서 반복제어블록으로 082번째 줄로 이동한다. remainder에 저장된 값
2에서 factor에 저장된 값 2를 읽어 빼서 구한 값 0을 remainder에 저장한다.

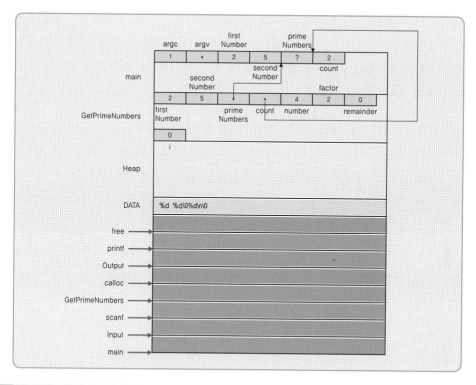

C코드

```
081 :    while( remainder >= factor ){
082 :        remainder -= factor;
083 :    }
```

083번째 줄로 이동한다. 083번째 줄은 while 반복문의 제어블록의 끝을 나타내는 닫는 중괄호이다. 따라서 조건식을 평가해야 해서 081번째 줄로 이동한다.

remainder에 저장된 값 0과 factor에 저장된 값 2를 읽어 0이 2보다 크거나 같은지 관계식을 평가한다. 거짓이다. 그러면 반복문을 끝내야 한다. 084번째 줄로 이동한다.

C코드

```
084 :    while( factor < number && remainder != 0){
085 :        factor++;
086 :        remainder = number;
087 :        while( remainder >= factor ){
088 :            remainder -= factor;
089 :        }
090 :    }
```

조건식을 평가해 보자. 두 개의 관계식과 한 개의 논리식으로 구성되었다. 우선순위로 관계식을 논리식보다 먼저 평가해야 하고, 두 개의 관계식은 결합성으로 왼쪽 관계식을 오른쪽 관계식보다 먼저 평가해야 한다. 물론 논리식이 논리곱이므로 왼쪽 관계식을 평가했을 때 거짓이면 오른쪽 관계식을 평가하지 않는다. 왜냐하면, 논리곱은 두 개의 값이 참일 때만 참으로 평가되기 때문이다.

factor에 저장된 값 2와 number에 저장된 값 4를 읽어 2가 4보다 작은지 관계식을 평가하면 참이다. 따라서 오른쪽 관계식과 논리식을 평가해야 한다. remainder에 저장된 값 0을 읽어 0과 같지 않은지 관계식을 평가해야 한다. 거짓이다. 다음은 왼쪽 관계식에서 구한 값과 오른쪽 관계식에서 구한 값을 가지고 논리식을 평가해야 한다. 논리곱이다. 그리고 오른쪽 관계식에서 평가된 값이 거짓이므로 논리곱을 평가했을 때 구해지는 값은 거짓이다. 따라서 while 반복문의 조건식을 평가한 값은 거짓이다. 따라서 반복을 탈출해야 한다. 합성수인 4일 때는 반복횟수가 많이 줄었다. 084번째 줄부터 090번째 줄까지 while 반복문의 제어블록을 건너뛰어 091번째 줄로 이동한다.

```
C코드
091:        if(number == factor ){
092:            // 2.2.2. 개수를 세다. (산술 · 기억)
093:            (*count)++;
094:        }
```

if 선택문이다. 조건식을 평가해서 참이면 093번째 줄로 이동하고, 거짓이면 091번째 줄부터 094번째 줄까지 if 선택문의 제어블록을 건너뛰어 096번째 줄로 이동한다. factor에 저장된 값 2와 number에 저장된 값 4를 읽어 2와 4가 같은지 관계식을 평가한다. 거짓이다. 따라서 if 선택문의 제어블록을 건너뛰어 096번째 줄로 이동한다.

```
C코드
077:        while ( number <= secondNumber ){
               ...
095:            // 2.1. 수를 세다.
096:            number++;
097:        }
```

number에 저장된 값 4를 읽어 1을 더하여 구한 값 5를 number에 저장한다.

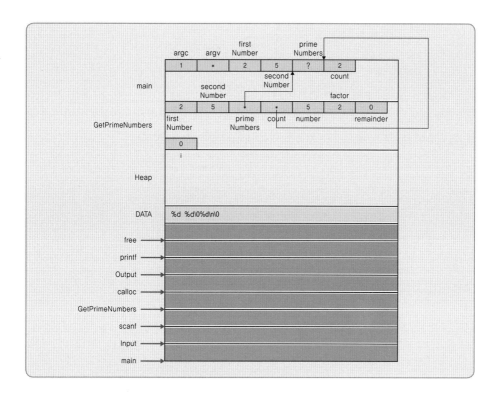

실행제어가 097번째 줄로 이동한다. 097번째 줄의 닫는 중괄호는 while 반복문의 제어블록의 끝을 나타낸다. 따라서 조건식을 평가한 값에 따라 제어 흐름을 결정해야 하므로 조건식이 적힌 줄로 이동하여야 한다. 077번째 줄로 이동한다.

```
077 :    while ( number <= secondNumber ) {
078 :        // 2.2. 소수인지 확인한다. (제어 : 선택)
079 :        factor = 2;
080 :        remainder = number;
            ...
095 :        // 2.1. 수를 세다.
096 :        number++;
097 :    }
```

조건식을 평가해서 제어 흐름을 결정해야 한다. number에 저장된 값 5와 secondNumber에 저장된 값 5를 읽어 5가 5보다 작거나 같은지 관계식을 평가한다. 참이다. 반복을 계속해야 한다. 반복제어블록으로 이동하여 079번째 줄로 이동한다.

```
078 :    // 2.2. 소수인지 확인한다. (제어 : 선택)
079 :    factor = 2;
080 :    remainder = number;
```

079번째 줄에서 factor에 2를 저장한다. 원위치(Reset)한다. 순차 구조이므로 080번째 줄로 이동하여 number에 저장된 값 5를 읽어 remainder에 저장한다.

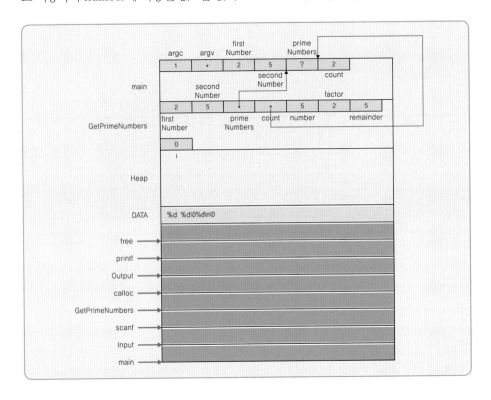

081번째 줄로 이동한다. 나머지를 구하는 while반복문이다.

```
081 :    while( remainder )= factor ){
082 :        remainder -= factor;
083 :    }
```

remainder에 저장된 값 5와 factor에 저장된 값 2를 읽어 5가 2보다 크거나 같은지 관계식을 평가한다. 참이다. 따라서 반복제어블록으로 082번째 줄로 이동한다. remainder에 저장된 값 5에서 factor에 저장된 값 2를 읽어 빼서 구한 값 3을 remainder에 저장한다.

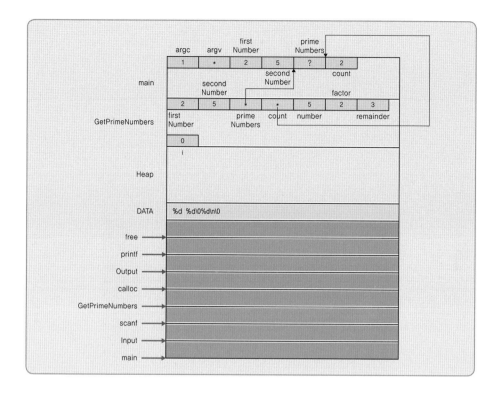

083번째 줄로 이동한다. 083번째 줄은 while 반복문의 제어블록의 끝을 나타내는 닫는 중
괄호이다. 따라서 조건식이 있는 줄로 이동하여 조건식을 평가하여 반복을 계속할지 끝낼
지를 결정해야 한다. 따라서 081번째 줄로 이동한다. remainder에 저장된 값 3과 factor
에 저장된 값 2를 읽어 3이 2보다 크거나 같은지 관계식을 평가한다. 참이다. 반복해야 한
다. 따라서 반복문의 제어블록으로 082번째 줄로 이동한다. remainder에 저장된 값 3에
서 factor에 저장된 값 2를 읽어 빼서 구한 값 1을 remainder에 저장한다.

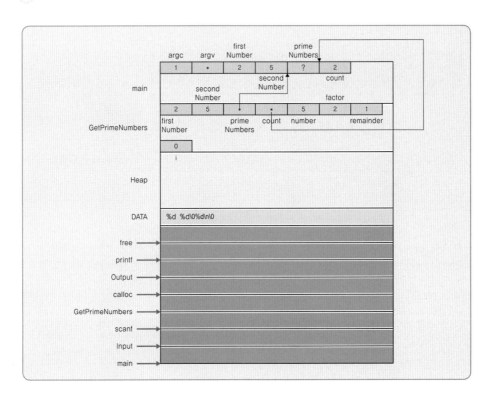

083번째 줄로 이동한다. 083번째 줄은 while 반복제어블록의 끝을 나타내는 닫는 중괄호이다. 따라서 조건식이 있는 줄로 이동하여 조건식을 평가하여 반복을 계속할지 끝낼지를 결정해야 한다. 따라서 081번째 줄로 이동한다. remainder에 저장된 값 1과 factor에 저장된 값 2를 읽어 1이 2보다 크거나 같은지 관계식을 평가한다. 거짓이다. 그러면 반복문을 끝내야 한다. 084번째 줄로 이동한다.

```
C코드
084 :    while( factor < number && remainder != 0){
085 :        factor++;
086 :        remainder = number;
087 :        while( remainder >= factor ){
088 :            remainder -= factor;
089 :        }
090 :    }
```

조건식을 평가해 보자. 두 개의 관계식과 한 개의 논리식으로 구성되었다. 우선순위로 관계식을 논리식보다 먼저 평가해야 하고, 두 개의 관계식은 결합성으로 왼쪽 식을 오른쪽 식보다 먼저 평가해야 한다. 물론 논리식이 논리곱이므로 왼쪽 식을 평가했을 때 거짓이면 오른쪽 관계식을 평가하지 않는다. 왜냐하면, 논리곱은 두 개의 값이 참일 때만 참으로 평가되기 때문이다.

factor에 저장된 값 2와 number에 저장된 값 5를 읽어 2가 5보다 작은지 관계식을 평가하면 참이다. 따라서 오른쪽 관계식과 논리식을 평가해야 한다. remainder에 저장된 값 1을 읽어 0과 같지 않은지 관계식을 평가해야 한다. 참이다. 다음은 왼쪽 관계식에서 구한 값과 오른쪽 관계식에서 구한 값을 가지고 논리식을 평가해야 한다. 논리곱이다. 구해진 두 개의 값이 모두 참이므로 논리곱을 평가했을 때 구해지는 값은 참이다. 따라서 while 반복문의 조건식을 평가한 값은 참이다. 따라서 반복을 계속해야 한다. 085번째 줄로 이동한다. factor에 저장된 값 2를 읽어 1을 더하여 구한 값 3을 factor에 저장한다. 그리고 순차구조이므로 아래쪽으로 이동하여 086번째 줄로 이동한다. number에 저장된 값 5를 읽어 remainder에 저장한다.

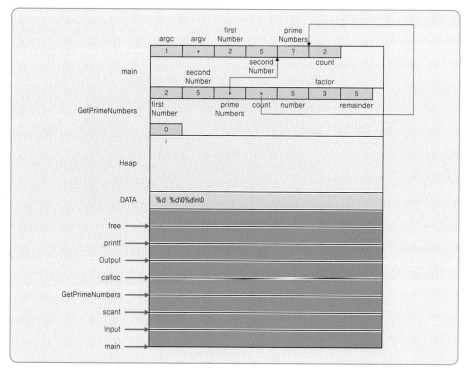

087번째 줄로 이동한다.

C코드

```
087 :        while( remainder >= factor ){
088 :            remainder -= factor;
089 :        }
```

while 반복문이다. 조건식을 평가해서 제어 흐름을 정해야 한다. remainder에 저장된 값 5와 factor에 저장된 값 3을 읽어 5가 3보다 크거나 같은지 관계식을 평가한다. 참이다. 따라서 반복해야 하므로 반복문의 제어블록으로 이동하여 088번째 줄로 이동한다. remainder에 저장된 값 5를 읽어 레지스터에 저장하고, factor에 저장된 값 3을 읽어 빼서 구한 값 2를 remainder에 저장한다.

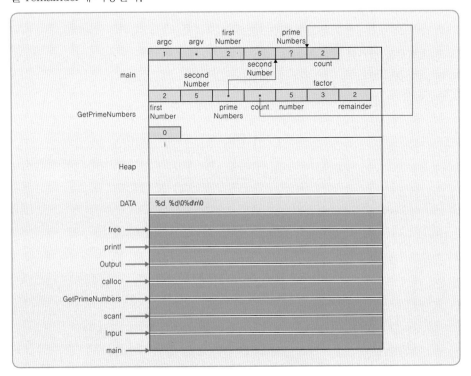

089번째 줄로 이동한다. while 반복문의 제어블록의 끝이므로 다시 087번째 줄로 이동한다. while 반복문의 조건식을 평가한다. remainder에 저장된 값 2와 factor에 저장된 값 3을 읽어 2가 3보다 크거나 같은지 관계식을 평가한다. 거짓이다. 그러면 반복문을 끝내야 한다. 090번째 줄로 이동한다. while 반복문의 제어블록의 끝을 나타내는 닫는 중괄호이다. 따라서 조건식이 적힌 084번째 줄로 이동한다.

```
C코드
084 :     while( factor < number && remainder != 0){
085 :         factor++;
086 :         remainder = number;
087 :         while( remainder >= factor ){
088 :             remainder -= factor;
089 :         }
090 :     }
```

조건식을 평가해 보자. factor에 저장된 값 3과 number에 저장된 값 5를 읽어 3이 5보다 작은지 관계식을 평가하면 참이다. 따라서 오른쪽 관계식과 논리식을 평가해야 한다. remainder에 저장된 값 2를 읽어 0과 같지 않은지 관계식을 평가해야 한다. 참이다. 다음은 왼쪽 관계식에서 구한 값과 오른쪽 관계식에서 구한 값을 가지고 논리식을 평가해야 한다. 논리곱이다. 왼쪽 관계식과 오른쪽 관계식에서 평가된 값이 모두 참이므로 논리곱을 평가했을 때 구해지는 값은 참이다. 따라서 while 반복문의 조건식을 평가한 값은 참이다. 따라서 반복해야 한다. 반복문의 제어블록으로 085번째 줄로 이동한다. factor에 저장된 값 3에 1을 더해 구한 값 4를 factor에 저장한다. 그리고 086번째 줄로 이동하여 number에 저장된 값 5를 읽어 remainder에 저장한다.

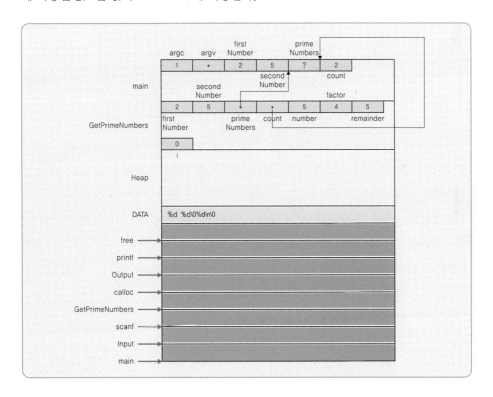

087번째 줄로 이동한다. while 반복문이다. 조건식을 평가해서 제어 흐름을 정해야 한다. remainder에 저장된 값 5와 factor에 저장된 값 4를 읽어 5가 4보다 크거나 같은지 관계식을 평가한다. 크므로 참이다. 따라서 반복해야 하므로 반복문의 제어블록으로 이동하여 088번째 줄로 이동한다. remainder에 저장된 값 5를 읽어 레지스터에 저장하고, factor에 저장된 값 4를 읽어 빼서 구한 값 1을 remainder에 저장한다.

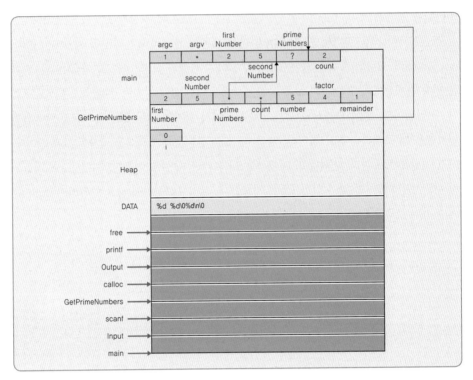

089번째 줄로 이동한다. 089번째 줄은 while 반복문의 제어블록의 끝을 나타내는 닫는 중 괄호이다. 따라서 조건식이 있는 줄로 이동하여 조건식을 평가하여 반복을 계속할지 끝낼 지를 결정해야 한다. 따라서 087번째 줄로 이동한다. remainder에 저장된 값 1과 factor 에 저장된 값 4를 읽어 1이 4보다 크거나 같은지 관계식을 평가한다. 거짓이다. 그러면 반 복문을 끝내야 한다. 090번째 줄로 이동한다. while 반복제어블록의 끝을 나타내는 닫는 중괄호이다. 따라서 조건식이 적힌 084번째 줄로 이동한다.

```
084 :     while( factor 〈 number && remainder != 0 ) {
085 :         factor++;
086 :         remainder = number;
087 :         while( remainder )= factor ) {
088 :             remainder -= factor;
089 :         }
090 :     }
```

조건식을 평가해 보자. factor에 저장된 값 4와 number에 저장된 값 5를 읽어 4가 5보 다 작은지 관계식을 평가하면 참이다. 따라서 오른쪽 관계식과 논리식을 평가해야 한다. remainder에 저장된 값 1을 읽어 0과 같지 않은지 관계식을 평가해야 한다. 참이다. 다음은 왼쪽 관계식을 평가한 값과 오른쪽 관계식을 평가한 값을 가지고 논리식을 평가해야 한다. 논리곱이다. 그리고 왼쪽 관계식과 오른쪽 관계식에서 평가되어진 값이 모두 참이므로 논리곱을 평가했을 때 구해지는 값은 참이다. 따라서 while 반복문의 조건식을 평가한 값은 참이다. 따라서 반복해야 한다. 반복제어블록으로 085번째 줄로 이동한다. factor에 저장된 값 4에 1을 더해 구한 값 5를 factor에 저장한다. 그리고 086번째 줄로 이동하여 number에 저장된 값 5를 읽어 remainder에 저장한다.

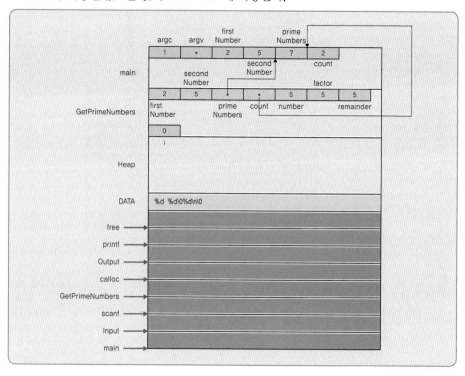

087번째 줄로 이동한다.

```
087 :        while( remainder )= factor ){
088 :            remainder -= factor;
089 :        }
```

while 반복문이다. 조건식을 평가해서 제어 흐름을 정해야 한다. remainder에 저장된 값 5와 factor에 저장된 값 5를 읽어 5가 5보다 크거나 같은지 관계식을 평가한다. 같으므로 참이다. 따라서 반복해야 하므로 반복문의 제어블록으로 이동하여 088번째 줄로 이동한다. remainder에 저장된 값 5를 읽어 레지스터에 저장하고, factor에 저장된 값 5를 읽어 빼서 구한 값 0을 remainder에 저장한다.

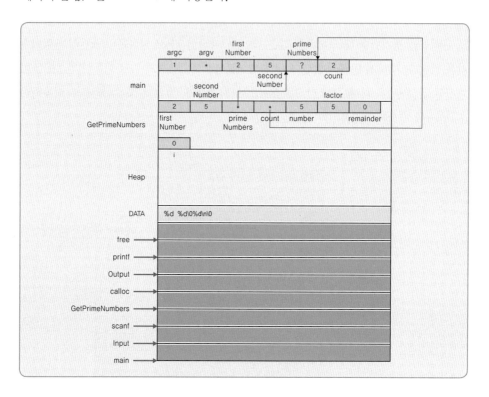

089번째 줄로 이동한다. 089번째 줄은 while 반복문의 제어블록의 끝을 나타내는 닫는 중괄호이다. 따라서 조건식이 있는 줄로 이동하여 조건식을 평가하여 반복문을 계속할지 끝낼지를 결정해야 한다. 따라서 087번째 줄로 이동한다. remainder에 저장된 값 0과 factor에 저장된 값 5를 읽어 0이 5보다 크거나 같은지 관계식을 평가한다. 거짓이다. 그러면 반복문을 끝내야 한다. 090번째 줄로 이동한다. while 반복제어블록의 끝을 나타내는 닫는 중괄호이다. 따라서 조건식이 적힌 084번째 줄로 이동한다.

C코드
```
084 :    while( factor < number && remainder != 0){
085 :        factor++;
086 :        remainder = number;
087 :        while( remainder >= factor ){
088 :            remainder -= factor;
089 :        }
090 :    }
```

조건식을 평가해 보자. 두 개의 관계식과 한 개의 논리식으로 구성되었다. 우선순위로 관

계식을 논리식보다 먼저 평가해야 하고, 두 개의 관계식은 결합성으로 왼쪽 식을 오른쪽
식보다 먼저 평가해야 한다. 물론 논리식이 논리곱이므로 왼쪽 식을 평가했을 때 거짓이면
오른쪽 식과 논리식을 평가하지 않는다. 왜냐하면, 논리곱은 두 개의 값이 참일 때만 참으
로 평가되기 때문이다.

```
084 :    while( factor < number && remainder != 0){
085 :        factor++;
086 :        remainder = number;
087 :        while( remainder >= factor ){
088 :            remainder -= factor;
089 :        }
090 :    }
```

factor에 저장된 값 5와 number에 저장된 값 5를 읽어 5가 5보다 작은지 관계식을 평가하
면 거짓이다. 따라서 오른쪽 관계식을 평가할 필요가 없다. 논리곱이다. 왼쪽 관계식과 오
른쪽 관계식에서 평가되어진 값이 모두 참일 때만 참이므로 한 개라도 거짓이면 논리곱을
평가했을 때 구해지는 값은 거짓이다. 따라서 while 반복문의 조건식을 평가한 값은 거짓
이다. 따라서 반복을 끝내야 한다. 084번째 줄부터 090번째 줄까지 while 반복문의 제어
블록을 건너 띄어 091번째 줄로 이동한다.

C코드

```
091 :    if(number == factor ){
092 :        // 2.2.2. 개수를 세다. (산술 · 기억)
093 :        (*count)++;
094 :    }
```

if 선택문이다. 조건식을 평가해서 제어 흐름을 정해야 한다. number에 저장된 값 5와
factor에 저장된 값 5를 읽어 5가 5와 같은지 관계식을 평가한다. 참이다. 따라서 if 선택
문의 제어블록으로 이동하여 093번째 줄로 이동한다. 개수를 센다. count에 저장된 주소
를 갖는 변수, main 함수 스택 세그먼트에 할당된 count 변수에 저장된 값 2를 읽어 레지
스터에 복사한다. 그리고 1을 더하여 구한 값 3을 다시 count에 저장된 주소를 갖는 변수,
main 함수 스택 세그먼트에 할당된 변수 count에 저장한다.

어떻게 기억장소를 효율적으로 사용할까?   211

094번째 줄로 이동한다. 094번째 줄에 만나는 닫는 중괄호는 if 선택문의 끝을 나타내는 것으로 if 선택문이 끝난다. 그리고 실행제어가 096번째 줄로 이동한다.

```
C코드  091:      if(number == factor ) {
       092:          // 2.2.2. 개수를 세다. (산술 · 기억)
       093:          (*count)++;
       094:      }
```

number에 저장된 값 5를 읽어 1을 더하여 구한 값 6을 number에 다시 저장한다.

```
C코드  077:      while ( number <= secondNumber ) {
       078:          // 2.2. 소수인지 확인한다. (제어 : 선택)
       079:          factor = 2;
       080:          remainder = number;
                     ...
       095:          // 2.1. 수를 세다.
       096:          number++;
       097:      }
```

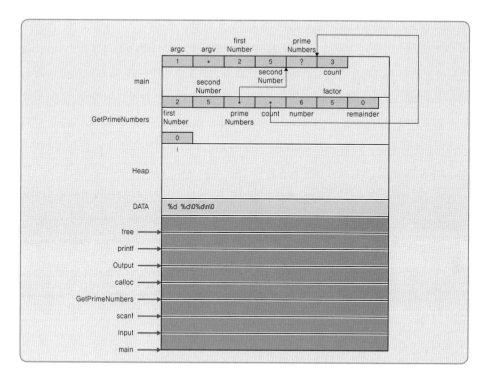

실행제어가 097번째 줄로 이동한다. 097번째 줄의 닫는 중괄호는 while 반복문의 제어블록의 끝을 나타낸다. 따라서 조건식을 평가한 값으로 제어 흐름을 결정해야 하므로 조건식이 적힌 줄로 이동하여야 한다. 077번째 줄로 이동한다.

조건식을 평가한 값으로 제어 흐름을 결정해야 한다. number에 저장된 값 6과 secondNumber에 저장된 값 5를 읽어 6이 5보다 작거나 같은지 관계식을 평가한다. 거짓이다. 반복을 탈출해야 한다. 077번째 줄부터 097번째 줄까지 반복제어블록을 건너뛰어 98번째 줄로 이동한다.

C코드

```
098 :    if( *count > 0) {
099 :        *primeNumbers = ( ULong (*))calloc(*count, sizeof(ULong));
100 :    }
```

if 선택문이다. count에 저장된 주소를 갖는 변수에 저장된 값 3을 읽어 0보다 큰지 관계식을 평가한다. 참이다. 그러면 if 선택문의 제어블록으로 099번째 줄로 이동한다.

힙에 배열을 할당하는 코드이다. 치환식과 호출식으로 구성된 문장이다. 우선순위로 호출식이 먼저 평가되어야 한다. calloc 함수가 호출되어야 한다. GetPrimeNumbers 함수 스택 세그먼트 아래쪽에 calloc 함수 스택 세그먼트가 할당된다. 라이브러리 함수라서 정확히 함수 스택 세그먼트는 그릴 수 없지만, 입력 데이터와 출력 데이터들을 저장할 기억장소를 할당하는 스택 세그먼트를 그려보자. 함수 스택 세그먼트를 그린다면, GetPrimeNumbers 함수 스택 세그먼트 아래쪽에 일정한 크기의 사각형을 그린다. 그리고 왼쪽에 calloc 함수 이름을 적는다. 호출식에 적힌 데이터들과 반환형이 있으므로 출력 데이터를 저장할 기억 장소로 3개의 작은 사각형을 그린다. 첫 번째 사각형과 두 번째 사각형에는 함수 호출식에 서 사용된 값을 적는다. count에 저장된 주소를 갖는 변수, 다시 말해서 main 함수 스택 세그먼트에 할당된 변수 count에 저장된 값 3을 첫 번째 사각형에 적는다. 바이트 단위로 sizeof 연산자로 구해진 배열요소의 크기를 두 번째 사각형에 적는다. 자료형 ULong의 크 기는 long의 크기이므로 자료형 long의 크기가 4바이트이므로 4가 적힌다. 이렇게 호출된 다음에 calloc 함수의 제어논리에 따라 힙에 4바이트 크기의 배열요소를 3개가 할당되고, 할당된 기억장소의 시작주소를 출력할 데이터를 저장하는 기억장소에 저장될 것이다. 따 라서 세 번째 사각형에는 별표를 적고, 화살표를 사용하여 별표로부터 시작하여 힙에 할당 된 기억장소를 가리키도록 작도한다.

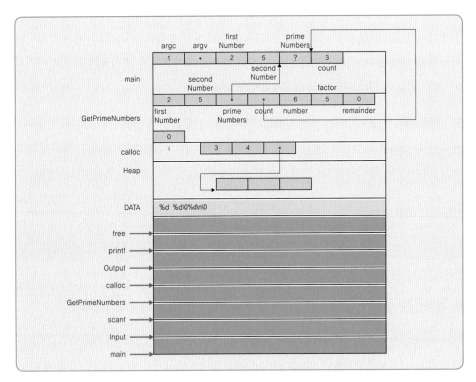

힙에 배열을 할당했다면, 출력데이터를 return 명령어로 중앙처리장치(CPU)의 레지스터
(Register)에 저장하게 될 것이다.

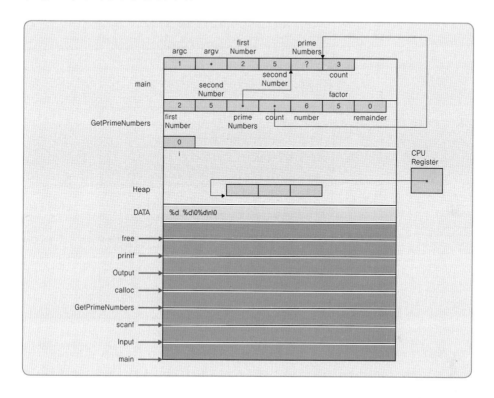

다음은 치환식이 평가되어야 한다. 중앙처리장치의 레지스터에 저장된 주소를 GetPrimeNumbers
함수 스택 세그먼트에 할당된 primeNumbers 변수에 저장하지 않는다. 왜냐하면, primeNumbers
변수 앞에 * 간접 연산자가 적혀 있다. 따라서 primeNumbers 변수에 저장된 주소를 갖는 변수,
main 함수 스택 세그먼트에 할당된 primeNumbers에 중앙처리장치이 레지스터에 저장된 주소를
저장해야 한다.

C코드

```
098:    if( *count > 0) {
099:        *primeNumbers = ( ULong (*))calloc(*count, sizeof(ULong));
100:    }
```

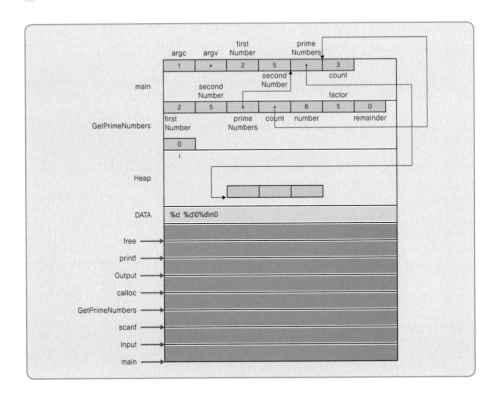

이렇게 해서 소수들의 개수만큼 필요한 양의 기억장소를 할당할 수 있다. 기억장소의 낭비를 최소화할 수 있다. 그러나 또 다른 문제가 발생했다. 어떠한 문제가 발생했을까? 계속 디버깅하면서 생각해 보자. 100번째 줄로 이동한다. if 선택문의 끝을 나타내는 중괄호이므로 if 선택문장이 끝난다.

if 선택문장이 끝나면 순차 구조처럼 아래쪽으로 이동하여 다음은 101번째 줄로 이동한다. firstNumber에 저장된 값 2를 읽어 number에 저장한다.

C코드

```
101:     number = firstNumber;
```

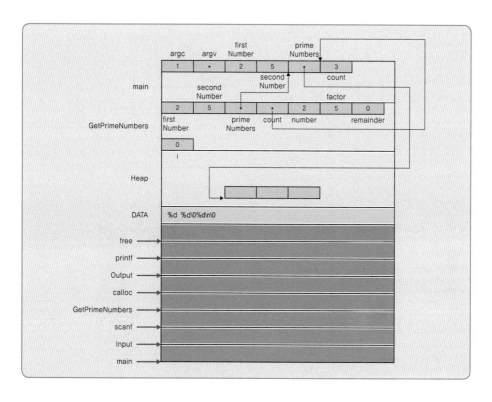

102번째 줄로 이동한다. while 반복문이다.

C코드

```
102 :    while ( number <= secondNumber && *count > 0) {
103 :        // 2.2. 소수인지 확인한다. (제어 : 선택)
104 :        factor = 2;
105 :        remainder = number;
```

조건식을 평가해야 한다. 두 개의 관계식과 하나의 논리식으로 구성되었다. 우선순위로 먼저 number에 저장된 값 2와 secondNumber에 저장된 값 5를 읽어 2가 5보다 작거나 같은지 관계식을 평가한다. 참이다. 그리고 count에 저장된 값인 주소를 갖는 기억장소에 저장된 값을 읽는다. main 함수에 할당된 count에 저장된 값이다. 3이다. 3이 0보다 큰지 관계식을 평가해야 한다. 참이다. 마지막으로 왼쪽 관계식과 오른쪽 관계식을 평가하여 구한 값들로 논리식을 평가한다. 참과 참으로 논리곱을 평가하면 참이다. 따라서 조건식이 참으로 평가되었으므로 while 반복문이므로 반복해야 한다. 104번째 줄로 이동한다. 2를 factor에 저장한다. 그리고 순차 구조이므로 아래쪽으로 이동하여 105번째 줄로 이동하여 number에 저장된 값 2를 읽어 remainder에 저장한다.

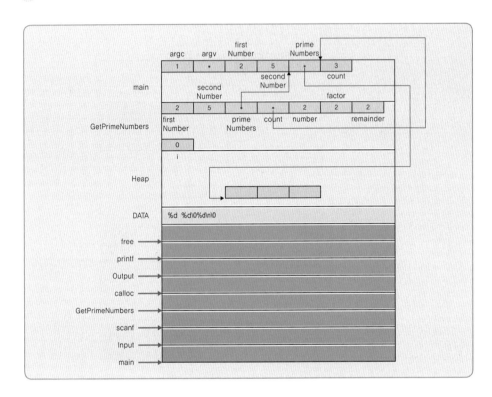

106번째 줄로 이동한다. while 반복문이다.

```
C코드
106 :     while( remainder )= factor ) {
107 :         remainder -= factor;
108 :     }
```

조건식을 평가해서 제어 흐름을 결정해야 한다. remainder에 저장된 값 2와 factor에 저장된 값 2를 읽어 2가 2보다 크거나 같은지 관계식을 평가한다. 참이다. 그러면 반복해야 하므로 while 반복제어블록으로 이동하여 107번째 줄로 이동한다. 107번째 줄은 remainder에 저장된 값 2를 읽어 레지스터에 복사하고, factor에 저장된 값 2를 읽어 빼서 구한 값 0을 다시 remainder에 저장한다.

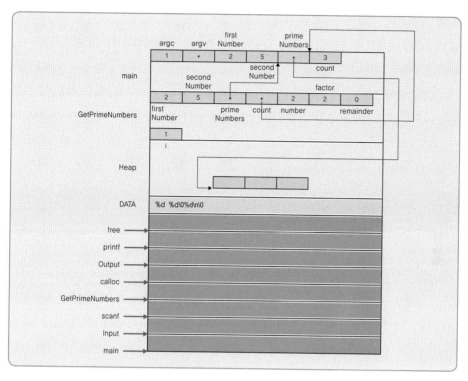

C코드

```
106 :     while( remainder )= factor ) {
107 :         remainder -= factor;
108 :     }
```

108번째 줄로 이동한다. while 반복문의 제어블록의 끝을 나타내는 닫는 중괄호이다. 따라서 조건식을 평가해야 해서 106번째 줄로 이동한다. remainder에 저장된 값 0과 factor에 저장된 값 2를 읽어 0이 2보다 크거나 같은지 관계식을 평가해야 한다. 거짓이다. 그러면 반복을 탈출해야 한다. 따라서 106번째 줄부터 108번째 줄까지 반복문의 제어블록을 건너뛰어 109번째 줄로 이동한다.

C코드

```
109 :     while( factor 〈 number && remainder != 0) {
110 :         factor++;
111 :         remainder = number;
112 :         while( remainder )= factor ) {
113 :             remainder -= factor;
114 :         }
115 :     }
```

while 반복문이다. 조건식을 평가해서 제어 흐름을 정해야 한다. 조건식은 두 개의 관계식과 한 개의 논리식으로 구성되어 있다. 우선순위로 관계식을 논리식보다 먼저 평가해야 한다. 두 개의 관계식은 결합성으로 왼쪽에서 오른쪽으로 평가해야 한다. 그래서 제일 먼저 평가해야 하는 관계식은 factor 〈 number이다. factor에 저장된 값 2와 number에 저장된 값 2를 읽어 2가 2보다 작은지 관계식을 평가해야 한다. 거짓이다. 조건식에 논리식이 포함되어 있으므로 그것도 두 개의 값이 모두 참일 때만 참인 논리곱이 포함되어 있으므로 한 개의 값이 이미 거짓이므로 오른쪽 관계식을 평가할 필요가 없이 조건식을 평가한 값은 거짓이다. 따라서 반복을 탈출하여 116번째 줄로 이동한다.

```
C코드
116 :        if(number == factor){
117 :            // 2.2.1. 수를 적다. (기억)
118 :            (*primeNumbers)[i] = number;
119 :            i++;
120 :        }
```

number에 저장된 값 2와 factor에 저장된 값 2를 읽어 2가 2와 같은지 관계식을 평가해야 한다. 참이다. 그러면 if 선택문의 제어블록으로 이동하여 118번째 줄로 이동한다. 힙에 할당된 배열에 소수를 저장하는 코드이다. GetPrimeNumbers 함수 스택 세그먼트에 할당된 primeNumbers에 저장된 값은 주소이다. 그러나 힙에 할당된 배열의 시작주소가 아니라 배열의 시작주소를 저장한 변수, main 함수 스택 세그먼트에 할당된 primeNumbers의 주소이다. 따라서 main 함수 스택 세그먼트에 할당된 primeNumbers에 저장된 값인 힙에 할당된 배열의 시작주소를 * 간접 연산자로 읽고, 읽힌 배열의 시작 주소로 [] 첨자 연산자로 배열요소에 소수를 저장해야 한다. 그래서 * 간접 연산자로 배열의 시작주소를 참조하는 연산을 먼저 실행하도록 식을 소괄호로 싼다. i에 저장된 값이 0이므로 첫 번째 배열요소에 number에 저장된 값 2를 저장한다. 그리고 i 첨자를 하나 증가시켜 다음 번째 배열 요소의 위치를 갖도록 한다. i에 저장된 값 0을 읽어 1을 더한 값 1을 i에 저장한다. 두 번째 배열요소의 위치를 갖도록 한다.

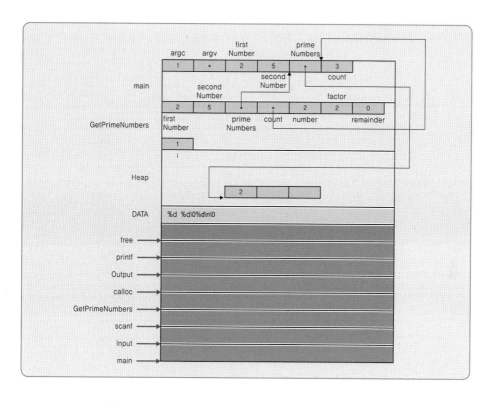

120번째 줄로 이동한다. if 선택문의 제어블록의 끝은 나타내는 닫는 중괄호이다. 따라서 if 선택문이 끝나고, 실행제어는 122번째 줄로 이동한다.

C코드

```
102 :    while( number <= secondNumber && *count > 0 ){
            ...
121 :       // 2.1. 수를 세다.
122 :       number++;
123 :    }
```

반복제어변수 number의 변경식이다. number에 저장된 값 2를 읽어 1을 더해 구한 값 3 을 다시 number에 저장한다.

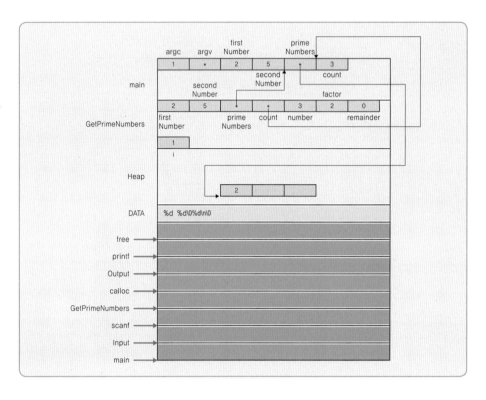

순차 구조이므로 123번째 줄로 이동한다. 123번째 줄의 닫는 중괄호는 반복제어블록의 끝을 나타내는 것이다. 따라서 102번째 줄로 이동하여야 한다.

```
102 :    while ( number <= secondNumber && *count > 0 ) {
103 :        // 2.2. 소수인지 확인한다. (제어 : 선택)
104 :        factor = 2;
105 :        remainder = number;
```

number에 저장된 값 3과 secondNumber에 저장된 값 5를 읽어 3이 5보다 작거나 같은지 관계식을 평가한다. 참이다. 그리고 count에 저장된 주소를 갖는 기억장소에 저장된 값이 3이므로 0보다 커서 참이다. 두 개의 관계식으로 평가된 값들이 모두 참이므로 논리곱 연산자로 평가되는 값도 참이다. 그래서 다시 반복제어블록으로 이동하여 104번째 줄로 이동한다. factor에 2를 저장한다. 그리고 105번째 줄로 이동한다. number에 저장된 값 3을 읽어 remainder에 저장한다.

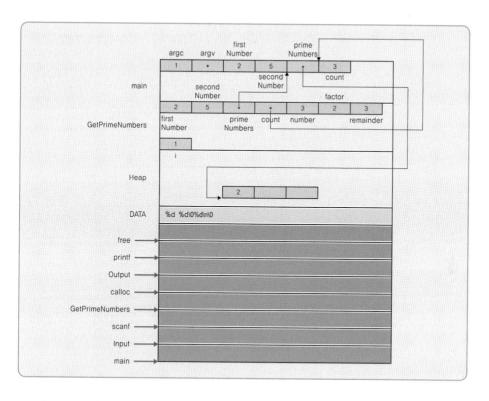

106번째 줄로 이동한다.

C코드

```
106 :    while( remainder >= factor ) {
107 :        remainder -= factor;
108 :    }
```

while 반복문이다. 조건식을 평가해서 제어 흐름을 결정해야 한다. remainder에 저장된 값 3과 factor에 저장된 값 2를 읽어 3이 2보다 크거나 같은지 관계식을 평가한다. 참이다. 그러면 반복해야 하므로 while 반복제어블록으로 이동하여 107번째 줄로 이동한다. 107번째 줄은 remainder에 저장된 값 3을 읽어 레지스터에 복사하고, factor에 저장된 값 2를 읽어 빼서 구한 값 1을 다시 remainder에 저장한다.

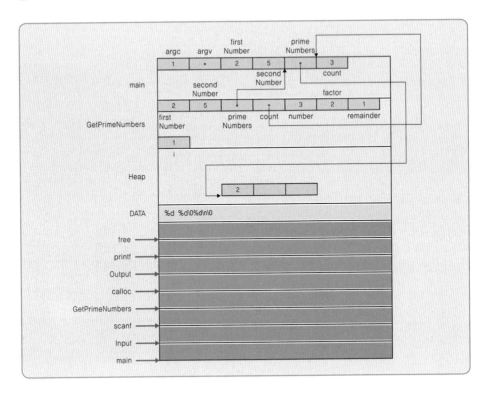

108번째 줄로 이동한다. while 반복문의 끝을 나타내는 닫는 중괄호이다. 따라서 조건식을 평가해야 해서 106번째 줄로 이동한다. remainder에 저장된 값 1과 factor에 저장된 값 2를 읽어 1이 2보다 크거나 같은지 관계식을 평가해야 한다. 거짓이다. 그러면 반복을 탈출해야 한다. 따라서 106번째 줄부터 108번째 줄까지 반복제어블록을 건너뛰어 109번째 줄로 이동한다.

```
C코드
109 :     while( factor < number && remainder != 0){
110 :         factor++;
111 :         remainder = number;
112 :         while( remainder >= factor ){
113 :             remainder -= factor;
114 :         }
115 :     }
```

while 반복문이다. 조건식을 평가해서 제어 흐름을 정해야 한다. 조건식은 두 개의 관계식과 한 개의 논리식으로 구성되어 있다. 우선순위로 관계식을 논리식보다 먼저 평가해야 한다. 두 개의 관계식은 결합성으로 왼쪽에서 오른쪽으로 평가해야 한다. 그래서 제일 먼저 평가해야 하는 관계식은 factor < number이다. factor에 저장된 값 2와 number에 저

장된 값 3을 읽어 2가 3보다 작은지 관계식을 평가해야 한다. 참이다. 다음은 오른쪽 관계식 remainder != 0을 평가해야 한다. remainder에 저장된 값 1이 0과 같지 않은지 관계식을 평가한다. 참이다. 다음은 논리식을 평가한다. 두 개의 값이 모두 참일 때만 참인 논리식이라서 참이다. 따라서 반복해야 하므로 반복문의 제어블록으로 110번째 줄로 이동한다.

C코드

```
109 :     while( factor < number && remainder != 0) {
110 :         factor++;
111 :         remainder = number;
112 :         while( remainder >= factor ) {
113 :             remainder -= factor;
114 :         }
115 :     }
```

factor에 저장된 값 2를 읽어 1을 더하여 구한 값 3을 factor에 저장한다. 순차 구조라서 아래쪽으로 이동하여 111번째 줄로 이동한다. number에 저장된 값 3을 읽어 remainder에 저장한다.

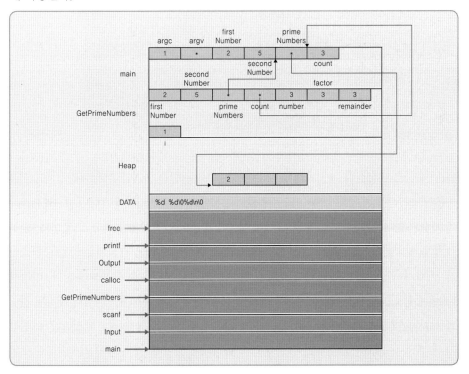

112번째 줄로 이동한다. while 반복문이다. 조건식을 평가해서 제어 흐름을 정해야 한다. remainder에 저장된 값 3과 factor에 저장된 값 3을 읽어 3이 3보다 크거나 같은지 관계식을 평가해야 한다. 참이다. while 반복제어블록으로 이동하여 113번째 줄로 이동한다. remainder에 저장된 값 3을 읽어 factor에 저장된 값 3을 빼서 구한 값 0을 remainder 에 저장한다.

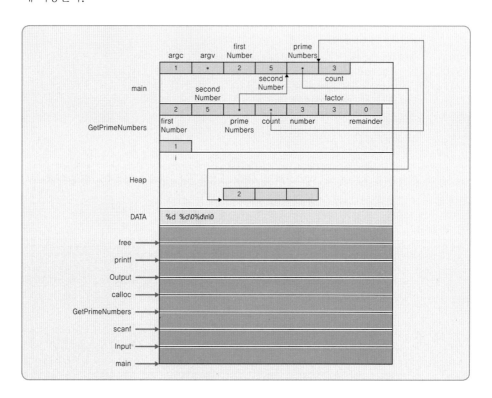

114번째 줄로 이동한다. while 반복문의 끝을 나타내는 닫는 중괄호이다. 따라서 while 반복문의 조건식을 평가해야 해서 112번째 줄로 이동한다. remainder에 저장된 값 0과 factor 에 저장된 값 3을 읽어 0이 3보다 크거나 같은지 관계식을 평가해야 한다. 거짓이다. 반복을 탈출해야 한다. 115번째 줄로 이동한다. while 반복문의 끝을 나타내는 닫는 중괄호이다. 따라서 while 반복문의 제어 흐름을 정하기 위해서 조건식을 평가해야 한다. 따라서 109번째 줄로 이동한다. factor 〈 number 왼쪽 관계식을 평가한다. factor에 저장된 값 3과 number에 저장된 값 3을 읽어 3이 3보다 작은지 관계식을 평가한다. 거짓이다. 조건식에 두 개의 논릿값이 참일 때만 참인 논리곱 논리식이 있어 한 개의 값이 거짓이므로 조건식을 평가했을 때 거짓이다. 따라서 오른쪽 관계식을 평가할 필요가 없다. while 반복문의 조건식이 거짓이므로 반복을 탈출해야 한다. 116번째 줄로 이동한다.

C코드

```
116 :     if(number == factor ){
117 :        // 2.2.1. 수를 적다. (기억)
118 :        (*primeNumbers)[i] = number;
119 :        i++;
120 :     }
```

number에 저장된 값 3과 factor에 저장된 값 3을 읽어 3이 3과 같은지 관계식을 평가해야 한다. 참이다. 그러면 if 선택문의 제어블록으로 이동하여 118번째 줄로 이동한다. 힙에 할당된 배열에 소수를 저장하는 코드이다. GetPrimeNumbers 함수 스택 세그먼트에 할당된 primeNumbers에 저장된 값은 주소이다. 그러나 힙에 할당된 배열의 시작주소가 아니라 배열의 시작주소를 저장한 변수, main 함수 스택 세그먼트에 할당된 primeNumbers의 주소이다. 따라서 main 함수 스택 세그먼트에 할당된 primeNumbers에 저장된 값인 힙에 할당된 배열의 시작주소를 * 간접 연산자로 읽고, 읽힌 배열의 시작 주소로 [] 첨자 연산자로 배열요소에 소수를 저장해야 한다. 그래서 * 간접 연산자로 배열의 시작주소를 참조하는 연산을 먼저 실행하도록 식을 소괄호로 싼다. i에 저장된 값이 1이므로 두 번째 배열요소에 number에 저장된 값 3을 저장한다. 그리고 i 첨자를 하나 증가시켜 다음 번째 배열요소의 위치를 갖도록 한다. i에 저장된 값 1을 읽어 1을 더한 값 2를 i에 저장한다. 세 번째 배열요소의 위치를 갖도록 한다.

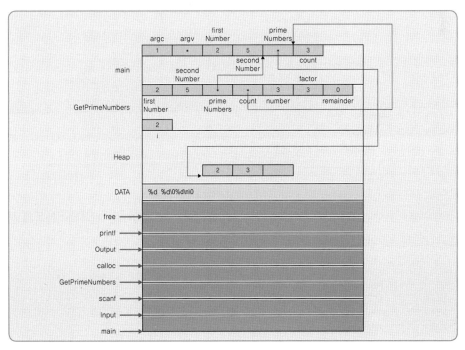

120번째 줄로 이동한다. if 선택문의 제어블록의 끝을 나타내는 닫는 중괄호이다. 따라서 if 선택문이 끝나고, 실행제어는 122번째 줄로 이동한다.

```
C코드   102 :    while ( number <= secondNumber && *count > 0 ) {
                  ...
        121 :        // 2.1. 수를 세다.
        122 :        number++;
        123 :    }
```

반복제어변수 number의 변경식이다. number에 저장된 값 3을 읽어 1을 더해 구한 값 4를 다시 number에 저장한다.

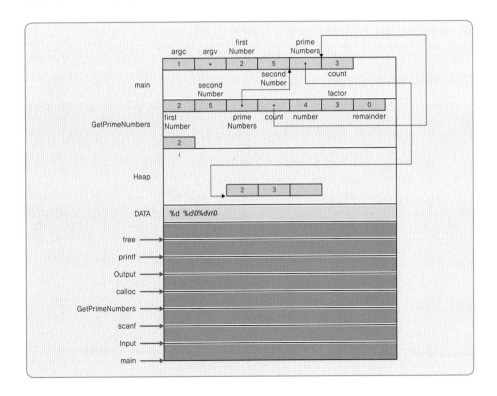

순차 구조이므로 123번째 줄로 이동한다. 123번째 줄의 닫는 중괄호는 반복제어블록의 끝을 나타내는 것이다. 따라서 102번째 줄로 이동하여야 한다.

```
C코드   102 :    while ( number <= secondNumber && *count > 0 ) {
        103 :        // 2.2. 소수인지 확인한다. (제어 : 선택)
        104 :        factor = 2;
        105 :        remainder = number;
```

다음은 여러분이 직접 디버깅해 보자.

● 여러분이 number가 4일 때 메모리 맵으로 디버깅해 보자.

● 여러분이 number가 5일 때 메모리 맵으로 디버깅해 보자.

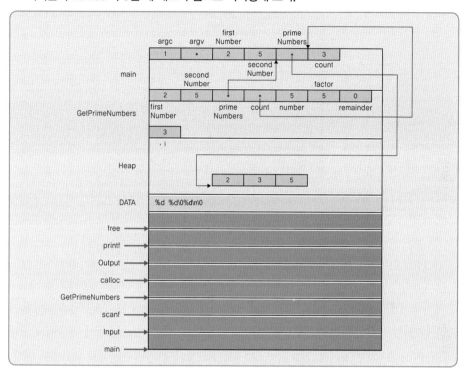

number가 5일 때 처리가 끝나면, 실행제어는 122번째 줄로 이동한다.

```
C코드
102 :    while ( number <= secondNumber && *count > 0 ) {
               ...
121 :         // 2.1. 수를 세다.
122 :         number++;
123 :    }
```

반복제어변수 number의 변경식이다. number에 저장된 값 5를 읽어 1을 더해 구한 값 6
을 다시 number에 저장한다.

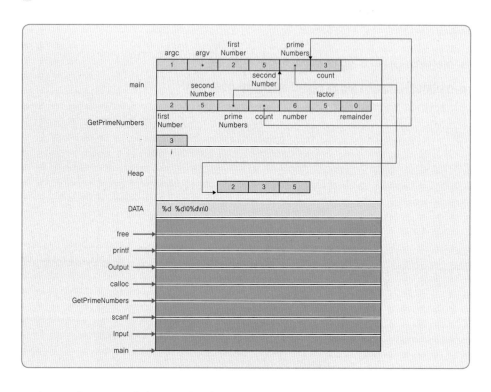

순차 구조이므로 123번째 줄로 이동한다. 123번째 줄의 닫는 중괄호는 반복제어블록의
끝을 나타내는 것이다. 따라서 102번째 줄로 이동하여야 한다. number에 저장된 값 6과
secondNumber에 저장된 값 5를 읽어 6이 5보다 작거나 같은지 관계식을 평가해야 한다.
거짓이다. 그러면 반복을 탈출해야 한다. 102번째 줄부터 123번째 줄까지 while 반복제어
블록을 건너뛰어 127번째 줄로 이동한다.

C코드

```
064 : void GetPrimeNumbers( ULong firstNumber, ULong secondNumber,
065 :     ULong *(*primeNumbers), ULong *count) {
    …
098 :     if( *count > 0) {
099 :         *primeNumbers = ( ULong (*))calloc(*count, sizeof(ULong));
100 :     }
101 :     number = firstNumber;
102 :     while ( number <= secondNumber &&*count > 0) {
        …
121 :         // 2.1. 수를 세다.
122 :         number++;
123 :     }
124 :
125 :     // 3. 소수들과 개수를 출력한다. (출력)
126 :     // 4. 끝낸다.
127 : }
```

127번째 줄에 적힌 닫는 중괄호는 GetPrimeNumbers 함수의 끝을 나타낸다. 즉, GetPrimeNumbers 함수가 끝난다는 것이다. GetPrimeNumbers 함수의 스택 세그먼트가 할당 해제된다.

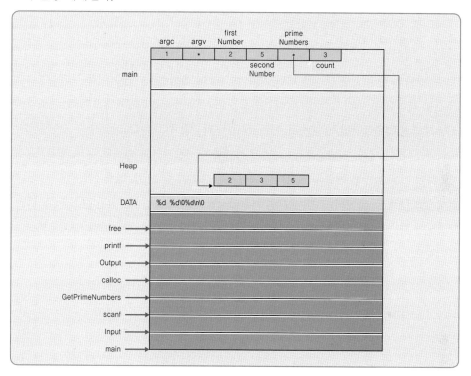

main 함수 스택 세그먼트만 할당된 상태이므로, 중앙처리장치에 의해서 읽히는 명령어와 데이터는 main 함수 코드 세그먼트와 main 함수 스택 세그먼트이다. 따라서 실행제어가 main 함수로 이동한다. 038번째 줄로 이동한다.

```
C코드   037 :    // 개수만큼 소수들을 출력한다.
        038 :    Output(primeNumbers, count);
```

Output 함수 호출 문장이다. Output 함수가 호출되면, Output 함수 스택 세그먼트가 할당되고, 함수 스택 세그먼트에 변수들의 개수만큼 기억장소가 할당되고, 매개변수는 함수 호출식에 적힌 값, 자동변수는 초기화되어 있으면, 초깃값으로 초기화되어 있지 않으면, 쓰레기가 저장된다.

main 함수 스택 세그먼트의 아래쪽에 일정한 크기의 사각형을 그린다. 그리고 왼쪽에 함수 이름 Output를 적는다. 함수 머리와 자동변수 선언문들을 보고, 변수들의 개수만큼 매개변수부터 시작하여 차례대로 작은 사각형을 그리고 사각형 바깥쪽에 적당한 위치에 변수 이름을 적는다.

```
C코드
135 : void Output(ULong (*primeNumbers), ULong count) {
136 :     // 반복제어변수 선언
137 :     ULong i = 0;
```

038번째 줄의 함수 호출 문장을 보면, 변수 이름들이 적혀 있다. 변수 이름은 변수에 저장된 값을 의미한다. 따라서 첫 번째 실인수로 primeNumbers이 적혀 있으므로 main 함수 스택 세그먼트에 할당된 변수 primeNumbers에 저장된 주소를 Output 함수 스택 세그먼트의 첫 번째 매개변수 primeNumbers에 복사하여 저장되므로 별표를 적고, 별표로부터 시작하여 힙에 할당된 배열을 가리키는 화살표를 그려야 한다. 두 번째 실인수로 count가 적혀 있으므로 main 함수 스택 세그먼트에 할당된 변수 count에 저장된 값 3을 복사하여 저장해야 하므로 두 번째 매개변수 count에는 3을 적어야 한다. 자동변수 i는 0으로 초기화되었으므로 0을 적으면 된다.

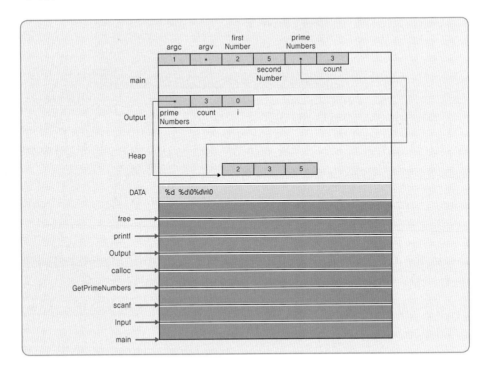

Output 함수 스택 세그먼트가 활성화되어 있으므로 Output 함수가 실행제어를 갖는다.

따라서 실행제어는 140번째 줄로 이동한다.

C코드

```
139:     // count 만큼 반복한다.
140:     while( i < count ){
141:         // i번째 배열요소에 저장된 값을 모니터에 출력한다.
142:         printf("%d\n", primeNumbers[i]);
143:         i++;
144:     }
```

while 반복문의 조건식이다. i에 저장된 값 0과 count에 저장된 값 3을 읽어 0이 3보다 작은지를 평가한다. 참이다. while 반복문은 진입 조건 반복 구조이므로 참일 때 반복한다. 따라서 142번째 줄로 이동한다.

printf 함수 호출 문장이다. Output 함수 스택 세그먼트 아래쪽에 printf 함수 스택 세그먼트가 할당된다. Output 함수 스택 세그먼트 아래쪽에 일정한 크기의 사각형을 그린다. 왼쪽에 함수 이름 printf를 적는다. 라이브러리 함수이므로 함수 스택 세그먼트를 정확히 그릴 수 없지만, 실인수로 적힌 값들은 저장해야 하므로 실인수가 두 개이므로 함수 스택 세그먼트에 두 개의 작은 사각형을 그린다. 함수 호출 문장으로 값을 적으면, 첫 번째 실인수가 문자열 리터럴이므로 별표를 적고, DATA 데이터 세그먼트에 문자열이 저장된 문자 배열의 첫 번째 문자를 가리키도록 화살표를 그린다. 두 번째 실인수는 첨자 연산자를 사용하는 식이므로 i에 저장된 값인 0을 참조하여 첫 번째 배열요소의 저장된 값 2를 읽어 복사하여 저장하므로 2를 적어야 한다.

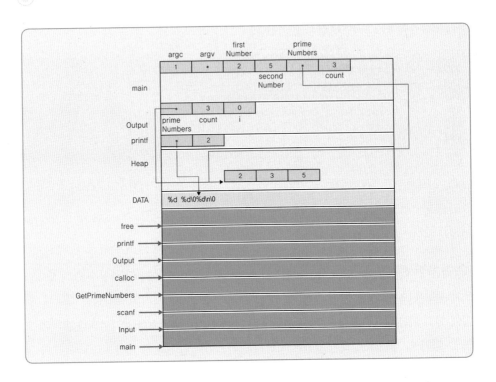

printf 함수에서 모니터에 2를 출력하고 끝나게 된다. 그러면 printf 함수 스택 세그먼트는 할당 해제된다. 다음은 143번째 줄로 이동한다.

반복 제어 변수 i의 변경식 문장이다. i에 저장된 값 0을 읽어 레지스터에 저장하고, 저장된 값 0에 1을 더하여 구한 값 1을 다시 i에 저장한다.

다음부터는 여러분이 직접 메모리 맵으로 디버깅해 보자.

● 여러분이 직접 메모리 맵으로 두 번째 소수를 출력할 때까지 디버깅해 보자.
● 여러분이 직접 메모리 맵으로 세 번째 소수를 출력할 때까지 디버깅해 보자.

세 번째 소수를 출력한 다음은 143번째 줄로 이동한다. 반복 제어 변수 i의 변경식 문장이다. i에 저장된 값 2를 읽어 레지스터에 저장하고, 저장된 값 2에 1을 더하여 구한 값 3을 다시 i에 저장한다.

C코드
```
139 :     // count 만큼 반복한다.
140 :     while( i < count ){
141 :         // i번째 배열요소에 저장된 값을 모니터에 출력한다.
142 :         printf("%d\n", primeNumbers[i]);
143 :         i++;
144 :     }
```

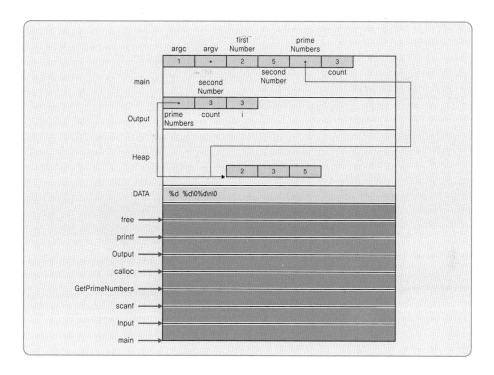

다음은 144번째 줄로 이동한다. while 반복문의 제어블록의 끝을 나타내는 닫는 중괄호이
다. 따라서 반복문은 조건식의 평가 결과에 따라 제어 흐름을 결정해야 하므로 조건식이
적힌 줄로 이동한다. 140번째 줄로 이동한다.

while 반복문의 조건식이다. i에 저장된 값 3과 count에 저장된 값 3을 읽어 3이 3보다 작
은지를 평가한다. 거짓이다. while 반복문은 진입 조건 반복 구조이므로 거짓일 때 반복하
지 않는다. 탈출한다. 따라서 145번째 줄로 이동한다.

C코드 | 145 : }

145번째 줄에 만나는 닫는 중괄호는 Output 함수 블록의 끝을 나타내는 것이므로 Output
함수 실행이 끝난다는 것이다. Output 함수 스택 세그먼트가 할당 해제된다. Output 함수
를 호출하여 모니터에 2, 3 그리고 5를 출력하게 된다.

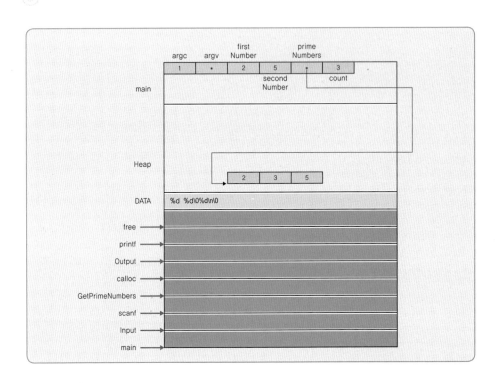

이제는 main 함수 스택 세그먼트만 활성화되어 있다. main 함수가 실행제어를 갖는다는 것이다. 041번째 줄로 이동한다.

```
040:    // 힙에 할당된 배열을 할당 해제한다.
041:    if( primeNumbers != NULL) {
042:        free(primeNumbers);
043:    }
044:
045:    return 0;
046: }
```

힙에 배열이 할당되었는지를 확인한 다음 042번째 줄로 이동한다. free 라이브러리 함수 호출 문장이다.

main 함수 스택 세그먼트 아래쪽에 free 함수 스택 세그먼트가 할당된다. main 함수 스택 세그먼트 아래쪽에 일정한 크기의 사각형을 그리고, 실인수가 한 개이므로 작은 사각형을 하나 그리고, primeNumbers 변수 이름이 적혀 있으므로 primeNumbers에 적힌 별표를 그대로 복사하여 옮겨 적고, 별표로부터 시작하여 힙에 할당된 배열을 가르키는 화살표를 그리도록 하자.

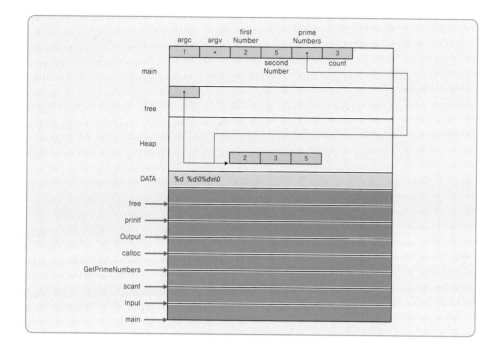

할당 해제할 힙의 주소를 참조하여 free 함수는 힙에 할당된 배열을 할당 해제한다. 그리고 free 함수는 끝나게 될 것이다.

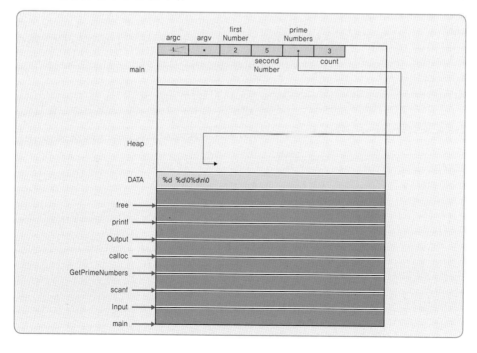

main 함수 스택 세그먼트에 할당된 primeNumbers에는 아직도 할당 해제된 힙 배열의 주소를 가지고 있다. 이러한 상태의 포인터 변수를 Dangling Pointer라고 한다.

다음은 043번째 줄로 이동한다. if 선택문의 제어블록의 끝을 나타내는 닫는 중괄호이다. if 선택문장이 끝난다. 다음은 045번째 줄로 이동한다. 0을 중앙 처리 장치의 레지스터에 저장한다. 그리고 046번째 줄로 이동한다. main 함수 블록의 끝을 나타내는 닫는 중괄호이다. main 함수의 끝을 나타낸다. main 함수 실행이 끝난다. main 함수 스택 세그먼트가 할당 해제된다. 그러면 정적으로 관리되는 DATA 데이터 세그먼트와 코드 세그먼트도 할당 해제된다. 프로그램이 끝나게 되는 것이다.

그렇지만, main 함수가 다음과 같이 작성되었다면, 어떻게 될까? 여기서는 주석으로 처리되도록 했다. 힙에 할당된 배열을 할당 해제하는 코드가 작성되지 않았다면, 어떻게 될까?

```
C코드
        #if 0
040 :        // 힙에 할당된 배열을 할당 해제한다.
041 :        if( primeNumbers != NULL) {
042 :                free(primeNumbers);
043 :        }
        #endif
044 :
045 :        return 0;
046 : }
```

Output 함수 호출 문장의 실행이 끝난 후 045번째 줄로 이동하게 된다. 중앙처리장치의 레지스터에 0을 복사하게 된다. 그리고 046번째 줄로 이동하게 된다. main 함수 블록의 끝을 나타내는 닫는 중괄호이다. main 함수 스택 세그먼트가 할당 해제된다.

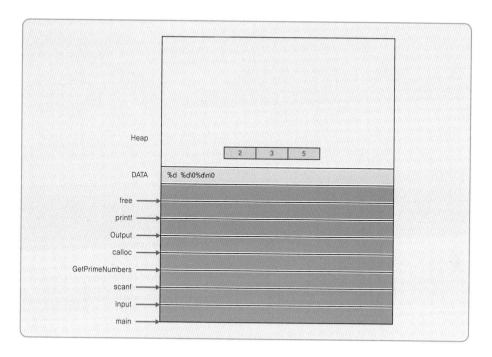

힙에 할당된 배열을 할당 해제되지 않았다. 힙에 할당된 배열이 할당 해제되지 않으면, 사용하고 있는 상태로 남게 된다. 그래서 다른 프로그램에서 사용될 수 없는 기억장소가 된다. 이러한 현상을 메모리 누수(Memory Leak)라고 한다. 이러한 현상이 빈번하게 발생하면 프로그램에서 사용할 수 있는 메모리가 적어지게 되어 컴퓨터 성능이 저하하는 현상이 발생한다. 따라서 힙을 이용한 프로그램을 작성하는 프로그래머는 반드시 힙에 할당된 기억장소를 할당 해제해야 하는 데 신경을 써야 한다.

여하튼 힙에 배열을 할당하여 기억장소의 낭비를 최소화할 수 있는 알고리듬과 프로그램을 작성해 보았다. 다시 말해서 공간 복잡도가 낮은 알고리듬과 프로그램을 작성했다.

어떠한 문제인가? 메모리 낭비를 없애기 위해서 소수의 개수
를 세고, 다시 소수를 배열에 저장하기 위해 반복을 두 번 했다
는 것이다. 다시 말해서 시간 복잡도가 높은 알고리듬과 프로
그램을 작성했다는 것이다.

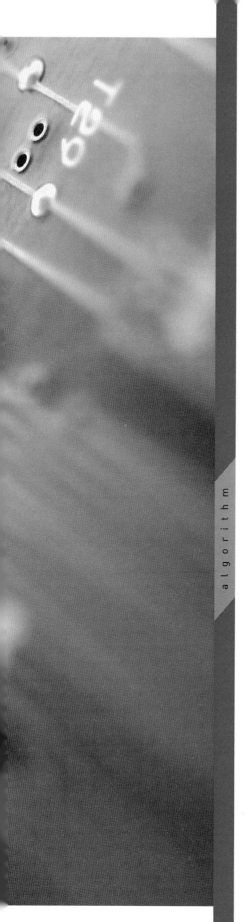

algorithm

시간 복잡도 문제

04

시간 복잡도 문제

앞에서 이미 언급했듯이 문제가 발생했다. 어떠한 문제인가? 메모리 낭비를 없애기 위해서 소수의 개수를 세고, 다시 소수를 배열에 저장하기 위해 반복을 두 번 했다는 것이다. 다시 말해서 시간 복잡도가 높은 알고리듬과 프로그램을 작성했다는 것이다.

힙에 할당하지만 입력받은 두 개의 수 사이 수들의 개수만큼 힙에 할당하는 프로그램과 소수의 개수를 세고 소수의 개수만큼 힙에 할당하는 프로그램 간의 소수를 구하는 연산 함수에 대해 걸리는 시간을 실제 측정해 보자.

알고리듬을 수행하는 시간을 측정하는 코드를 작성해 보자. 알고리듬을 수행하는 시간을 측정할 때 필요한 자동변수들을 선언하자. 시작 시각, 끝 시각을 저장할 변수와 걸린 시간을 저장할 변수를 선언하자.

C코드

```
// 알고리듬 수행 측정 관련 변수들
clock_t start;
clock_t finish;
double duration;
```

GetPrimeNumbers 함수 호출 문장 앞에 시작 시각을 측정하는 코드를 작성하고, GetPrimeNumbers 함수 호출 문장 호출 문장 뒤에 끝 시각을 측정하는 코드를 작성하자. 그리고 걸린 시간을 초 단위로 계산하자. 계산된 시간을 출력하자.

```
C코드    start = clock(); // 시작 시각을 측정한다.

        // 두 개의 수들 사이에 소수들을 구한다.
        GetPrimeNumbers(firstNumber, secondNumber,
                                    &primeNumbers, &count);

        finish = clock(); // 끝 시각을 측정한다.
        // 걸린 시간을 초 단위로 계산한다.
        duration = (double)(finish - start) / CLOCKS_PER_SEC;
        printf( "%2.1f seconds\n", duration );
```

알고리듬을 수행한 시간만을 출력하도록 Output 함수를 주석으로 처리하였다. 그래서 정
리된 코드는 다음과 같다.

```
C코드    // GetPrimeNumbers.c
        /* *************************************************************
        파일 이름 : GetPrimeNumbers.c
        기    능 : 두 개의 수들 사이에 있는 소수들을 구하다.
        작 성 자 : 김 석 현
        작성 일자 : 2012년 10월 18일
        *************************************************************/
        // 매크로
        #include <stdio.h> // scanf, printf 함수 원형
        #include <stdlib.h> // calloc, free 함수 원형
        #include <time.h>    // clock 함수 원형

        // type name 선언
        typedef unsigned long int ULong;

        // 함수 선언
        int main( int argc, char *argv[] );
        void Input( ULong *firstNumber, ULong *secondNumber );
        void GetPrimeNumbers( ULong firstNumber, ULong secondNumber,
            ULong *(*primeNumbers), ULong *count );
        void Output(ULong (*primeNumbers), ULong count );

        // 함수 정의
        int main(int argc, char *argv[]) {
            // 자동 변수 선언과 정의
            ULong firstNumber;
            ULong secondNumber;
            ULong (*primeNumbers);
            ULong count;

            // 알고리듬 수행 측정 관련 변수들
            clock_t start;
            clock_t finish;
            double  duration;
```

```
    // 첫 번째 수와 두 번째 수를 입력받는다.
    Input(&firstNumber, &secondNumber);

    start = clock(); // 시작 시각을 측정한다.

    // 두 개의 수들 사이에 소수들을 구한다.
    GetPrimeNumbers(firstNumber, secondNumber,
            &primeNumbers, &count);

    finish = clock(); // 끝 시각을 측정한다.
    duration = (double)(finish - start) / CLOCKS_PER_SEC;
    printf( "%2.2f seconds\n", duration );

    // 개수만큼 소수들을 출력한다.
    // Output(primeNumbers, count);

    // 힙에 할당된 배열을 할당 해제하다.
    if(primeNumbers != NULL) {
        free(primeNumbers);
    }

    return 0;
}

/* ***********************************************************************
함수 이름 : Input
기    능 : 키보드로 두 개의 수를 입력받는다.
입    력 : 없음
출    력 : 첫 번째 수, 두 번째 수
   *********************************************************************** */
void Input(ULong *firstNumber, ULong *secondNumber) {
    scanf("%d %d", firstNumber, secondNumber);
}

/* ***********************************************************************
함수 이름 : GetPrimeNumbers
기    능 : 두 수들 사이에 있는 소수들을 구한다.
입    력 : 첫 번째 수, 두 번째 수
출    력 : 소수들, 개수
   *********************************************************************** */
void GetPrimeNumbers( ULong firstNumber, ULong secondNumber,
        ULong *(*primeNumbers), ULong *count) {
    // 자동변수 선언, 정의 그리고 초기화
    ULong number;
    ULong factor;
    ULong remainder;
    ULong i = 0;

    *count = 0;

    // 1. 첫 번째 수와 두 번째 수를 입력받는다. (입력)
```

```
    *primeNumbers = ( ULong (*))
        calloc(secondNumber - firstNumber + 1, sizeof(ULong));

    // 2. 첫 번째 수부터 두 번째 수까지 반복한다. (제어 : 반복)
    number = firstNumber;
    while ( number <= secondNumber ) {
        // 2.2. 소수인지 확인한다. (제어 : 선택)
        factor = 2;
        remainder = number;
        while( remainder >= factor ) {
            remainder -= factor;
        }
        while( factor < number && remainder != 0 ) {
            factor++;
            remainder = number;
            while( remainder >= factor ) {
                remainder -= factor;
            }
        }
        if(number == factor ) {
            // 2.2.1. 수를 적다. (기억)
            (*primeNumbers)[i] = number;
            i++;
            // 2.2.2. 개수를 세다. (산술 ? 기억)
            (*count)++;
        }
        // 2.1. 수를 세다.
        number++;
    }
    // 3. 소수들과 개수를 출력한다. (출력)
    // 4. 끝낸다.
}


/* ************************************************************
함수 이름 : Output
기    능 : 개수만큼 소수들을 출력한다.
입    력 : 소수들, 개수
출    력 : 없음
************************************************************ */
void Output(ULong (*primeNumbers), ULong count) {
    // 반복제어변수 선언
    ULong i = 0;

    // count 만큼 반복한다.
    while( i < count ) {
        // i번째 배열요소에 저장된 값을 모니터에 출력한다.
        printf("%d\n", primeNumbers[i]);
        i++;
    }
}
```

작성된 코드를 입력하고, 컴파일, 링크한 후 실행시키자. 그리고 2와 50000을 입력하자. 약간 시간이 흐른 후 다음과 같은 결과를 볼 수 있을 것이다. 물론 컴퓨터 성능에 따라 걸린 시간은 차이가 있을 수 있다. 8.5초가 걸렸다.

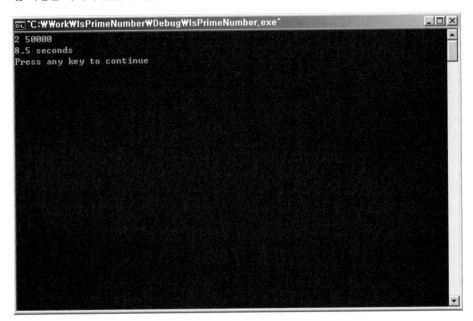

다음은 소수의 개수를 세고 소수의 개수만큼 배열을 할당하는 프로그램에서 알고리듬을 수행하는 시간을 측정해 보자. GetPrimeNumbers 연산 함수에서만 코드만 바꾸면 된다. 모듈화 프로그래밍의 절차의 추상화라 한다. 바뀌는 코드를 정리해 보자.

C코드

```
/* *********************************************************************
함수 이름 : GetPrimeNumbers
기    능 : 두 수들 사이에 있는 소수들을 구한다.
입    력 : 첫 번째 수, 두 번째 수
출    력 : 소수들, 개수
********************************************************************* */
void GetPrimeNumbers( ULong firstNumber, ULong secondNumber,
      ULong *(*primeNumbers), ULong *count) {
   // 자동변수 선언, 정의 그리고 초기화
   ULong number;
   ULong factor;
   ULong remainder;
   ULong i = 0;

   *count = 0;

   // 1. 첫 번째 수와 두 번째 수를 입력받는다. (입력)
   // 2. 첫 번째 수부터 두 번째 수까지 반복한다. (제어 : 반복)
```

```
    number = firstNumber;
    while ( number <= secondNumber ) {
        // 2.2. 소수인지 확인한다. (제어 : 선택)
        factor = 2;
        remainder = number;
        while( remainder >= factor ) {
            remainder -= factor;
        }
        while( factor < number && remainder != 0 ) {
            factor++;
            remainder = number;
            while( remainder >= factor ) {
                remainder -= factor;
            }
        }
        if(number == factor ) {
            // 2.2.2. 개수를 세다. (산술 ? 기억)
            (*count)++;
        }
        // 2.1. 수를 세다.
        number++;
    }
    if( *count > 0 ) {
        *primeNumbers = ( ULong (*))calloc(*count, sizeof(ULong));
    }
    number = firstNumber;
    while ( number <= secondNumber && *count > 0 ) {
        // 2.2. 소수인지 확인한다. (제어 : 선택)
        factor = 2;
        remainder = number;
        while( remainder >= factor ) {
            remainder -= factor;
        }
        while( factor < number && remainder != 0 ) {
            factor++;
            remainder = number;
            while( remainder >= factor ) {
                remainder -= factor;
            }
        }
        if(number == factor ) {
            // 2.2.1. 수를 적다. (기억)
            (*primeNumbers)[i] = number;
            i++;
        }
        // 2.1. 수를 세다.
        number++;
    }

    // 3. 소수들과 개수를 출력한다. (출력)
    // 4. 끝낸다.
}
```

입력받은 두 개의 수 사이 수들의 개수만큼 힙에 할당하는 프로그램에서 GetPrimeNumbers 코드만 위쪽의 코드로 바꾸고, 컴파일, 링크한 후 적재하여 실행시켜 보자. 그리고 2와 50000 을 입력해 보자. 실행 결과는 다음과 같다. 약 2배 정도의 수행 시간이 출력되었다. 메모리 낭비를 최소화하는 것을 목표로 하다 보니 수행 시간이 오래 걸리게 되었다.

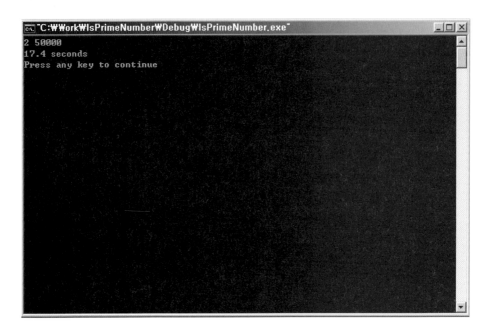

세상 사는 이치를 깨우쳐 주는 예이다. 세상에는 "공짜는 없다"는 것과 하나를 얻으면 하나를 잃는다는 것이다. 과욕을 부리지 말고, 여유를 갖고 세상을 즐기라는 것이다. 특히 돈에 눈멀지 말고, 일에 재미를 갖도록 해야 한다. 특히 소프트웨어 개발 분야에서 일하고자 하는 여러분은 명심해야 한다.

알고리듬을 평가하는 기준으로 정리하면, 공간 복잡도는 낮아졌지만, 시간 복잡도가 높아진 알고리듬과 프로그램을 작성한 것이다. 어떠한 것이 좋은 것이냐? 라고 질문하고 싶은 사람이 많을 줄 안다. 답은 알고리듬과 프로그램을 사용해야 하는 실행 환경에서 찾아야 할 것이다. 기억장소가 작고, 수행 시간이 그렇게 중요하지 않은 시스템일 때는 소수의 개수만큼 사용하는 알고리듬과 프로그램이 좋겠지만, 기억장소가 크고, 수행 시간이 중요하면 두 개의 수 사이 수들의 개수만큼 사용하는 알고리듬과 프로그램이 좋은 것이다.

이렇게 환경에 따라 해결책을 결정하는 것이 그렇게 쉬운 일이 아니다. 그렇지만 여러 가지의 해결책에서 최선의 해결책을 결정해야 하고, 결정된 해결책에 따라 시스템의 성능이 결정되는 데 시스템 성능이 저하된다면 그에 대해 책임을 져야 하므로 어렵다는 것이다. 그렇지만 결정된 해결책으로 최상의 성능을 내고 사용자가 감동한다면 그보다 좋을 수는 없을 것이다. 이러한 능력을 의사 결정 능력이라 한다. 지도자라면 반드시 갖추어야 하는 능력이다.

더욱더 중요한 것은 해결책에서 찾은 문제를 새로운 생각으로 다른 해결책을 찾고, 공간 복잡도도 낮고 시간 복잡도도 낮은 알고리듬과 프로그램을 만드는 작업을 해야 한다는 것이다. 그래서 개선된 해결책으로 시간 복잡도가 낮은 알고리듬과 프로그램을 만들어서 적용하는 시도도 해야 한다.

그러면 시간 복잡도를 낮추기 위한 작업을 해보자. 시간 복잡도를 낮출 수 있는 것이 무엇인지를 생각해 보아야 한다. 아마도 소수인지를 판별하기 위해 나머지를 구하는 반복구조일 것이다. 앞에서 검토나 디버깅으로 알 수 있듯이 나머지를 구하는 반복구조가 수가 커지면 커질수록 특히 소수인 수는 실행횟수가 많아진다는 것이다. 따라서 나머지를 구하는 방법을 바꾸어 보자. 나머지를 구하는 방법이 앞에서 나머지가 빼는 수보다 큰 동안 계속 빼서 구하는 방법만 있는 것이 아니라 산술식으로 구성되는 식으로 나머지를 구하도록 해 보자.

5를 2로 나눌 때 나머지를 구하는 방법을 정리해 보자. 5를 2로 나눌 때 몫을 구하면 2이다. 나머지는 5에서 몫 2와 나눈 수 2를 곱하여 구한 값 4를 빼면 구해지는 값 1이다. 따라서 나머지는 구하는 식은 다음과 같이 정리된다.

> 나머지 = 나누어지는 수 5 – 몫 * 나누는 수 2
>
> 나머지 = 나누어지는 수 5 – 나누어지는 수 5 / 나누는 수 2 * 나누는 수 2

빼는 수를 먼저 구하라는 표현하고자 한다면 다음과 같이 정리하면 된다.

> 나머지 = 나누어지는 수 5 – (나누어지는 수 5 / 나누는 수 2 * 나누는 수 2)

나머지를 구하는 방법이 달라지므로 설계를 변경하면 되므로 나씨–슈나이더만 다이어그램으로 알고리듬을 정리해 보자.

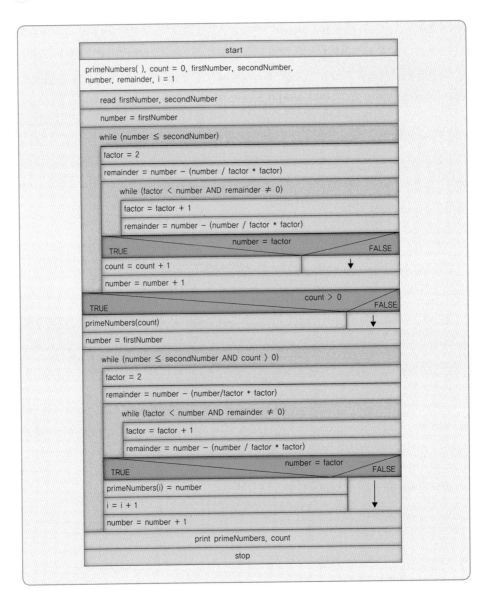

```
                              start
primeNumbers( ), count = 0, firstNumber, secondNumber,
number, remainder, i = 1
    read firstNumber, secondNumber
    number = firstNumber
    while (number ≤ secondNumber)
        factor = 2
        remainder = number − (number / factor * factor)
            while (factor < number AND remainder ≠ 0)
                factor = factor + 1
                remainder = number − (number / factor * factor)
                              number = factor
        TRUE                                          FALSE
        count = count + 1                        ↓
        number = number + 1
                                        count > 0
    TRUE                                          FALSE
    primeNumbers(count)                      ↓
    number = firstNumber
    while (number ≤ secondNumber AND count > 0)
        factor = 2
        remainder = number − (number/factor * factor)
            while (factor < number AND remainder ≠ 0)
                factor = factor + 1
                remainder = number − (number / factor * factor)
                              number = factor        FALSE
        TRUE
        primeNumbers(i) = number                     ↓
        i = i + 1
        number = number + 1
                    print primeNumbers, count
                              stop
```

변경된 알고리듬을 C언어로 구현하면 나머지를 구하는 while 반복문을 지우고, 순차 구
조 기호이므로 적힌 내용을 그대로 옮겨 적고 줄의 끝에 세미콜론을 적어 문장으로 처리되
도록 하면 된다. GetPrimeNumbers 함수에서만 코드가 바뀌므로 GetPrimeNumbers 함
수 코드만 정리하겠다.

```
/* *********************************************************************
함수 이름 : GetPrimeNumbers
기     능 : 두 수들 사이에 있는 소수들을 구한다.
입     력 : 첫 번째 수, 두 번째 수
출     력 : 소수들, 개수
********************************************************************* */
void GetPrimeNumbers( ULong firstNumber, ULong secondNumber,
        ULong *(*primeNumbers), ULong *count) {
    // 자동변수 선언, 정의 그리고 초기화
    ULong number;
    ULong factor;
    ULong remainder;
    ULong i = 0;

    *count = 0;

    // 1. 첫 번째 수와 두 번째 수를 입력받는다. (입력)
    // 2. 첫 번째 수부터 두 번째 수까지 반복한다. (제어 : 반복)
    number = firstNumber;
    while ( number <= secondNumber ) {
        // 2.2. 소수인지 확인한다. (제어 : 선택)
        factor = 2;
        remainder = number - (number / factor * factor);
        while( factor < number && remainder != 0) {
            factor++;
            remainder = number - (number / factor * factor);
        }
        if(number == factor ) {
            // 2.2.2. 개수를 세다. (산술 ? 기억)
            (*count)++;
        }
        // 2.1. 수를 세다.
        number++;
    }
    if( *count > 0) {
        *primeNumbers = ( ULong (*))calloc(*count, sizeof(ULong));
    }
    number = firstNumber;
    while ( number <= secondNumber && *count > 0) {
        // 2.2. 소수인지 확인한다. (제어 : 선택)
        factor = 2;
        remainder = number - (number / factor * factor);
        while( factor < number && remainder != 0) {
            factor++;
            remainder = number - (number/ factor * factor);
        }
        if(number == factor ) {
            // 2.2.1. 수를 적다. (기억)
            (*primeNumbers)[i] = number;
            i++;
        }
```

```
        // 2.1. 수를 세다.
        number++;
    }

    // 3. 소수들과 개수를 출력한다. (출력)
    // 4. 끝낸다.
}
```

컴퓨터에 입력된 코드에서 GetPrimeNumbers 함수 코드만 바꾸고, 컴파일, 링크한 후 실행시키자. 그리고 2와 50000을 입력하자. 그러면 다음과 같은 결과를 볼 수 있다.

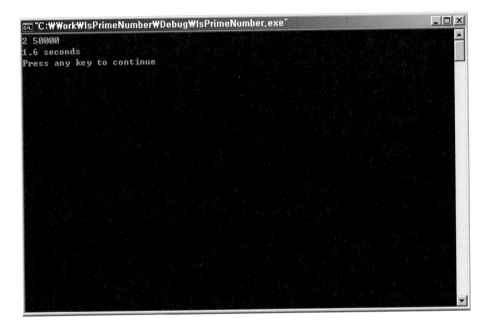

결과가 놀랍지 않은가? 엄청나게 수행 시간을 줄었지 않은가? 우리가 해야 하는 일은 이러한 것이다. 그러면 여기에서 그만둘 것인가. 수행 시간을 줄일 방안은 또 없는지 생각에 생각을 더해야 한다.

이번에는 C언어가 제공하는 나머지를 구하는 연산자 % 를 이용하는 식으로 고쳐 보자. GetPrimeNumbers 함수에서만 코드가 바뀌므로 GetPrimeNumbers 함수 코드만 정리하겠다.

```
/* ******************************************************************
   함수 이름 : GetPrimeNumbers
   기    능 : 두 수들 사이에 있는 소수들을 구한다.
   입    력 : 첫 번째 수, 두 번째 수
   출    력 : 소수들, 개수
   ****************************************************************** */
void GetPrimeNumbers( ULong firstNumber, ULong secondNumber,
        ULong *(*primeNumbers), ULong *count) {
    // 자동변수 선언, 정의 그리고 초기화
    ULong number;
    ULong factor;
    ULong remainder;
    ULong i = 0;

    *count = 0;

    // 1. 첫 번째 수와 두 번째 수를 입력받는다. (입력)
    // 2. 첫 번째 수부터 두 번째 수까지 반복한다. (제어 : 반복)
    number = firstNumber;
    while ( number <= secondNumber ) {
        // 2.2. 소수인지 확인한다. (제어 : 선택)
        factor = 2;
        remainder = number % factor;
        while( factor < number && remainder != 0) {
            factor++;
            remainder = number % factor;
        }
        if(number == factor ) {
            // 2.2.2. 개수를 세다. (산술 ? 기억)
            (*count)++;
        }
        // 2.1. 수를 세다.
        number++;
    }
    if( *count > 0) {
        *primeNumbers = ( ULong (*))calloc(*count, sizeof(ULong));
    }
    number = firstNumber;
    while ( number <= secondNumber &&*count > 0) {
        // 2.2. 소수인지 확인한다. (제어 : 선택)
        factor = 2;
        remainder = number % factor;
        while( factor < number && remainder != 0) {
            factor++;
            remainder = number % factor;
        }
        if(number == factor ) {
            // 2.2.1. 수를 적다. (기억)
            (*primeNumbers)[i] = number;
            i++;
        }
```

```
        // 2.1. 수를 세다.
        number++;
    }

    // 3. 소수들과 개수를 출력한다. (출력)
    // 4. 끝낸다.
}
```

컴퓨터에 입력된 소수들을 구하는 코드에서 GetPrimeNumbers만 위쪽 코드로 바꾸고, 컴파일, 링크한 후 실행시켜 보자. 그리고 2와 50000을 입력하자.

결과를 보자. 0.2초를 또 줄였다. 시간 복잡도를 더욱더 낮추고자 한다면, 이제는 제기된 모델을 참고하여 다른 해결 모델을 생각해 보아야 할 것이다. 그러기 위해서는 창의적인 사고력이 필요하게 된다. 창의적인 사고력은 반복적인 학습으로 향상할 수 있다. 여러분에게 도전으로 남기도록 하겠다. 도전해 보자.

Note

앞 권에서 이미 설명했듯이 디스크 파일은 많은 데이터를 입력받을 때 사용한다. 특히, 입력되는 데이터의 개수를 모를 때 사용한다. 힙을 이용하여 디스크 파일로부터 입력되고, 디스크 파일로 출력하는 성적 처리 문제를 풀어 보자.

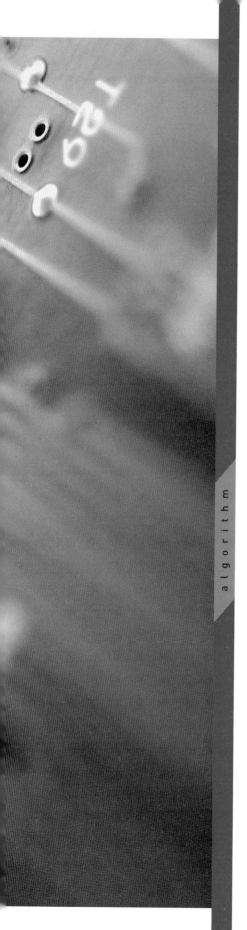

디스크 파일로 많은 데이터를 입력할 때 힙을 이용한 문제 풀이

1 시스템 다이어그램 작도

2 Load 모듈 설계

   2.1. 자료명세서

   2.2. 처리 과정

   2.3. 나씨-슈나이더만 다이어그램

   2.4. 검토

3 Evaluate 모듈 설계

   3.1. 모듈 기술서

   3.2. 나씨-슈나이더만 다이어그램

4 Save 모듈 설계

5 구현

6 디버깅

05

디스크 파일로 많은 데이터를
입력할 때 힙을 이용한 문제 풀이

|CHAPTER|

앞 권에서 이미 설명했듯이 디스크 파일은 많은 데이터를 입력받을 때 사용한다. 특히, 입력되는 데이터의 개수를 모를 때 사용한다. 힙을 이용하여 디스크 파일로부터 입력되고, 디스크 파일로 출력하는 성적 처리 문제를 풀어 보자.

문제

여러 명의 학생의 성명, 국어점수, 영어점수, 수학점수가 입력될 때, 평균을 구하고, 평균이 90점 이상이면, "EXCELLENT", 60점 미만이면 "FAIL"이라는 메시지를 입력 데이터와 함께 출력하고, 각 과목의 평균도 구하여 출력하는 프로그램을 작성하라.

[입력]
여러 명의 학생의 성명과 국어 점수, 영어 점수, 수학 점수가 디스크 파일로 입력된다.

[출력]
입력받았던 데이터들과 함께 평균, 평가 그리고 국어 평균, 영어 평균, 수학 평균들을 디스크 파일로 출력한다.

[입력]

홍길동 100 100 100 (Enter ↵)

고길동 50 50 50 (Enter ↵)

최길동 70 80 60 (Enter ↵)

정길동 50 40 44 (Enter ↵)

김길동 80 90 50 (Enter ↵)

[출력]

성명	국어	영어	수학	총점	평균	평가
홍길동	100	100	100	300	100.0	EXCELLENT
고길동	50	50	50	150	50.0	FAIL
최길동	70	80	60	210	70.0	
정길동	50	40	44	134	44.7	FAIL
김길동	80	90	50	220	73.3	

국어평균 : 70.0

영어평균 : 72.0

수학평균 : 60.8

앞 권을 복습한다는 마음으로 다음 절차에 맞게 여러분이 해보자. 바뀌는 부분만 집중하여 설명하도록 하겠다.

- 여러분이 직접 모델 구축을 해보자.
- 여러분이 직접 레코드를 설계해보자.
- 여러분이 직접 배경도를 작도해 보자.

1 시스템 다이어그램 작도

디스크 파일에 저장된 데이터를 읽어 주기억장치로 복사하여 많은 데이터를 입력하는 기능을 Load 모듈로 작도하고, Evaluate 연산 모듈로 처리되어 주기억장치에 저장된 데이터들을 디스크 파일로 출력하는 기능을 Save 모듈로 작도하자.

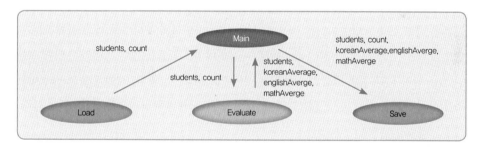

모듈 간의 관계는 입력 데이터와 출력 데이터들로 나타내면 된다. Load 모듈에서는 디스크 파일로 입력된 데이터들을 출력하고, Main 모듈에서는 입력 데이터들이어야 한다. 그래서 Load 모듈에서 Main 모듈로 화살표를 그리고, 출력 데이터 이름을 적는다. 앞 권에서는 다섯 명이었지만, 이제는 몇 명인지 모르지만 여러 명의 학생의 성명, 국어점수, 영어점수, 수학점수가 출력되어야 하므로 학생 배열 이름 students를 적고, 또한 입력된 데이터의 개수, 다시 말해서 학생 명수 count도 적어야 한다.

Evaluate 모듈은 Load 모듈로부터 입력받은 여러 명의 학생의 성명, 국어점수, 영어점수, 수학점수로 총점, 평균, 평가를 구하고, 국어평균, 영어평균 수학평균을 구하여 출력해야 한다. 그래서 Main 모듈로부터 Evaluate 모듈로 향하는 화살표를 그리고, 학생 배열 이름 students와 학생 명수 count를 적고, Evaluate 모듈로부터 Main 모듈로 향하는 화살표를 그리고, 학생 배열 이름 students, koreanAverage, englishAverage, mathAverage를 적어야 한다.

Save 모듈은 Evaluate 모듈로 처리된 데이터들을 디스크 파일에 출력해야 한다. 프로그램으로 처리된 결과가 정확하다는 것을 보증해야 한다. 이러한 개념을 무결성(Integrity)이라 한다. 그래서 보고서 형식으로 디스크 파일에 출력해야 하므로 입력된 데이터들도 같이 디스크 파일에 출력해야 한다. Load 모듈로부터 입력된 데이터들과 Evaluate 모듈로부터 처리된 데이터들은 Save 모듈의 입력데이터들이어야 한다.

Main 모듈로부터 Output 모듈로 향하는 화살표를 그리고, 학생 배열 이름 students와 학생 명수 count, koreanAverage, englishAverage, mathAverage를 적어야 한다.

2 Load 모듈 설계

대부분 입력 모듈은 알고리듬을 적용하지 않는다. 화면설계나 디스크 파일 설계라는 개념으로 절차만 정리하지만, 디스크 파일을 이용하여 데이터들을 많이 입력하는 입력 모듈일 때는 단지 외부 입력 기능만 사용되는 것이 아니라 기억, 출력, 제어 기능도 사용하므로 연산모듈처럼 알고리듬을 적용한다. 따라서 Load 모듈의 알고리듬을 설계하도록 하자.

텍스트 파일로부터 데이터들을 입력하는 Load 모듈을 설계해 보자. 알고리듬을 작성해 보자. 먼저, 정확하게 Load 모듈을 이해해야 한다. 먼저 디스크 파일에 있는 학생 명수를 세고, 학생 명수만큼 줄을 갖는 표를 만들고, 표의 한 줄에 학생 한 명의 성명, 국어 점수, 영어점수, 수학점수를 적어야 한다. Load 모듈이 실행된 후 결과를 정리하면 다음과 같다.

번호	성명	국어점수	영어점수	수학점수	총점	평균	평가
1	홍길동	100	100	100			
2	고길동	50	50	50			
3	최길동	70	80	60			
4	정길동	50	40	44			
5	김길동	80	90	50			
	총점						
	평균						

2.1. 자료명세서

자료명세서를 작성하자. 시스템 다이어그램에서 Load 모듈에서 출력되는 students와 count
가 있다. students는 배열이다. 배열이면 배열요소의 자료형도 정해야 한다. 배열요소의 자
료형은 학생 Student 레코드이다. 따라서 students는 학생 배열이다. 자료 구조도를 작도
했다면, 자료명세서에 학생 레코드 자료형을 따로 기술할 필요가 없다. 자료 구조도를 작
도하지 않고, 학생 레코드 자료형을 사용해야 한다면, 먼저 학생 레코드 자료형을 기술하
자. 학생 배열인 학생들 students를 정리하자. 영문 배열 이름은 소문자로 시작하여 모두
소문자로 적고, 단어와 음절을 구분할 때만 대문자를 적는데, 반드시 복수형이어야 한다.
students라고 적어야 한다. 다음은 학생 명수를 count로 정리하자.

자료 명세서

번호	명칭		자료유형	구분	비고
	한글	영문			
	학생	Student	학생		레코드 자료형
	성명	name	문자열		필드
	국어점수	koreanScore	정수		필드
	영어점수	englishScore	정수		필드
	수학점수	mathScore	정수		필드
	총점	sum	정수		필드
	평균	average	실수		필드
	평가	grade	문자열		필드
1	학생들	students	학생 배열	출력	
2	학생 명수	count	정수	출력	
3					
4					
5					

2.2. 처리 과정

처리 과정을 작성해 보자. 먼저, 순차 구조만으로 작성하자. 성명, 국어점수, 영어점수 그
리고 수학점수를 읽어, 학생 명수를 센다. 학생 명수만큼 표 다시 말해서 학생 배열을 만든
다. 그리고 성명, 국어점수, 영어점수 그리고 수학점수를 읽어 학생 배열에 차례대로 적는
다. 그리고 학생 배열과 학생 명수를 출력하고 끝낸다.

1. 성명, 국어점수, 영어점수 그리고 수학점수를 입력받는다.
2. 학생 명수를 센다.
3. 학생 배열을 만든다.
4. 성명, 국어점수, 영어점수 그리고 수학점수를 입력받는다.
5. 학생들에 적는다.
6. 학생들과 학생 명수를 출력한다.
7. 끝낸다.

문제에서 제시한 조건으로 한다면, 여러 번 데이터를 읽고, 학생 명수도 세고, 학생 배열에 적어야 한다. 따라서 반복구조를 추가해야 한다. 처리단계 1, 2, 4, 5가 반복해야 한다. 처리 단계 3은 반복하지 않으므로 한 개의 반복구조로 처리할 수 없다. 처리 단계 1, 2를 반복하는 반복구조와 처리 단계 4, 5를 반복하는 반복구조가 필요하다. 반복 구조를 두 개 만들어야 한다.

대부분 디스크 파일은 많은 데이터를 입력해야 하고, 데이터가 몇 개인지 명확하지 않을 때 사용한다. 디스크 파일에 데이터가 몇 개 들어 있는지를 알 필요가 없다. 왜냐하면, 디스크 파일 자체가 구조를 갖기 때문이다. 디스크 파일의 시작을 나타내는 표시와 디스크 파일의 끝을 나타내는 표시가 있다. 디스크 파일의 시작은 BOF(Begin Of File), 디스크 파일의 끝은 EOF(End Of File)로 표시하고 있다. 그래서 EOF를 사용하여 반복구조를 나타낸다.

EOF를 이용하여 반복구조를 나타내는 처리단계를 작성하면 된다. 선 검사 반복구조에 맞게 작성하면 "파일의 끝(EOF)이 아닌 동안 반복한다."라고 작성하면 된다.

처리단계 1번 앞에 "1. 파일의 끝이 아닌 동안 반복한다." 처리단계를 적어야 한다. 그리고 처리단계 1, 2는 들여 쓰고, 번호가 다시 매겨져야 한다. 하위 처리단계이므로 상위 처리단계의 번호 1을 앞에 적고, 구두점을 적고 다시 1번부터 매기도록 하자.

1. 파일의 끝이 아닌 동안 반복한다.
   1.1. 성명, 국어점수, 영어점수 그리고 수학점수를 입력받는다.
   1.2. 학생 명수를 센다.
3. 학생 배열을 만든다.
4. 성명, 국어점수, 영어점수 그리고 수학점수를 입력받는다.
5. 학생들에 적는다.
6. 학생들과 학생 명수를 출력한다.
7. 끝낸다.

처리 단계 3은 첫 번째 반복 구조가 끝난 후 처리되어야 하므로 처리 번호를 2로 바꾸어야 한다. 그리고 처리 단계 4, 5를 반복하도록 해야 하므로 처리 단계 4번 앞에 "3. 파일의 끝이 아닌 동안 반복한다."처리단계를 적어야 한다. 그리고 처리단계 4, 5는 들여 쓰고, 번호가 다시 매겨져야 한다. 하위 처리단계이므로 상위 처리단계의 번호 3을 앞에 적고, 구두점을 적고 다시 1번부터 매기도록 하자.

처리 과정
1. 파일의 끝이 아닌 동안 반복한다.
1.1. 성명, 국어점수, 영어점수 그리고 수학점수를 입력받는다.
1.2. 학생 명수를 센다.
2. 학생 배열을 만든다.
3. 파일의 끝이 아닌 동안 반복한다.
3.1. 성명, 국어점수, 영어점수 그리고 수학점수를 입력받는다.
3.2. 학생들에 적는다.
6. 학생들과 학생 명수를 출력한다.
7. 끝낸다.

다음은 처리단계 6, 7도 번호가 다시 매겨져야 한다. 앞처리 단계의 번호가 3이므로 차례로 4, 5로 번호가 매겨진다. 다음과 같이 처리 과정이 작성되어야 한다.

처리 과정
1. 파일의 끝이 아닌 동안 반복한다.
1.1. 성명, 국어점수, 영어점수 그리고 수학점수를 입력받는다.
1.2. 학생 명수를 센다.
2. 학생 배열을 만든다.
3. 파일의 끝이 아닌 동안 반복한다.
3.1. 성명, 국어점수, 영어점수 그리고 수학점수를 입력받는다.
3.2. 학생들에 적는다.
4. 학생들과 학생 명수를 출력한다.
5. 끝낸다.

처리 과정이 작성되었다. 그러면, 다시 자료명세서를 정리하자. 처리단계 1.1에서 목적어들인 성명, 국어점수, 영어점수 그리고 수학점수를 자료명세서에 입력으로 구분하여 정리하자. 외부 입력은 필드 단위로 처리되어야 한다. 그렇지만, 기억 기능에서는 레코드 단위로 처리하는 것이 효율적이므로 성명, 국어점수, 영어점수 그리고 수학점수로 정리하지 않고, 학생 레코드 개념으로 처리하자. 데이터 이름은 학생 student, 자료형은 학생 Student, 구분은 입력으로 정리하자.

자료 명세서					
번호	명칭		자료유형	구분	비고
	한글	영문			
	학생	Student	학생		레코드 자료형

자료 명세서

번호	명칭 (한글)	명칭 (영문)	자료유형	구분	비고
	성명	name	문자열		필드
	국어점수	koreanScore	정수		필드
	영어점수	englishScore	정수		필드
	수학점수	mathScore	정수		필드
	총점	sum	정수		필드
	평균	average	실수		필드
	평가	grade	문자열		필드
1	학생들	students	학생 배열	출력	
2	학생 명수	count	정수	출력	
3	학생	student	학생	입력	
4					

모듈기술서로 정리해 보자.

모듈 기술서

명칭	한글	적재하다
	영문	Load
기능		여러 명의 학생의 성명, 국어점수, 영어점수 그리고 수학점수가 디스크 파일로부터 입력받아 출력한다.
입·출력	입력	
	출력	학생들, 학생 명수
관련 모듈		

자료 명세서

번호	명칭 (한글)	명칭 (영문)	자료유형	구분	비고
	학생	Student	학생		레코드 자료형
	성명	name	문자열		필드
	국어점수	koreanScore	정수		필드
	영어점수	englishScore	정수		필드
	수학점수	mathScore	정수		필드
	총점	sum	정수		필드
	평균	average	실수		필드
	평가	grade	문자열		필드
1	학생들	students	학생 배열	출력	
2	학생 명수	count	정수	출력	
3	학생	student	학생	입력	
4					

처리 과정

1. 파일의 끝이 아닌 동안 반복한다.
  1.1. 성명, 국어점수, 영어점수 그리고 수학점수를 입력받는다.
  1.2. 학생 명수를 세다.
2. 학생 배열을 만든다.
3. 파일의 끝이 아닌 동안 반복한다.
  3.1. 성명, 국어점수, 영어점수 그리고 수학점수를 입력받는다.
  3.2. 학생들에 적는다.
4. 학생들과 학생 명수를 출력한다.
5. 끝내다.

다음은 모듈 기술서를 참고하여 나씨-슈나이더만 다이어그램을 작도해 보자.

2.3. 나씨-슈나이더만 다이어그램

"5. 끝내다." 처리단계를 작도해 보자. 알고리듬이 성립되기 위한 조건인 유한성을 나타내는 것이다. 시작과 끝을 나타내야 한다. 순차 구조 기호를 맨 위쪽과 맨 아래쪽에 작도한다. 그리고 맨 위쪽 순차 구조 기호에는 start를 적고, 맨 아래쪽 순차 구조 기호에는 stop을 적는다.

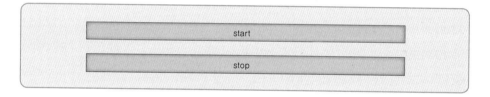

다음은 모듈 기술서의 자료명세서에 정리된 데이터들을 변수, 배열로 선언해야 한다. start가 적힌 맨 위쪽 순차 구조 기호 바로 아래쪽에 순차 구조 기호를 작도한다. 크기는 start가 적힌 순차 구조 기호와 같게 작도한다. 자료명세서에 정리된 변수, 배열을 쉼표로 구분하여 적는다. 배열은 변수와 구분하기 위해서 반드시 이름 뒤에 소괄호를 여닫아야 한다. 그리고 소괄호에는 배열 크기, 나시 말해서 배열요소의 개수를 적어야 한다. 그렇지만, 힙에 할당되는 배열은 배열 크기를 정하지 않아도 되므로 배열 크기를 적지 않는다.

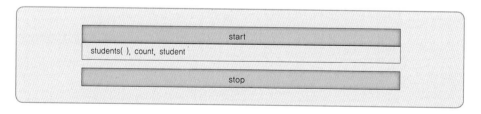

다시, 처리 과정에 정리된 처리 단계마다 나씨-슈나이더만 다이어그램을 작도하자. "1. 파

일의 끝이 아닌 동안 반복한다." 처리단계를 작도해 보자. 선 검사 반복 구조이다. 변수나 배열을 선언하는 순차 구조 기호 바로 아래쪽에 「 자형 반복 구조 기호를 작도한다. 반복 횟수를 모르므로 while 반복 구조로 작성해야 한다. while 키워드를 적고, 조건식을 적어야 하므로 소괄호를 여닫아야 한다. 소괄호에는 논리 부정 연산자 NOT과 파일의 끝을 의미하는 값인 EOF를 사용하여 논리식을 작성하자.

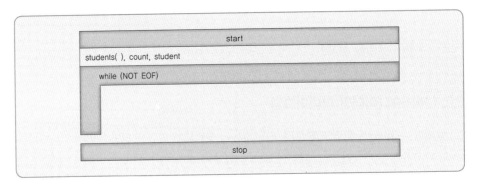

"1.1. 성명, 국어점수, 영어점수 그리고 수학점수를 입력받는다." 처리단계를 작도해 보자. 컴퓨터 기본 기능으로 보면, 입력이다. 따라서 "1.1" 처리번호에서도 알 수 있듯이 반복하는 내용이므로 반복 구조 기호에 맞게 순차 구조 기호를 작도한다. 순차 구조 기호에 먼저 read를 적고, 한 칸 띄우고 입력한 데이터를 저장할 변수를 적는다. 입력되는 데이터가 여러 개이면, 쉼표로 구분하여 변수를 적으면 된다. 디스크 파일로부터 입력처럼 외부 입력이면 필드 단위로 처리되므로, 레코드형 변수이면, 구두점 연산자로 필드를 적으면 된다. student는 레코드형 변수이다. 따라서 구두점 연산자를 사용하여 student.name, student.koreanScore처럼 적어야 한다.

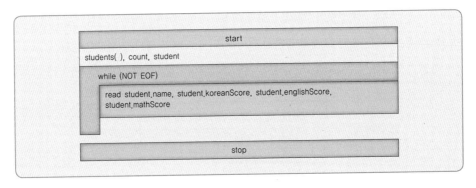

여기서 생각해 봐야 하는 문제가 있다. 어떠한 문제일까? 작도된 것을 보고 생각해 보자.

파일의 끝인지를 확인하기 위해서는 어떻게 해야 할까? 디스크 파일로부터 데이터를 읽어 보아야 알 수 있다. 그런데 작도된 것을 보면, 파일의 끝인지를 검사한 다음에 데이터를 읽고 있다. 논리에 맞지 않는다. 따라서 논리에 맞게 한다면, 파일의 끝인지 검사하는 조건식 앞에 데이터를 읽는 표현이 있어야 한다는 것이다. 입력하는 순차 구조 기호가 반복 구조 기호 앞으로 이동되어야 한다는 것이다. 그렇게 되어야 데이터를 읽고, 데이터가 읽히지 않으면, 파일의 끝인지를 확인할 수 있다는 것이다.

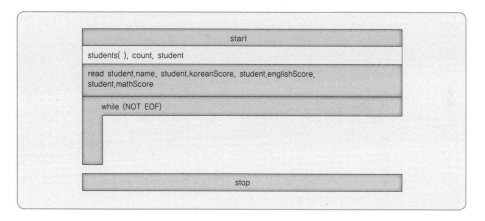

이렇게 하더라도 문제가 있다. 어떠한 문제일까? 작도된 것을 보고 생각해 보자. 반복 구조에서 데이터를 읽지 않는다. 따라서 파일의 끝인지를 확인할 수 없다. 파일의 끝을 확인하기 위해서는 반복 구조에서 데이터를 읽어야 한다. 따라서 데이터를 입력하는 순차 구조 기호가 반복 구조 기호의 크기에 맞게 작도되어야 한다. 어디에 작도되어야 할까? 이것은 표준 반복 구조에 따르면 반복 구조 기호에서 마지막 처리가 되어야 한다. 반복 구조에 사용되는 식은 세 개이고, 순서는 반드시 초기식, 조건식 그리고 변경식이어야 한다는 것과 변경식은 반드시 반복구조에서 마지막 처리이어야 한다는 것을 여러분은 일고 있다. 표준 반복구조에 맞아야 한다는 것이다. 조건식 앞에 작도된 데이터를 입력하는 순차 구조 기호는 초기식, 반복 구조 기호에 적힌 조건식, 반복 구조 기호의 크기에 맞게 작도된 데이터를 입력하는 순차 구조 기호가 변경식이어야 한다. 그리고 논리적으로 보면, 읽고 바로 파일의 끝인지를 확인해야 하기 때문이다.

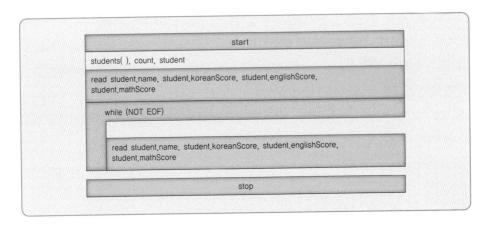

"1.2. 학생 명수를 세다." 처리단계를 작도해 보자. 한 명씩 세는 것이다. 처리단계의 이름 으로 보나 해야 하는 처리로 보나 컴퓨터 기본 기능은 산술 연산과 기억이다. 산술 연산과 기억 기능은 전형적인 순차 구조이다.

순차 구조 기호를 반복 구조 기호의 크기에 맞게 작도한다. 순차 구조 기호에는 1씩 증가하 도록 누적으로 count의 값을 변경하는 식을 적는다.

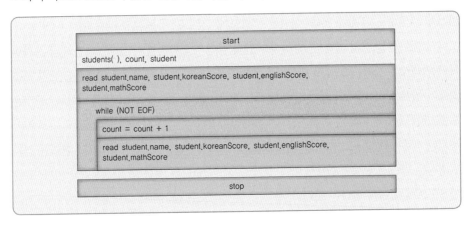

count는 초기화되어야 한다. 누적에 사용되는 변수는 반드시 초기화해야 한다. 초깃값은 0이어야 한다. 초깃값을 구하는 방법은 여러 번 했으므로 잘 이해하고 있을 것이라 생각 한다. 첫 번째로 구해지는 count의 값은 1이다. 따라서 다음과 같이 식이 작성될 것이다.

1 = count + 1

이 식을 정리하면 count의 값은 0이다. 0이 초깃값이다.

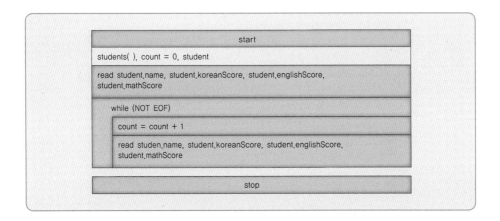

처리 단계 1을 반복 구조로 작도했다. 다음은 "2. 학생 배열을 만든다." 처리단계를 작도해
보자. 위에서 반복 구조로 센 학생 명수만큼 힙에 배열을 할당하는 것이다. 기억 기능이므
로 전형적인 순차 구조이다. while 반복 구조 기호 아래쪽에 순차 구조 기호를 그리고, 순
차 구조 기호에 배열 이름을 적고, 소괄호를 여닫고 소괄호에 배열 크기를 적으면 된다. 배
열 크기는 학생 명수 count이다. 따라서 소괄호에 count를 적으면 된다.

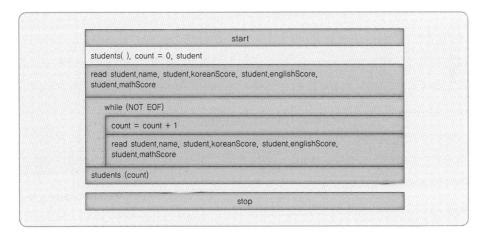

그런데, 문제가 있다. 어떠한 것일까? 디스크 파일에 데이터가 하나도 없을 때이다. 그러
면, count가 0일 것이다. 놀리는 것도 아니고, 컴퓨터에게 0개를 할당해라고 하면, 문제가
있는 것이다. 따라서 선택구조로 count가 0개보다 크면 할당하도록 명령을 내려야 한다.
선택 구조 기호를 그리고, count가 0보다 큰지 관계식을 적자. 그리고 TRUE가 적힌 삼각
형 아래쪽에 할당하는 순차 구조 기호를 그리고, FALSE가 적힌 삼각형 아래쪽에는 처리
할 것이 없으므로 아래쪽으로 향하는 화살표를 그리다.

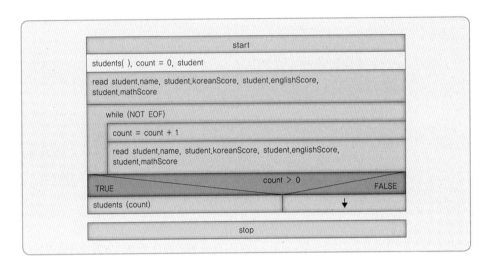

이제 다시 디스크 파일의 처음부터 끝까지 데이터를 읽어 힙에 할당한 배열에 써야 한다. 다음은 "3. 디스크 파일의 끝이 아닌 동안 반복한다." 처리 단계를 작도해 보자. 이미 앞에서 언급되었으므로 여러분이 먼저 작도해 보자.

처리 단계 이름에서 알 수 있듯이 반복구조이다. 선 검사 반복 구조이다. 조건식을 평가했을 때 참이면 반복하고 거짓이면 탈출해야 한다. 힙에 배열을 할당하는 순차 구조 기호 바로 아래쪽에 ㄷ 자형 반복 구조 기호를 작도한다. 반복횟수를 모르므로 while 반복 구조로 작성해야 한다. while 키워드를 적고, 조건식을 적어야 하므로 소괄호를 여닫아야 한다. 소괄호에는 논리 부정 연산자 NOT과 파일의 끝을 의미하는 값인 EOF를 사용하여 논리식을 작성하자. 그런데 파일의 끝인지를 확인하려고 하면, 먼저 디스크 파일을 읽어 보아야 한다. 따라서 "3.1. 성명, 국어점수, 영어점수, 수학점수를 입력받는다." 처리단계를 입력하는 순차 구조 기호를 반복 구조 기호 앞에 먼저 그리고 반복 구조 기호에서 마지막 처리로 입력하는 순차 구조 기호가 그려져야 한다. 이러한 반복 구조를 두 번 읽기 반복 구조(TWO READ ITERATION)라고 한다.

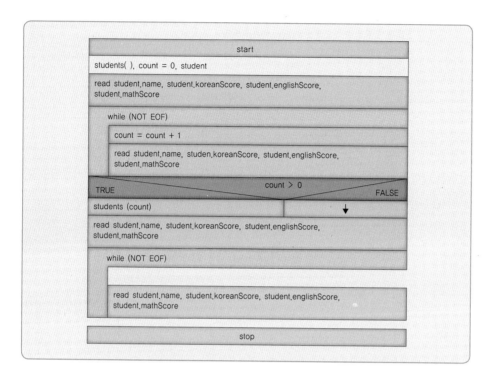

앞으로 디스크 파일로부터 데이터를 읽는다면 두 번 읽기 반복 구조를 먼저 만들어 놓고, 다른 처리들에 집중하도록 하자. 그러면 한 결 수월하게 알고리듬을 작성할 수 있을 것이다.

다음은 "3.2. 학생들에 적다." 처리 단계를 작도해 보자. 데이터가 읽히는 순서대로 학생 배열에 저장해야 한다. 처리단계의 이름으로 보나 해야 하는 처리로 보나 컴퓨터 기본 기능은 기억이다. 기억 기능은 전형적인 순차 구조이다.

배열에 순서대로 적어야 하므로 배열에서 적어야 하는 위치를 저장하고 있어야 하는 변수가 필요하다. 다시 말해서 첨자가 필요하다. 자료명세서에 위치를 나타낼 데이터를 추가하자.

자료 명세서					
번호	명칭		자료유형	구분	비고
	한글	영문			
	학생	Student	학생		레코드 자료형
	성명	name	문자열		필드
	국어점수	koreanScore	정수		필드
	영어점수	englishScore	정수		필드
	수학점수	mathScore	정수		필드
	총점	sum	정수		필드
	평균	average	실수		필드

번호	명칭		자료유형	구분	비고
	한글	영문			
	평가	grade	문자열		필드
1	학생들	students	학생 배열	출력	
2	학생 명수	count	정수	출력	
3	학생	student	학생	입력	
4	첨자	i	정수	추가	

따라서 나씨–슈나이더만 다이어그램에서 변수와 배열을 선언하는 순차 구조 기호에도 i를 추가해야 한다. 첫 번째부터 시작해야 하므로 1로 초기화한다.

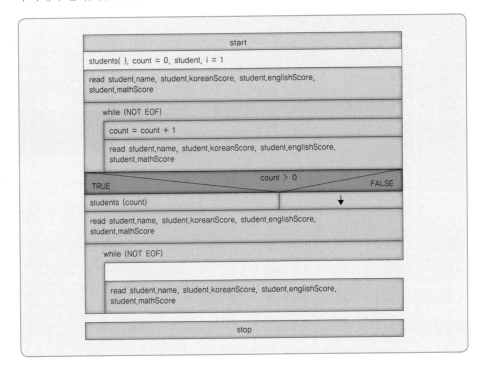

처리단계의 이름에서 알 수 있듯이 컴퓨터 기본 기능은 기억이다. 기억 기능은 전형적인 순차 구조이므로 순차 구조 기호를 작도한다. 첨자와 첨자 연산자를 이용하여 배열요소에 접근할 수 있다. 배열 이름 뒤에 소괄호를 적고, 소괄호에 첨자를 적으면 배열요소에 접근할 수 있다. students(i)는 학생 배열의 i번째 배열요소를 의미한다. 배열요소는 학생 레코드 형이다. 디스크 파일로부터 입력된 데이터들이 student 변수의 필드들에 저장되어 있다. 배열요소와 같은 자료형이므로 치환연산자로 i에 저장된 값을 첨자로 students 배열의 i번째 배열요소에 저장하도록 치환식을 적으면 된다.

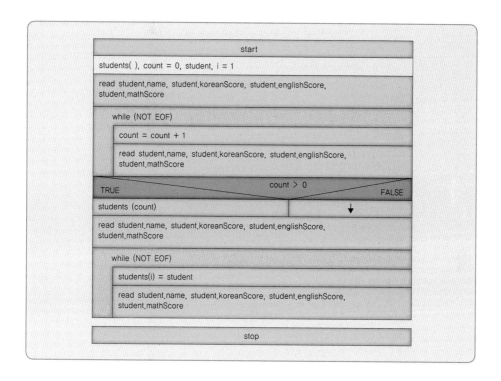

다음은 첨자를 변경해야 한다. 그렇게 해야 다음 번째 배열요소를 참조할 수 있기 때문이다. 배열에 저장하는 순차 구조 기호 아래쪽에 순차 구조 기호를 작도한다. 그리고 1씩 증가하도록 누적으로 첨자 i의 값을 변경하는 식을 적는다.

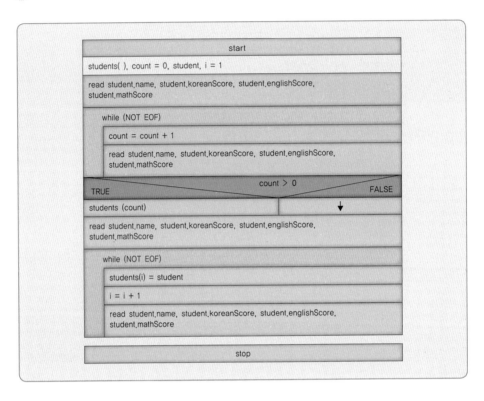

처리 단계 3의 작도를 마무리했다. 다음은 "4. 학생들과 학생 명수를 출력한다." 처리 단계를 작도해 보자. 처리 단계 이름에서 알 수 있듯이 컴퓨터 기본 기능은 출력이다. 따라서 순차 구조 기호를 작도한다. 순차 구조 기호에 print를 적고 한 칸 띄우고 학생 배열 이름 students과 학생 명수 count를 쉼표로 구분하여 적는다.

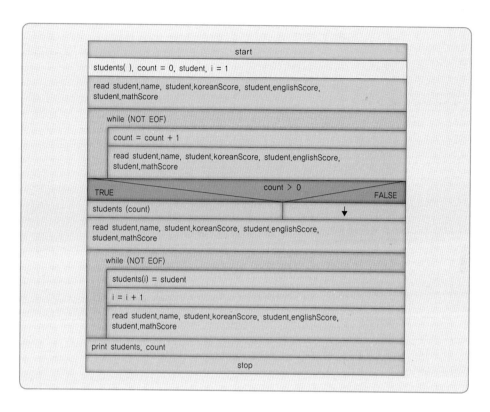

처리 과정에 대해 나씨–슈나이더만 다이어그램의 작도가 마무리된다.

2.4. 검토

다음은 검토해 보자. 검토할 때 사용할 나씨–슈나이더만 다이어그램을 준비하자. 평가해
야 하는 순서로 식에 번호를 매기자. 여러분이 직접 해보자.

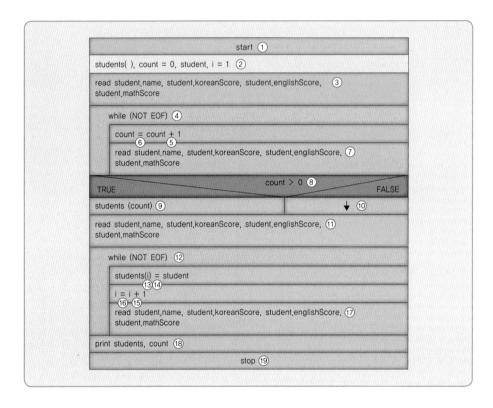

힙도 사용하기 때문에 스택뿐만 아니라 힙 영역도 표현해야 하므로 검토표를 사용하는 것이 효율적이지 않다. 그래서 검토하는 방법을 바꾸어야 한다. 메모리 맵을 활용하자.

기억장치를 나타내는 사각형을 크게 그리자. 구분선을 그려 위쪽은 스택을 나타내는 작은 사각형 영역과 아래쪽은 힙을 나타내는 사각형 영역으로 나누자.

스택을 의미하는 위쪽 사각형 영역에 변수나 배열을 선언하는 순차 구조 기호를 보고, 작은
사각형으로 기억장소를 그린다. primeNumbers는 힙에 할당된 배열의 주소를 저장하는 참
조변수, count는 정수형 값을 저장하는 변수는 차례로 작은 사각형을 그린다. 그리고 바깥
쪽의 적당한 위치에 변수 이름을 적는다. student는 레코드형 변수이다. 레코드형 변수는
필드 개수만큼 칸을 그릴 수 있을 정도로 크게 사각형을 그린다. 사각형에 필드 개수만큼
칸을 그리고, 가로 방향으로 줄을 그어 구분선으로 나눈다. 칸의 위쪽에는 필드 이름을 적
는다. 칸의 아래쪽에는 값을 적도록 한다. student는 일곱 개의 필드를 가지므로 일곱 개의
칸을 그리고, 가로 방향으로 구분선을 그리고 위쪽에 name, koreanScore, englishScore,
mathScore, sum, average, grade로 왼쪽에서 오른쪽으로 차례로 적는다. i는 정수형 값을
저장하는 변수이므로 작은 사각형을 그리고 바깥쪽에 적당한 위치에 변수 이름을 적는다.

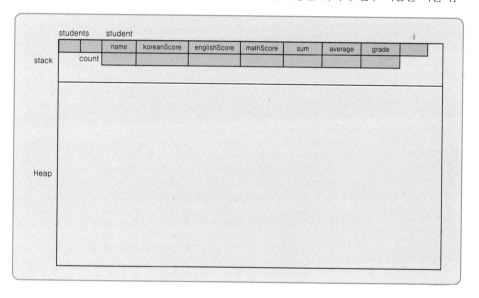

다음은 입력이 있으므로 입력 데이터를 설계한다. 문제 예시에서 제시된 데이터들을 그대
로 사용한다. 최소한 3회 이상 진행할 수 있도록 설계되어야 한다. Students.txt 디스크 파
일에 저장된 채로 준비되었다고 가정하자.

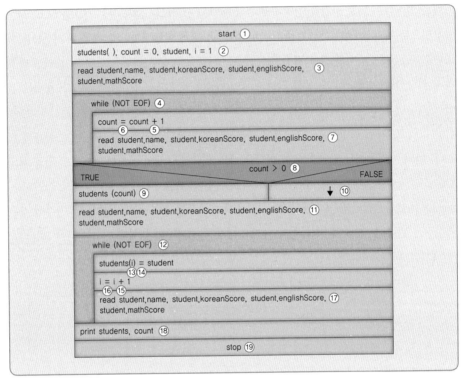

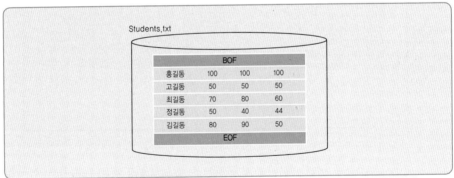

다음은 제어논리를 추적해야 한다. 시작해 보자.

①번 start가 적힌 순차 구조 기호부터 시작하자. start가 의미하는 것처럼 시작하자. 그리고 순차 구조이므로 아래쪽으로 이동하자.

②번 변수와 배열을 선언한 순차 구조 기호로 이동한다. 선언된 변수와 배열을 참조하여 메모리 맵의 기억장소에 값을 적는다. 초기화되어 있으면 초깃값을 적고, 그렇지 않으면 쓰레기가 저장되어 있으므로 물음표를 적는다.

초기화되어 있는 변수 count에 0, i에 1을 적는다. 초기화되지 않는 변수는 쓰레기가 저장되어 있으므로 물음표를 적는다. 레코드 변수이면 모든 필드에 물음표를 적어야 한다.

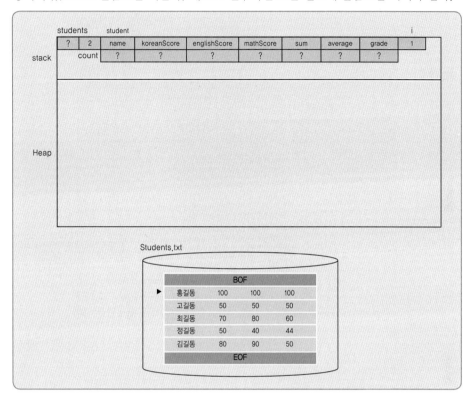

다음은 ③번 순차 구조 기호로 이동하자. 디스크 파일로부터 데이터를 입력받는 순차 구조이다. 디스크 파일에 저장된 데이터를 필드단위로 차례로 읽어 student 레코드형 변수에 구두점 연산자로 필드를 참조하여 필드에 저장한다. 첫 번째로 읽는 표현이므로 첫 번째 필드를 읽을 상태이다. 따라서 디스크 파일에서 첫 번째 필드를 읽어 student 레코드형 변수에 구두점 연산자로 name 필드에 저장한다. 그리고 두 번째 필드를 읽고, student 레코드형 변수에 구두점 연산자로 필드를 참조하여 koreanScore 필드에 저장한다. 이렇게 필드 단위로 읽고 저장하는 방식으로 englishScore 필드에 저장하고, 마지막으로 mathScore 필드에 저장한다.

while 반복 구조의 위치가 어떠한 곳이든 상관없이 while 반복 구조 앞에 디스크 파일로부터 데이터를 입력받는 순차 구조는 디스크 파일에 저장된 데이터들에서 첫 번째 데이터를 읽는다는 의미이다. 네 개의 필드를 읽었으므로 첫 번째 학생의 성명, 국어점수, 영어점수 그리고 수학점수가 입력되었다면, 다음과 같이 메모리맵이 정리되어야 한다.

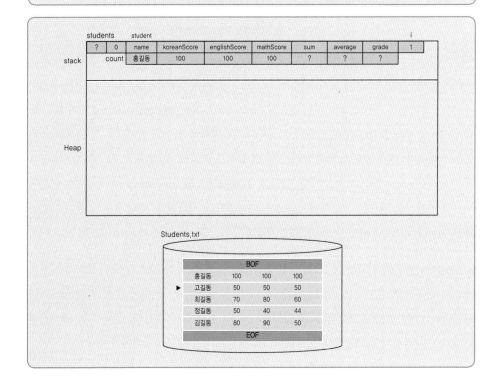

start ①

students( ), count = 0, student, i = 1 ②

read student.name, student.koreanScore, student.englishScore, ③ student.mathScore

while (NOT EOF) ④

 count = count + 1 ⑥ ⑤

 read student.name, student.koreanScore, student.englishScore, ⑦ student.mathScore

count > 0 ⑧ — TRUE / FALSE

students (count) ⑨ | ↓ ⑩

read student.name, student.koreanScore, student.englishScore, ⑪ student.mathScore

while (NOT EOF) ⑫

 students(i) = student ⑬⑭

 i = i + 1 ⑯⑮

 read student.name, student.koreanScore, student.englishScore, ⑰ student.mathScore

print students, count ⑱

stop ⑲

---

stack

students		student							i
?	0	name	koreanScore	englishScore	mathScore	sum	average	grade	1
count		홍길동	100	100	100	?	?	?	

Heap

Students.txt

BOF			
홍길동	100	100	100
▶ 고길동	50	50	50
최길동	70	80	60
정길동	50	40	44
김길동	80	90	50
EOF			

다음은 while 반복 구조 기호로 이동한다. ④번 조건식을 평가하여 반복할지를 결정해야 한다. while 반복 구조이므로 선 검사 반복 구조(진입 조건 반복 구조)이다. 참일 때 반복하고, 거짓이면 탈출하는 반복 구조이다. 첫 번째 데이터가 정상적으로 입력되었으므로 디스크 파일의 끝(EOF)이 아니다. 따라서 논리식을 평가하면 참이다. 참이므로 반복해야 한다.

while 반복 구조 기호 안으로 이동하여 순차 구조 기호로 이동한다. 학생 명수를 세는 순차 구조 기호이다. count에 저장된 값 0을 중앙처리장치의 레지스터에 복사하여 저장한다. ⑤번 산술식으로 레지스터에 복사된 값 0에 더하기 연산자로 1을 더하여 구한 값 1을 레지스터에 저장한다. ⑥번 치환식으로 레지스터에 저장된 값 1을 읽어 치환 연산자로 주기억장치에 할당된 변수 count에 저장한다. 따라서 count에 값이 1이 저장되었다. 메모리맵이 정리되어야 한다.

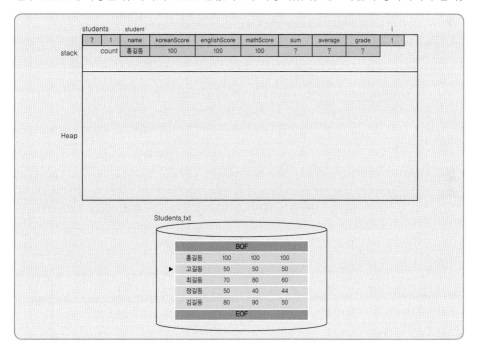

다음은 디스크 파일로부터 데이터를 읽는 ⑦번 순차 구조 기호로 이동하자. 이미 네 개의 필드를 읽었으므로 다섯 번째 필드를 읽기 위한 상태이다. 다시 말해서 두 번째 학생의 성명을 읽을 상태이다. 계속해서 디스크 파일을 읽으면, "고길동"을 읽어 student 변수에 구두점 연산자로 name 필드를 참조하여 저장한다. 이러한 방식으로 50을 student 변수의 koreanScore 필드에 저장하고, 차례로 50, 50을 읽어 englishScore 필드와 mathScore 필드에 저장하게 된다. 메모리맵에서 student 변수의 각 필드에 적는다.

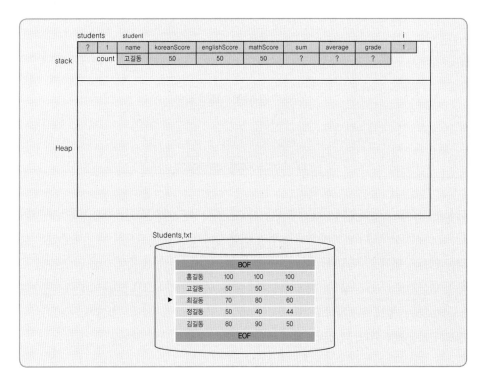

start ①

students( ), count = 0, student, i = 1 ②

read student.name, student.koreanScore, student.englishScore, ③
student.mathScore

while (NOT EOF) ④

    count = count + 1
    ⑥   ⑤
    read student.name, student.koreanScore, student.englishScore, ⑦
    student.mathScore

TRUE	count > 0 ⑧	FALSE
students (count) ⑨		↓ ⑩

read student.name, student.koreanScore, student.englishScore, ⑪
student.mathScore

while (NOT EOF) ⑫

    students(i) = student
    ⑬⑭
    i = i + 1
    ⑯─⑮
    read student.name, student.koreanScore, student.englishScore, ⑰
    student.mathScore

print students, count ⑱

stop ⑲

stack

students		student							i
?	1	name	koreanScore	englishScore	mathScore	sum	average	grade	1
count	고길동	50	50	50	?	?	?		

Heap

Students.txt

BOF			
홍길동	100	100	100
고길동	50	50	50
▶ 최길동	70	80	60
정길동	50	40	44
김길동	80	90	50
EOF			

반복해야 하는 마지막 처리이므로 반복 구조 기호로 이동한다. 반복 구조이므로 ④번 조건식을 평가하여 반복할지를 결정하기 때문이다. while 반복 구조이므로 선 검사 반복 구조이다. 참일 때 반복하고, 거짓이면 탈출하는 반복 구조이다. 두 번째 레코드가 정상적으로 입력되었으므로 디스크 파일의 끝(EOF)이 아니다. 따라서 논리식을 평가하면 참이다. 참이므로 반복해야 한다.

반복 구조 기호 안으로 이동하여 학생 명수를 세는 순차 구조 기호로 이동한다. 순차 구조 기호에 적힌 식들을 우선순위에 따라 평가해야 한다. ⑤번 산술식을 먼저 평가해야 한다. count에 저장된 값이 1이므로 1을 복사하여 레지스터에 저장하고 더하기 연산자로 1을 더하여 구한 값 2가 레지스터에 저장된다. ⑥번 치환식으로 레지스터에 저장된 2를 읽어 다시 count에 저장하게 되면, count에 2가 저장된다.

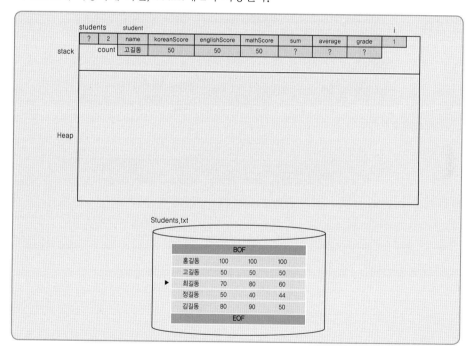

다음은 ⑦번 디스크 파일로부터 데이터를 읽는 순차 구조 기호로 이동한다. 여기서부터는 여러분이 직접 검토해보자.

● **세 번째부터 다섯 번째 학생까지 여러분이 직접 검토해보자.**

다섯 번째 학생까지 읽었다면, 다음과 같이 메모리맵이 작도될 것이다.

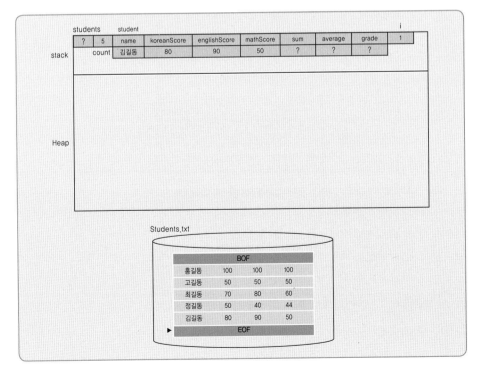

| | | start ① | | | | | | |

```
start ①
students( ), count = 0, student, i = 1  ②
read student.name, student.koreanScore, student.englishScore, ③
student.mathScore
    while (NOT EOF) ④
        count = count + 1
        ⑥      ⑤
        read student.name, student.koreanScore, student.englishScore, ⑦
        student.mathScore
                                    count > 0  ⑧
TRUE                                                              FALSE
students (count) ⑨                              ↓ ⑩
read student.name, student.koreanScore, student.englishScore, ⑪
student.mathScore
    while (NOT EOF) ⑫
        students(i) = student
        ⑬⑭
        i = i + 1
        ⑯ ⑮
        read student.name, student.koreanScore, student.englishScore, ⑰
        student.mathScore
print students, count ⑱
                                    stop ⑲
```

stack

students		student							i
?	5	name	koreanScore	englishScore	mathScore	sum	average	grade	1
	count	김길동	80	90	50	?	?	?	

Heap

Students.txt

BOF			
홍길동	100	100	100
고길동	50	50	50
최길동	70	80	60
정길동	50	40	44
김길동	80	90	50
▶ EOF			

다음은 ⑦번 디스크 파일로부터 데이터를 읽는 순차 구조 기호로 이동한다. 이미 스무 개의 필드를 읽었으므로 스물 한 번째 필드를 읽기 위한 상태이다. 다시 말해서 여섯 번째 학생의 성명을 읽을 상태이다. 그런데 여섯 번째 학생의 성명이 있지 않다. 대신에 디스크 파일의 끝을 나타내는 표시이다. 계속해서 디스크 파일을 읽으면, EOF를 읽는다.

반복 구조의 마지막 처리이므로 다음은 반복 구조 기호로 이동한다. ④번 조건식을 평가하여 반복할지를 결정하기 때문이다. while 반복 구조는 참일 때 반복하고, 거짓이면 탈출하는 반복구조이다. 디스크 파일의 끝(EOF)을 읽었으므로 디스크 파일의 끝(EOF)이 아니냐 조건이 거짓이다. 거짓이므로 반복을 탈출해야 한다.

다음은 선택 구조 기호로 이동한다. 조건식을 평가하여 결과에 따라 실행순서를 결정하는 제어구조이다. ⑧번 관계식을 평가해서 실행순서를 결정하여야 한다. count에 저장된 값인 5를 읽고 상수 0을 읽어 5가 0보다 큰지를 평가한다. 참이다. 왼쪽으로 실행순서가 결정된다. TRUE가 적힌 삼각형 아래쪽 ⑨번 순차 구조 기호로 이동한다.

힙에 배열을 할당하는 표현이다. count에 저장된 값이 5이므로 배열 크기가 5인 Student 레코드 배열을 힙에 할당한다.

힙에 레코드 배열이므로 배열 크기만큼 줄을 그린다. 줄이 배열요소 하나가 된다. 배열요소가 레코드이므로 줄마다 레코드를 구성하는 필드 개수만큼 칸을 그린다. 그리고 가로 방향으로 줄을 그어 구분선으로 나눈다. 칸의 위쪽에는 필드 이름을 적는다. 칸의 아래쪽에는 값을 적도록 한다.

배열 크기가 5이므로 힙 영역에 다섯 개의 줄을 그린다. 줄마다 레코드를 구성하는 name, koreanScore, englishScore, mathScore, sum, average 그리고 grade 필드 개수만큼, 일곱 개의 칸을 그린다. 칸의 위쪽에는 필드 이름을 적는다.

그러나 스택에 할당된 배열처럼 위쪽에 students 배열 이름을 적을 수 없다. 힙은 이름으로 직접 접근을 할 수 없다. 대신 주소로 간접 접근을 해야 한다. 그래서 스택에 참조 변수를 선언하고, 참조 변수에 힙에 할당된 배열의 시작 주소를 저장해야 한다.

스택에 사각형을 그리고 적당한 위치에 변수 이름 students를 적는다. 이미 그려져 있다. students 변수에 주소를 저장하므로 별표를 적고, 별표로부터 시작하여 힙에 할당된 배열의 맨 아래쪽으로 화살표를 향하도록 그린다.

5장 디스크 파일로 많은 데이터를 입력할 때 힙을 이용한 문제 풀이

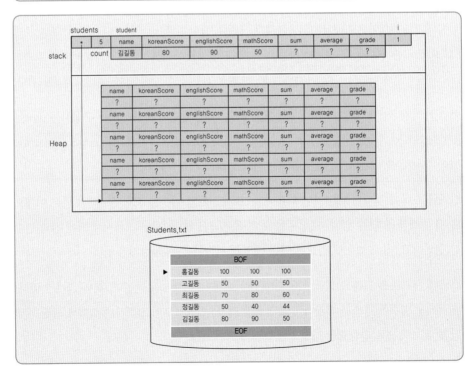

start ①
students( ), count = 0, student, i = 1 ②

read student.name, student.koreanScore, student.englishScore, ③ student.mathScore

while (NOT EOF) ④
count = count + 1
⑥ ⑤
read student.name, student.koreanScore, student.englishScore, ⑦ student.mathScore

TRUE	count > 0 ⑧	FALSE
students (count) ⑨	↓ ⑩	

read student.name, student.koreanScore, student.englishScore, ⑪ student.mathScore

while (NOT EOF) ⑫
students(i) = student
⑬⑭
i = i + 1
⑯—⑮
read student.name, student.koreanScore, student.englishScore, ⑰ student.mathScore

print students, count ⑱
stop ⑲

students   student   i

stack

	5	name	koreanScore	englishScore	mathScore	sum	average	grade	1
	count	김길동	80	90	50	?	?	?	

Heap

name	koreanScore	englishScore	mathScore	sum	average	grade
?	?	?	?	?	?	?
name	koreanScore	englishScore	mathScore	sum	average	grade
?	?	?	?	?	?	?
name	koreanScore	englishScore	mathScore	sum	average	grade
?	?	?	?	?	?	?
name	koreanScore	englishScore	mathScore	sum	average	grade
?	?	?	?	?	?	?
name	koreanScore	englishScore	mathScore	sum	average	grade
?	?	?	?	?	?	?

Students.txt

BOF			
▶ 홍길동	100	100	100
고길동	50	50	50
최길동	70	80	60
정길동	50	40	44
김길동	80	90	50
EOF			

할당된 배열에 초기화가 되지 않으므로 모든 배열요소의 필드에 쓰레기가 저장된다. 따라서 모든 필드에 물음표를 적는다.

⑪번 순차 구조 기호로 이동하자. 디스크 파일로부터 데이터를 입력받는 순차 구조이다. while 반복 구조의 위치가 어떠한 곳이든 상관없이 while 반복 구조 앞에 디스크 파일로부터 데이터를 입력받는 순차 구조는 디스크 파일에 저장된 데이터들에서 첫 번째 데이터를 읽는다는 의미이다. 따라서 첫 번째로 읽는 표현이므로 첫 번째 필드를 읽을 상태이다. 디스크 파일에 저장된 데이터를 필드 단위로 차례로 읽어 구두점 연산자로 student 레코드형 변수의 name 필드를 참조하여 name 필드에 저장한다. 그리고 두 번째 필드를 읽고, 구두점 연산자로 student 레코드형 변수의 koreanScore 필드를 참조하여 koreanScore 필드에 저장한다. 이렇게 필드 단위로 읽고 저장하는 방식으로 englishScore 필드에 저장하고, 마지막으로 mathScore 필드에 저장한다.

네 개의 필드를 읽었으므로 첫 번째 학생의 성명, 국어점수, 영어점수 그리고 수학점수가 입력되었다면, 다음과 같이 메모리맵이 정리되어야 한다.

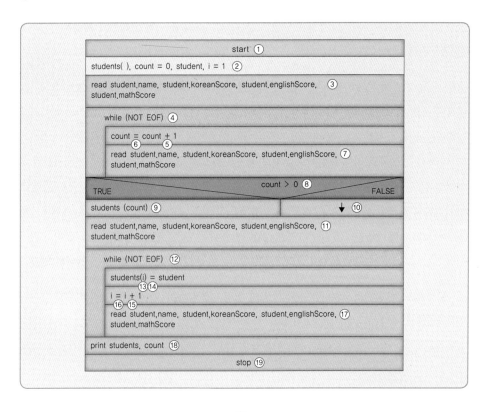

다음은 while 반복 구조 기호로 이동한다. ⑫번 조건식을 평가하여 반복할지를 결정해야한다. while 반복 구조는 선 검사 반복 구조(진입 조건 반복 구조)이다. 참일 때 반복하고, 거짓이면 탈출하는 반복 구조이다. 첫 번째 데이터가 정상적으로 입력되었으므로 디스크파일의 끝(EOF)이 아니다. 따라서 논리식을 평가하면 참이다. 참이므로 반복해야 한다.

while 반복 구조 기호 안으로 이동하여 디스크 파일로부터 읽은 데이터들을 배열요소에 저장하는 순차 구조 기호로 이동한다. ⑬번 첨자 연산자로 배열요소를 참조한다. i에 저장된값이 1이므로 students 배열의 첫 번째 배열요소를 참조한다. ⑭번 치환 연산자로 student에 저장된 값을 students 배열의 첫 번째 배열요소에 저장한다.

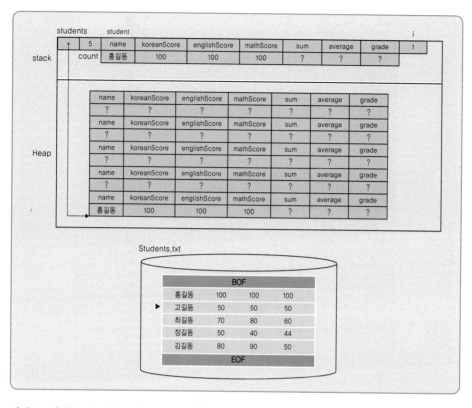

다음은 첨자를 변경하는 순차 구조 기호로 이동한다. 순차 구조 기호에 적힌 식들을 우선 순위에 따라 평가해야 한다. ⑮번 산술식을 먼저 평가해야 한다. i에 저장된 값이 1이므로 1을 복사하여 레지스터에 저장하고 1을 더하여 구한 값 2가 레지스터에 저장된다. ⑯번 치환연산자로 레지스터에 저장된 2를 읽어 다시 i에 저장하게 되면, i에 2가 저장된다.

start ①
students( ), count = 0, student, i = 1 ②
read student.name, student.koreanScore, student.englishScore, student.mathScore ③

<table>
<tr><td colspan="2">while (NOT EOF) ④</td></tr>
<tr><td></td><td>count = count + 1
⑥   ⑤</td></tr>
<tr><td></td><td>read student.name, student.koreanScore, student.englishScore, ⑦
student.mathScore</td></tr>
</table>

TRUE	count > 0 ⑧	FALSE
students (count) ⑨		↓ ⑩

read student.name, student.koreanScore, student.englishScore, ⑪ student.mathScore

<table>
<tr><td colspan="2">while (NOT EOF) ⑫</td></tr>
<tr><td></td><td>students(i) = student
⑬⑭</td></tr>
<tr><td></td><td>i = i + 1
⑯ ⑮</td></tr>
<tr><td></td><td>read student.name, student.koreanScore, student.englishScore, ⑰
student.mathScore</td></tr>
</table>

print students, count ⑱
stop ⑲

stack

students	student							i
5	name	koreanScore	englishScore	mathScore	sum	average	grade	2
count	홍길동	100	100	100	?	?	?	

Heap

name	koreanScore	englishScore	mathScore	sum	average	grade
?	?	?	?	?	?	?
name	koreanScore	englishScore	mathScore	sum	average	grade
?	?	?	?	?	?	?
name	koreanScore	englishScore	mathScore	sum	average	grade
?	?	?	?	?	?	?
name	koreanScore	englishScore	mathScore	sum	average	grade
?	?	?	?	?	?	?
name	koreanScore	englishScore	mathScore	sum	average	grade
홍길동	100	100	100	?	?	?

Students.txt

BOF			
홍길동	100	100	100
▶ 고길동	50	50	50
최길동	70	80	60
정길동	50	40	44
김길동	80	90	50
EOF			

다음은 디스크 파일로부터 데이터를 읽는 ⑰번 순차 구조 기호로 이동한다. 이미 네 개의 필드를 읽었으므로 다섯 번째 필드를 읽기 위한 상태이다. 다시 말해서 두 번째 학생의 성명을 읽을 상태이다. 계속해서 디스크 파일을 읽으면, "고길동"을 읽어 구두점 연산자로 student 변수의 name 필드를 참조하여 저장한다. 이러한 방식으로 50을 student 변수의 koreanScore 필드에 저장하고, 차례로 50, 50을 읽어 englishScore 필드와 mathScore 필드에 저장하게 된다. 메모리맵에서 student 변수의 각 필드에 적는다.

students		student							i
↑	5	name	koreanScore	englishScore	mathScore	sum	average	grade	2
	count	고길동	50	50	50	?	?	?	

stack

Heap

name	koreanScore	englishScore	mathScore	sum	average	grade
?	?	?	?	?	?	?
name	koreanScore	englishScore	mathScore	sum	average	grade
?	?	?	?	?	?	?
name	koreanScore	englishScore	mathScore	sum	average	grade
?	?	?	?	?	?	?
name	koreanScore	englishScore	mathScore	sum	average	grade
?	?	?	?	?	?	?
name	koreanScore	englishScore	mathScore	sum	average	grade
홍길동	100	100	100	?	?	?

Students.txt

		BOF		
홍길동	100	100	100
고길동	50	50	50
▶ 최길동	70	80	60
정길동	50	40	44
김길동	80	90	50
		EOF		

반복해야 하는 마지막 처리이므로 반복 구조 기호로 이동한다. 반복 구조이므로 ⑫번 조건식을 평가하여 반복할지를 결정하기 때문이다. while 반복 구조는 선 검사 반복 구조이다. 참일 때 반복하고, 거짓이면 탈출하는 반복 구조이다. 두 번째 레코드가 정상적으로 입력되었으므로 디스크 파일의 끝(EOF)이 아니다. 따라서 논리식을 평가하면 참이다. 참이므로 반복해야 한다.

반복 구조 기호 안으로 이동하여 읽은 데이터들을 배열요소에 저장하는 순차 구조 기호로 이동한다. ⑬번 첨자 연산자로 배열요소를 참조한다. i에 저장된 값이 2이므로 students 배열의 두 번째 배열요소를 참조한다. ⑭번 치환 연산자로 student에 저장된 값을 students 배열의 두 번째 배열요소에 저장한다.

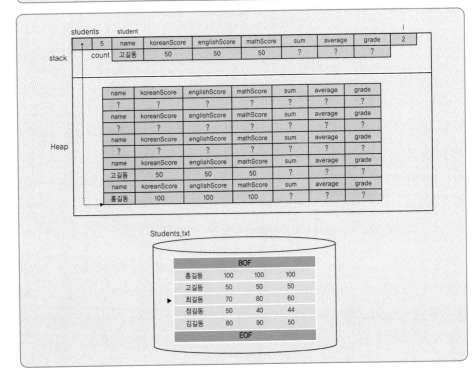

									i	
students		student							2	
	5	name	koreanScore	englishScore	mathScore	sum	average	grade		
	count	고길동	50	50	50	?	?	?		

Heap

name	koreanScore	englishScore	mathScore	sum	average	grade
?	?	?	?	?	?	?
name	koreanScore	englishScore	mathScore	sum	average	grade
?	?	?	?	?	?	?
name	koreanScore	englishScore	mathScore	sum	average	grade
?	?	?	?	?	?	?
name	koreanScore	englishScore	mathScore	sum	average	grade
고길동	50	50	50	?	?	?
name	koreanScore	englishScore	mathScore	sum	average	grade
홍길동	100	100	100	?	?	?

Students.txt

BOF			
홍길동	100	100	100
고길동	50	50	50
최길동	70	80	60
정길동	50	40	44
김길동	80	90	50
EOF			

다음은 첨자를 변경하는 순차 구조 기호로 이동한다. 순차 구조 기호에 적힌 식들을 우선 순위에 따라 평가해야 한다. ⑮번 산술식을 먼저 평가해야 한다. i에 저장된 값이 2이므로 2를 복사하여 레지스터에 저장하고 1을 더하여 구한 값 3이 레지스터에 저장된다. ⑯번 치환 연산자로 레지스터에 저장된 3을 읽어 다시 i에 저장하게 되면, i에 3이 저장된다.

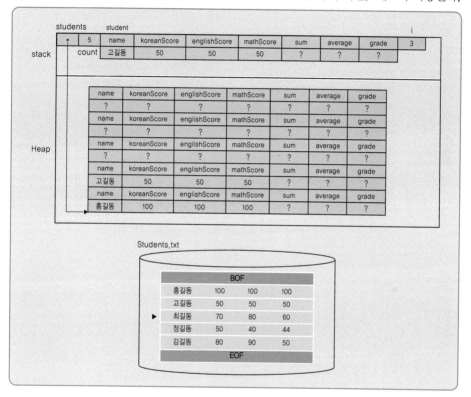

다음은 디스크 파일로부터 데이터를 읽는 ⑰번 순차 구조 기호로 이동한다. 여기서부터는 여러분이 직접 검토해보자.

● **세 번째부터 다섯 번째 학생까지는 여러분이 직접 검토해보자.**

다섯 번째 학생까지 모든 데이터를 입력한 후 메모리맵은 다음과 같다. 여러분이 작성한 메모리맵과 같은가? 같지 않다면, 검토가 제대로 되지 않았다. 검토하는 방법을 다시 한 번 더 정리해보자.

start ①

students( ), count = 0, student, i = 1 ②

read student.name, student.koreanScore, student.englishScore, ③
student.mathScore

while (NOT EOF) ④
  count = count + 1 ⑥ ⑤
  read student.name, student.koreanScore, student.englishScore, ⑦
  student.mathScore

TRUE	count > 0 ⑧	FALSE
students (count) ⑨		↓ ⑩

read student.name, student.koreanScore, student.englishScore, ⑪
student.mathScore

while (NOT EOF) ⑫
  students(i) = student ⑬ ⑭
  i = i + 1 ⑯ ⑮
  read student.name, student.koreanScore, student.englishScore, ⑰
  student.mathScore

print students, count ⑱

stop ⑲

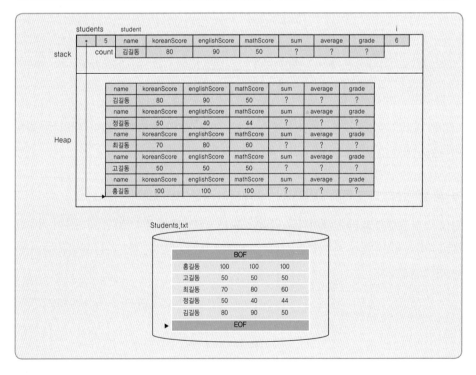

다음은 디스크 파일로부터 데이터를 읽는 ⑰번 순차 구조 기호로 이동한다. 이미 스무 개의 필드를 읽었으므로 스물 한 번째 필드를 읽기 위한 상태이다. 다시 말해서 여섯 번째 학생의 성명을 읽을 상태이다. 그런데 여섯 번째 학생의 성명이 있지 않다. 대신에 디스크 파일의 끝을 나타내는 표시이다. 계속해서 디스크 파일을 읽으면, EOF를 읽는다.

반복 구조의 마지막 처리이므로 다음은 반복 구조 기호로 이동한다. ⑫번 조건식을 평가하여 반복할지를 결정하기 때문이다. while 반복 구조는 선 검사 반복 구조이다. 참일 때 반복하고, 거짓이면 탈출하는 반복구조이다. 디스크 파일의 끝(EOF)을 읽었으므로 디스크 파일의 끝(EOF)이 아니냐 조건이 거짓이다. 거짓이므로 반복을 탈출해야 한다.

반복 구조를 건너뛰고 아래쪽으로 이동한다. ⑱번 출력하는 순차 구조 기호로 이동한다. students 배열과 count를 출력한다. 출력은 순차 구조이므로 아래쪽으로 이동하여 stop이 적힌 순차 구조 기호로 이동한다. ⑲번 stop으로 알고리듬을 끝내게 된다.

메모리맵을 보면, 디스크 파일에 저장된 데이터들이 힙에 할당된 배열에 저장되었다는 것을 알 수 있다. 정확하다. 알고리듬의 평가 기준인 정확성은 만족한다.

3 Evaluate 모듈 설계

● **Evaluate 모듈은 여러분이 직접 알고리듬을 만들어 보자.**

Evaluate 모듈은 다음과 같이 정리되면 된다.

3.1. 모듈 기술서

모듈 기술서			
명칭		한글	성적을 평가하다
		영문	Evaluate
	기능		여러 명의 학생의 성명, 국어점수, 영어점수 그리고 수학점수가 입력되면 성적을 평가하고, 과목별 평균을 구한다.
입·출력		입력	학생들, 학생 명수
		출력	학생들, 국어평균, 영어평균, 수학평균
	관련 모듈		
자료 명세서			

번호	명칭 (한글)	명칭 (영문)	자료유형	구분	비고
	학생	Student	학생		레코드 자료형
	성명	name	문자열		필드
	국어점수	koreanScore	정수		필드
	영어점수	englishScore	정수		필드
	수학점수	mathScore	정수		필드
	총점	sum	정수		필드
	평균	average	실수		필드
	평가	grade	문자열		필드
1	학생들	students	학생 배열	입출력	
2	학생 명수	count	정수	입력	
3	국어평균	koreanAverage	실수	출력	
4	영어평균	englishAverage	실수	출력	
5	수학평균	mathAverage	실수	출력	
6	국어총점	koreanSum	정수	처리	
7	영어총점	englishSum	정수	처리	
8	수학총점	mathSum	정수	처리	
9	반복제어변수	i	정수	추가	

처리 과정

1. 학생들과 학생 명수를 입력받는다.
2. 학생 명수만큼 반복한다.
　　2.1. 총점을 구한다.
　　2.2. 평균을 구한다.
　　2.3. 평균에 따라 평가한다.
　　2.4. 국어 총점을 구한다.
　　2.5. 영어 총점을 구한다.
　　2.6. 수학 총점을 구한다.
3. 국어평균을 구한다.
4. 영어평균을 구한다.
5. 수학평균을 구한다.
6. 학생들, 국어평균, 영어평균, 수학평균을 출력한다.
7. 끝낸다.

3.2. 나씨-슈나이더만 다이어그램

start
students( ), count, koreanAverage, englishAverage, mathAverage, koreanSum = 0, englishSum = 0, mathSum = 0, i = 1
read students, count

```
while (i ≤ count)
    students(i).sum = students(i).koreanScore +
    students(i).englshScore +students(i).mathScore

    students(i).average = students(i).sum / 3.0

            students(i).average ≥ 90.0
    TRUE                                        FALSE

                        students(i).average < 60.0
                 TRUE                           FALSE
    students(i).grade =
    "EXCELLENT"      students(i).grade =    students(i).grade =
                     "FAIL"                 ""

    koreanSum = koreanSum + students(i).koreanScore
    englishSum = englishSum + students(i).englishScore
    mathSum = mathSum + students(i).mathScore
    i = i + 1
koreanAverage = koreanSum / (count * 1.0)
englishAverage = englishSum / (count * 1.0)
mathAverage = mathSum / (count * 1.0)
```

print students, koreanAverage, englishAverage, mathAverage
stop

4 Save 모듈 설계

Save 모듈은 출력예시에서 보여준 것처럼 보고서 형식으로 처리된 결과를 디스크 파일에 저장하도록 하겠다. 이럴 때는 알고리듬으로 작성하는 것보다 아래와 같이 저장되는 형식을 스케치하는 것이 오히려 이해하기 쉽다.

성명	국어	영어	수학	총점	평균	평가
홍길동	100	100	100	300	100.0	EXCELLENT
고길동	50	50	50	150	50.0	FAIL
최길동	70	80	60	210	70.0	
정길동	50	40	44	134	44.7	FAIL
김길동	80	90	50	220	73.3	

국어평균 : 70.0
영어평균 : 72.0
수학평균 : 60.8

이렇게 작성된 것은 알고리듬이라고 하기보다는 컴퓨터가 처리해야 하는 행위와 순서를 나타내는 것으로 절차(Procedure)이다. 이렇게 해서 입력, 연산, 출력 모듈마다 설계가 끝났다.

5 구현

C언어로 구현해 보자.

● 여러분이 원시 코드 파일을 직접 만들어 보자.

C코드
```
// Evaluate.c
```

● 여러분이 직접 프로그램에 관해 설명을 달아 보자.

C코드
```
// Evaluate.c
/* ***********************************************************
파일 이름 : Evaluate.c
기    능 : 여러 명의 학생의 성명, 국어점수, 영어점수 그리고 수학점수가 입력되면
           성적을 평가하고, 과목별 평균을 구한다.
작 성 자 : 김 석 현
작성 일자 : 2013년 8월 14일
************************************************************/
```

● 여러분이 직접 자료형을 설계해 보자.

C코드
```
// Evaluate.c
/* ***********************************************************
파일 이름 : Evaluate.c
기    능 : 여러 명의 학생의 성명, 국어점수, 영어점수 그리고 수학점수가 입력되면
           성적을 평가하고, 과목별 평균을 구한다.
작 성 자 : 김 석 현
작성 일자 : 2013년 8월 14일
************************************************************/
// 자료형 이름 선언 및 정의
typedef unsigned short int UShort;

typedef struct _student {
    char name[11];
    UShort koreanScore;
    UShort englishScore;
    UShort mathScore;
    UShort sum;
    float average;
    char (*grade);
} Student;
```

다음은 시스템 다이어그램에 정리된 모듈마다 함수를 선언하자.

Main 모듈은 권장하는 함수 원형으로 main 함수를 선언하자.

```
// Evaluate.c
/* ********************************************************************
  파일 이름 : Evaluate.c
  기    능 : 여러 명의 학생의 성명, 국어점수, 영어점수 그리고 수학점수가 입력되면
            성적을 평가하고, 과목별 평균을 구한다.
  작 성 자 : 김 석 현
  작성 일자 : 2013년 8월 14일
  ********************************************************************/
// 자료형 이름 선언 및 정의
typedef unsigned short int UShort;

typedef struct _student {
    char name[11];
    UShort koreanScore;
    UShort englishScore;
    UShort mathScore;
    UShort sum;
    float average;
    char (*grade);
} Student;

//함수 선언
int main( int argc, char *argv[] );
```

Load 모듈을 Load 함수로 선언해 보자. 두 개의 데이터가 출력된다. 따라서 반환형은
void이다. void를 적고 한 칸 띄우고 모듈 이름으로 함수 이름을 적고 소괄호를 여닫는다.

```
void Load( )
```

두 개의 출력데이터는 매개변수로 선언되어야 한다. 매개변수는 주소를 갖는 포인터변수
이어야 한다. 따라서 포인터 변수를 선언하는 절차에 따라 선언해 보자. 먼저 students부
터 해보자.

(1) 변수 이름을 적는다. students

(2) 주소를 저장하는 변수라는 것을 강조하기 위해 변수 이름 앞에 별표를 적는다. *students

(3) 변수에 저장되는 주소를 갖는 기억장소의 자료형을 별표 앞에 공백을 두고 적는다. 자
    료명세서를 보면, Student 배열이다. 그러면 배열은 어디에 할당될까? main 함수에

할당해야 한다. 그렇지만, 디스크 파일에 저장된 데이터 개수를 모르기 때문에 main 함수 스택 세그먼트에 할당할 수 없다. 그래서 디스크 파일에 저장된 데이터 개수를 세어 힙에 할당해야 한다. 그래서 main 함수에는 배열의 시작 주소를 저장하는 배열 포인터 변수를 선언해야 하고, Load 함수에서 힙에 할당해야 한다. 따라서 main 함수에 선언되는 배열 포인터 변수의 자료형은 Student (*)이다. Student (*) *students

(4) 소괄호는 반드시 변수 이름과 가장 오른쪽 별표만 싸야 한다. Student *(*students)

배열 포인터의 포인터이다.

다음은 count를 선언해 보자.

(1) 변수 이름을 적는다. count
(2) 변수에 주소가 저장되므로 변수 이름 앞에 별표를 적는다. *count
(3) 변수에 저장된 주소를 갖는 변수의 자료형을 별표 앞에 공백을 두고 적는다. 변수에 저장된 변수는 main 함수에 선언된 count이다. 자료명세서를 보면, count의 자료형은 정수이다. 입력되는 데이터의 개수를 모르므로 C언어에서 최대로 표현할 수 있는 값의 자료형을 설계하자. 개수이므로 음수 표현이 필요하지 않다. unsigned이어야 한다. 최대크기로 한다면, long이다. 따라서 ULong 자료형을 설계해서 사용하자.

C코드
```
typedef unsigned long int ULong;
```

ULong *count

소괄호에 차례로 쉼표로 구분하여 두 개의 매개변수를 적는다.

C코드
```
void Load( Student *(*students), ULong *count )
```

선언이므로 문장으로 처리되도록 줄의 마지막에 세미콜론을 적도록 하자.

C코드
```
void Load( Student *(*students), ULong *count );
```

다음은 Evaluate 모듈을 Evaluate 함수로 선언해 보자. 출력데이터가 하나가 아니므로 반환형은 void이다. 반환형을 적고 한 칸 띄우고 모듈 이름을 함수 이름으로 적고 소괄호를 여닫자.

```
C코드  void Evaluate( )
```

입력데이터가 두 개있다. 매개변수로 선언해야 한다. students는 자료명세서를 보면, Student 배열이다. C언어에서 배열은 매개변수나 반환값으로 사용할 수 없다. 왜냐하면, 문법이다. 대신 배열의 시작 주소를 이용해야 한다. 따라서 students는 배열 포인터형 변수이어야 한다. 포인터 변수를 선언하는 절차에 따라 students 매개변수를 선언해 보자.

(1) 변수 이름을 적는다. students

(2) 변수에 주소가 저장되므로 변수 이름 앞에 별표를 적는다. *students

(3) 변수에 저장된 주소를 갖는 기억장소는 배열이므로 첫 번째 배열요소의 자료형을 별표 앞에 공백을 두고 적는다. 배열요소의 자료형은 Student 레코드형이다. Student *students

(4) 배열 포인터이므로 변수 이름과 이름에 가장 가까운 별표를 소괄호로 싼다.
    Student (*students)

다음은 count를 선언해 보자. 입력데이터이므로 자료형을 적고 변수 이름을 적으면 된다. ULong count

소괄호에 두 개의 매개변수 students와 count를 쉼표로 구분하여 차례로 적는다.

```
C코드  void Evaluate( Student (*students), ULong count )
```

다음은 출력데이터 네 개도 매개변수로 선언하자. 첫 번째 출력데이터 students는 매개변수로 이미 선언되었다. 두 번째 출력데이터 koreanAverage를 선언해 보자. 출력데이터이므로 포인터형 변수로 선언되어야 한다. 포인터 변수를 선언하는 절차에 따라 koreanAverage 매개변수를 선언해 보자.

(1) 변수 이름을 적는다. koreanAverage

(2) 주소를 저장한다는 의미로 변수 이름 앞에 별표를 적는다. *koreanAverage

(3) 변수에 저장되는 주소를 갖는 기억장소의 자료형을 별표 앞에 공백을 두고 적는다. koreanAverage의 자료형은 실수이다. C언어에서는 float와 double이다. 소수점 한 자리이면 충분하므로 float를 사용하자. float *koreanAverage

세 번째 출력데이터 englishAverage, 네 번째 출력데이터 mathAverage는 여러분이 직접 선언하자.

- 여러분이 직접 englishAverage를 선언하자.
- 여러분이 직접 mathAverage를 선언하자.

세 개의 매개변수를 소괄호에 차례로 쉼표로 구분하여 적자.

C코드
```
void Evaluate( Student (*students), ULong count, float *koreanAverage,
        float *englishAverage, float *mathAverage )
```

선언이므로 문장으로 처리되도록 줄의 끝에 세미콜론을 적자.

C코드
```
void Evaluate( Student (*students), ULong count, float *koreanAverage,
        float *englishAverage, float *mathAverage );
```

다음은 Save모듈을 Save 함수로 선언해 보자. 출력데이터가 없다. 반환형은 void이다. 반환형을 적고, 한 칸 띄우고 모듈 이름을 함수 이름으로 적는다. 그리고 함수를 강조하는 소괄호를 여닫는다.

C코드
```
void Save( )
```

다섯 개의 입력데이터가 있다. 매개변수로 선언해야 한다. 첫 번째 입력데이터 students와 두 번째 입력 데이터 count는 여러분이 선언하자.

- 여러분이 직접 students를 선언하자.
- 여러분이 직접 count를 선언하자.

세 번째 입력데이터 koreanAverage를 선언해 보자. 입력데이터이므로 자료형을 적고 한 칸 띄우고 입력데이터 이름을 매개변수 이름으로 적으면 된다. 자료명세서를 보면, koreanAverage는 실수형이다. C언어에서는 float와 double 중에서 하나를 사용할 수 있다. 소수점 한 자리만 표현하면 되므로 float를 사용하는 것이 좋을 듯 하다.

네 번째 입력데이터 englishAverage와 다섯 번째 입력데이터 mathAverage는 여러분이 직접 선언해 보자.

- 여러분이 직접 englishAverage를 선언하자.
- 여러분이 직접 mathAverage를 선언하자.

다섯 개의 매개변수를 소괄호에 차례로 쉼표로 구분하여 적자.

C코드
```
void Save( Student (*students), ULong count,
    float koreanAverage, float koreanAverage, float mathAverage )
```

선언이므로 줄의 끝에 세미콜론을 적어 문장으로 처리되도록 해야 한다.

C코드
```
void Save( Student (*students), ULong count,
    float koreanAverage, float koreanAverage, float mathAverage );
```

여기까지 코드를 정리하면, 다음과 같다.

C코드
```
// Evaluate.c
/* *************************************************************
파일 이름 : Evaluate.c
기    능 : 여러 명의 학생의 성명, 국어점수, 영어점수 그리고 수학점수가 입력되면
            성적을 평가하고, 과목별 평균을 구한다.
작 성 자 : 김 석 현
작성 일자 : 2013년 8월 14일
************************************************************* */
// 자료형 이름 선언 및 정의
typedef unsigned short int UShort;
typedef unsigned long int ULong;

typedef struct _student {
    char name[11];
    UShort koreanScore;
    UShort englishScore;
    UShort mathScore;
    UShort sum;
    float average;
    char (*grade);
} Student;

// 함수 선언
int main( int argc, char *argv[] );
void Load( Student *(*students), ULong *count);
void Evaluate( Student (*students), ULong count,
    float *koreanAverage, float *englishAverage, float *mathAverage);
void Save( Student (*students), ULong count,
    float koreanAverage, float englishAverage, float mathAverage);
```

다음은 함수들을 정의하자. 먼저 시스템 다이어그램을 참고하여 main 함수를 정의하자.

먼저 함수 원형으로 함수머리를 만들자. 함수 원형을 옮겨 적고 줄의 마지막에 적힌 세미콜론을 지우자. 그리고 여는 중괄호를 적고 줄의 바꾸어 닫는 중괄호를 적어 함수몸체를 만들자. 함수 블록이라고도 한다.

```
int main( int argc, char *argv[] ) {
}
```

시스템 다이어그램에서 Main 모듈로 입력되는 데이터들을 확인하자. students, count, koreanAverage, englishAverage, mathAverage이다. 입력되는 데이터들이 다른 모듈에서 사용되고 있다. 이러할 때는 반드시 배열이나 변수를 선언해야 한다. 자료명세서를 보면, students는 Student 배열이다. main 함수에 배열을 선언해야 한다. 그렇지만, 디스크 파일로부터 입력되는 데이터의 개수를 모른다. 이러할 때는 main 함수 스택 세그먼트에 배열을 할당할 수 없다. 프로그램이 실행 중에 시스템이 허용하는 양까지 충분히 기억장소를 사용할 수 있는 힙에 배열을 할당해야 한다. 그러나 힙은 이름에 의한 직접 접근을 할 수 없다. 주소에 의해 간접 접근을 해야 한다. 그래서 main 함수에는 배열의 시작 주소를 저장하는 배열 포인터 변수를 선언해야 한다. 포인터 변수를 선언하는 절차로 students를 선언해 보자.

(1) 변수 이름을 적는다. students
(2) 주소를 저장하므로 변수 이름 앞에 별표를 적는다. *students
(3) 변수에 저장된 주소를 갖는 기억장소의 자료형을 별표 앞에 공백을 두고 적는다. 배열이면, 첫 번째 배열요소의 자료형을 적으면 된다. 배열요소의 자료형은 Student 레코드형이다. Student *students
(4) 배열 포인터라는 의미로 변수 이름과 별표를 소괄호로 싼다. Student (*students)
(5) 자동변수로 선언하므로 줄의 끝에 세미콜론을 적어 문장으로 처리되도록 한다.
    Student (*students);

count는 정수형 변수, koreanAverage, englishAverage, mathAverage는 실수형 변수이다. 따라서 모두 자동변수로 선언하면 된다. 자동변수는 한 줄에 자료형을 적고 한 칸 띄우고 변수 이름을 적는다. 그리고 선언문장으로 처리되도록 줄의 끝에 세미콜론을 적는다. count는 ULong, koreanAverage, englishAverage, mathAverage는 소수점 한 자리까지 나타내면 되므로 float를 사용하자.

```
int main( int argc, char *argv[] ) {
    // 배열과 변수 선언 및 정의
    Student (*students);
    ULong count;
```

```
    float koreanAverage;
    float englishAverage;
    float mathAverage;
}
```

다음은 모듈간의 관계를 함수 호출 문장으로 구현하면 된다. 함수 호출 문장은 차례로 치환식과 호출식을 적고, 줄의 끝에 세미콜론을 적으면 된다.

반환형이 void가 아니면, 치환식을 먼저 작성한다. 치환식은 변수 이름을 적고 한 칸 띄우고 치환 연산자를 적으면 된다. 반환형이 void이면 치환식을 생략한다.

호출식은 함수 이름을 적고, 함수 호출 연산자 소괄호를 여닫는다. 소괄호에는 매개변수의 개수만큼 차례로 자료형을 맞추어 상수, 변수, 식으로 실인수를 쉼표로 구분하여 적는다.

시스템 다이어그램에서 왼쪽에서 오른쪽으로 차례로 Load 함수 호출 문장, Evaluate 함수 호출 문장, Save 함수 호출 문장을 작성하면 된다.

먼저 Load 함수 호출 문장을 작성해 보자. 반환형이 void이다. 치환식은 생략하고 함수 호출식만 작성하면 된다. 함수 이름 Load를 적고 함수 호출 연산자 소괄호를 여닫는다.

C코드

```
    Load()
```

출력데이터가 두 개이므로 쉼표로 구분하여 실인수를 적어야 한다. 실인수는 출력데이터이므로 주소를 구해 복사하도록 해야 하므로 주소를 구하는 식을 적어야 한다. C언어에서 변수의 주소를 구하는 식은 변수 이름 앞에 & 주소 연산자를 적으면 된다. students 앞에 &를 적어 주소를 구하는 식과 count 앞에 &를 적어 주소를 구하는 식을 적어야 한다.

C코드

```
    Load( &students, &count)
```

줄의 끝에 세미콜론을 적어 함수 호출 문장으로 처리되도록 한다.

C코드

```
    Load( &students, &count);
```

함수에서는 데이터와 명령어를 구분하도록 마지막 변수 선언문장과 한 줄 띄어 들여써서 작성하자.

```
int main( int argc, char *argv[] ) {
    // 배열과 변수 선언 및 정의
    Student (*students);
    ULong count;

    float koreanAverage;
    float englishAverage;
    float mathAverage;

    Load( &students, &count );
}
```

다음은 Evaluate 함수 호출 문장을 작성해 보자. 반환형이 void이다. 치환식은 생략하고 함수 호출식만 작성하면 된다. 함수 이름 Evaluate를 적고 함수 호출 연산자 소괄호를 여닫는다.

```
        Evaluate()
```

시스템 다이어그램을 보면, 입력데이터가 두 개이고 출력데이터가 네 개이므로 쉼표로 구분하여 여섯 개의 실인수를 적어야하지만, students가 입력데이터이면서 출력데이터이므로 다섯 개의 실인수를 적어야 한다. 실인수는 입력데이터이면, 변수에 저장된 값을 복사하도록 변수 이름을 적으면 되고, 출력데이터이면 주소를 구해 복사하도록 해야 하므로 주소를 구하는 식을 적어야 한다. C언어에서 변수의 주소를 구하는 식은 변수 이름 앞에 & 주소 연산자를 적으면 된다. students와 count는 입력데이터이므로 변수 이름을 적으면 되고, koreanAverage, englishAverage, mathAverage는 출력데이터이므로 변수 이름을 적고, 변수 이름 앞에 & 주소연산자를 적어 주소를 구하는 식을 차례로 쉼표를 구분하여 적으면 된다.

```
        Evaluate( students, count,
            &koreanAverage, &englishAverage, &mathAverage)
```

줄의 끝에 세미콜론을 적어 함수 호출 문장으로 처리되도록 한다.

```
        Evaluate( students, count,
            &koreanAverage, &englishAverage, &mathAverage);
```

main 함수에서는 Load 함수 호출 문장 다음 줄에 들여 써서 작성하자.

```
int main( int argc, char *argv[] ) {
    // 배열과 변수 선언 및 정의
    Student (*students);
    ULong count;

    float koreanAverage;
    float englishAverage;
    float mathAverage;

    Load( &students, &count );
    Evaluate( students, count,
        &koreanAverage, &englishAverage, &mathAverage);
}
```

● 다음은 Save 함수 호출 문장을 여러분이 직접 작성해 보자.

다음은 return 문장을 작성해 보자. main 함수의 반환형은 int이다. 운영체제에 프로그램의 상태를 알리기 위해 정수형 값을 반환하도록 약속되어 있다. 프로그램이 정상적으로 끝날 때는 0을 반환하게 되어 있다. 따라서 main 함수의 마지막 문장으로 return 문장을 작성하면 된다. 함수 호출 문장들과 구분하기 위해서 빈 줄을 사이에 두고, 들여 쓰고 return 키워드를 적고 한 칸 띄우고 0을 적고 문장으로 처리되도록 줄의 끝에 세미콜론을 적는다. 이렇게 하면 main 함수 정의가 끝나게 된다.

```
int main( int argc, char *argv[] ){
    // 배열과 변수 선언 및 정의
    Student (*students);
    ULong count;

    float koreanAverage;
    float englishAverage;
    float mathAverage;

    Load( &students, &count );
    Evaluate( students, count,
        &koreanAverage, &englishAverage, &mathAverage);
    Save( students, count,
        koreanAverage, englishAverage, mathAverage);

    return 0;
}
```

다음은 Load 함수를 정의해 보자. Load 모듈의 모듈기술서와 나씨-슈나이더만 다이어그램을 참고하여 정의하자.

모듈 기술서

명칭	한글	적재하다	
	영문	Load	
기능		여러 명의 학생의 성명, 국어점수, 영어점수 그리고 수학점수가 디스크 파일로부터 입력받아 출력한다.	
입 · 출력	입력		
	출력	학생들, 학생 명수	
관련 모듈			

자료 명세서

번호	명칭		자료유형	구분	비고
	한글	영문			
	학생	Student	학생		레코드 자료형
	성명	name	문자열		필드
	국어점수	koreanScore	정수		필드
	영어점수	englishScore	정수		필드
	수학점수	mathScore	정수		필드
	총점	sum	정수		필드
	평균	average	실수		필드
	평가	grade	문자열		필드
1	학생들	students	학생 배열	출력	
2	학생 명수	count	정수	출력	
3	학생	student	학생	입력	
4	첨자	i	정수	추가	

처리 과정

1. 파일의 끝이 아닌 동안 반복한다.
   1.1. 성명, 국어점수, 영어점수 그리고 수학점수를 입력받는다.
   1.2. 학생 명수를 세다.
2. 학생 배열을 만든다.
3. 파일의 끝이 아닌 동안 반복한다.
   3.1. 성명, 국어점수, 영어점수 그리고 수학점수를 입력받는다.
   3.2. 학생들에 적는다.
4. 학생들과 학생 명수를 출력한다.
5. 끝내다.

```
                          start
students( ), count = 0, student, i = 1

read student.name, student.koreanScore, student.englishScore,
student.mathScore

    while (NOT EOF)
        count = count + 1

        read student.name, student.koreanScore, student.englishScore,
        student.mathScore

  TRUE  \                count > 0              /  FALSE
         _____/
  students (count)                          ↓

read student.name, student.koreanScore, student.englishScore,
student.mathScore

    while (NOT EOF)
        students(i) = student

        read student.name, student.koreanScore, student.englishScore,
        student.mathScore

print students, count
                          stop
```

블록 주석 기능을 이용하여 함수를 설명하는 주석을 만들자. 최소한으로 함수 이름, 기능 그리고 입력과 출력 관련 내용을 적도록 하자.

C언어

```
/* *************************************************************
함수 이름 : Load
기     능 : 디스크 파일로부터 학생의 점수들을 입력받는다.
입     력 : 없음
출     력 : 학생들, 학생 명수
   ************************************************************ */
```

함수를 정의하는 절차에 따라 함수 머리를 만들자. 앞에 선언된 함수 원형을 마지막에 적힌 세미콜론을 빼고 옮겨 적는다. 다음은 함수 몸체를 만들어야 한다. 처리 과정에서는 "5. 끝내다." 처리단계와 나씨-슈나이더만 다이어그램에서는 start와 stop이 적힌 순차 구조 기호들을 C언어로 구현하자. start가 적힌 순차 구조 기호는 여는 중괄호와 stop이 적힌 순차 구조 기호는 닫는 중괄호로 여닫아 블록을 설정하여 함수 몸체를 만들어야 한다.

```
                          start


                          stop
```

```
/* **************************************************************
   함수 이름 : Load
   기    능 : 디스크 파일로부터 학생의 점수들을 입력받는다.
   입    력 : 없음
   출    력 : 학생들, 학생 명수
   ************************************************************** */
void Load( Student *(*students), ULong *count ) {
}
```

다음은 자료명세서와 배열과 변수를 선언하는 순차 구조 기호를 C언어로 구현해 보자.

자료 명세서

번호	명칭		자료유형	구분	비고
	한글	영문			
	학생	Student	학생		레코드 자료형
	성명	name	문자열		필드
	국어점수	koreanScore	정수		필드
	영어점수	englishScore	정수		필드
	수학점수	mathScore	정수		필드
	총점	sum	정수		필드
	평균	average	실수		필드
	평가	grade	문자열		필드
1	학생들	students	학생 배열	출력	
2	학생 명수	count	정수	출력	
3	학생 명수	students	학생	입력	
4	첨자	i	정수	추가	

```
students( ), count = 0, student, i = 1
```

매개변수로 이미 선언된 것들을 제외하고, 나머지들은 자동변수나 배열로 선언해야 한다. 매개변수같이 자동변수는 선언과 정의를 분리할 수 없으므로 선언한다고 하면 정의도 이루어진다는 것도 명심하자.

순차 구조 기호에서 매개변수들, students와 count를 빼고, 남은 student, i를 자동변수로 선언 및 정의해야 한다.

또한, 초기화되는 변수는 초기화해야 한다. 함수 블록의 시작 부분에 다음과 같은 형식으로 선언, 정의 그리고 초기화하면 된다.

```
auto 자료형 변수이름[= 초깃값];
```

앞에서 이미 정리한 자료형을 사용하면 된다. 한 줄에 하나의 변수를 선언하도록 하자. 반드시 줄의 끝에 세미콜론을 적어 선언문으로 처리되도록 해야 한다. auto는 적지 않아도 컴파일러에 의해서 자동으로 추가된다.

student는 자료형으로 레코드형 Student를 적고 공백을 두고 변수 이름을 적고, 세미콜론을 마지막에 적으면 된다. 그러나 i는 ULong 자료형을 적고, 공백문자를 두고, 변수 이름을 적는다. 초기화하고 있으므로 뒤에 적히는 값이 초깃값이라는 것을 강조하기 위해 등호를 적어야 한다. 그리고 등호 뒤에 0을 적고, 마지막에 세미콜론을 적으면, 선언과 정의하게 되는 것이다. 초깃값을 1이 아니라 0으로 설정한 것은 C언어에서는 배열의 첨자는 0부터 시작하기 때문이다.

C코드
```
/* *********************************************************************
   함수 이름 : Load
   기    능 : 디스크 파일로부터 학생의 점수들을 입력받는다.
   입    력 : 없음
   출    력 : 학생들, 학생 명수
   ********************************************************************* */
void Load( Student *(*students), ULong *count ) {
    Student student;
    ULong i = 0;
}
```

순차 구조 기호를 보면, count는 초기화되어 있다. 그런데 count가 매개변수로 선언되었다. 그것도 포인터 변수로 말이다. 따라서 여기서는 치환으로 포인터 변수에 저장된 주소를 갖는 기억장소에 초깃값 0을 저장하도록 해야 한다. 이때는 * 간접 연산자를 사용해야 한다. 포인터 변수 count 앞에 별표를 적고, 치환 연산자인 등호를 적고 0을 적고 세미콜론을 적이 문장으로 처리되도록 해야 한다.

여기서 기억할 내용은 매개변수를 선언할 때 별표는 매개변수에 주소가 저장된다는 것을 강조하는 구두점이다. 변수를 선언하는 곳이 아닌 곳에 별표는 포인터 변수에 저장된 주소를 갖는 기억장소에 저장된 값을 의미하는 간접 연산자인 것을 반드시 기억해야 한다.

C코드
```
/* *********************************************************************
   함수 이름 : Load
   기    능 : 디스크 파일로부터 학생의 점수들을 입력받는다.
   입    력 : 없음
   출    력 : 학생들, 학생 명수
   ********************************************************************* */
```

```
void Load( Student *(*students), ULong *count ) {
    Student student;
    ULong i = 0;

    *count = 0;
}
```

● 처리 과정으로 코드를 설명하는 주석을 여러분이 직접 만들어 보자.

C코드
```
/* **********************************************************************
함수 이름 : Load
기     능 : 디스크 파일로부터 학생의 점수들을 입력받는다.
입     력 : 없음
출     력 : 학생들, 학생 명수
   ************************************************************ */
void Load( Student *(*students), ULong *count ) {
    Student student;
    ULong i = 0;

    *count = 0;

    // 1.1. 성명, 국어점수, 영어점수, 수학점수를 입력받는다.
    // 1. 파일의 끝이 아닌 동안 반복한다.
        // 1.2. 학생 명수를 세다.
        // 1.1. 성명, 국어점수, 영어점수, 수학점수를 입력받는다.
    // 2. 학생 배열을 만든다.
    // 3.1. 성명, 국어점수, 영어점수, 수학점수를 입력받는다.
    // 3. 파일의 끝이 아닌 동안 반복한다.
        // 3.2. 학생들에 적는다.
        // 3.1. 성명, 국어점수, 영어점수, 수학점수를 입력받는다.
    // 4. 학생들과 학생 명수를 출력한다.
    // 5. 끝내다.
}
```

다음은 처리단계 "1.1. 성명, 국어점수, 영어점수 그리고 수학점수를 입력받는다."의 다음 순차 구조 기호를 C언어로 구현하자.

```
read student.name, student.koreanScore, student.englishScore,
student.mathScore
```

디스크 파일로부터 데이터를 읽는 처리이다. C언어에서 디스크 파일을 다루는 절차에 따라 구현되어야 한다. C언어에서 디스크 파일을 다루는 절차는 다음과 같다.

1. 디스크 파일을 연다.

2. 디스크 파일이 정상적으로 열렸으면

      2.1. 디스크 파일에 데이터를 쓴다.

      (2.1. 디스크 파일로부터 데이터를 읽는다.)

      2.2. 디스크 파일을 닫다.

3. 끝내다.

C언어에서는 디스크 파일을 비롯한 모든 입력과 출력을 스트림(Stream)을 통해 수행한다. 디스크 파일과 연결된 스트림을 만드는 과정을 디스크 파일 열기(Opening)라고 한다. 디스크 파일을 열려면 fopen(File Open이라고 읽음) 라이브러리 함수를 사용한다. fopen 함수의 원형은 헤더 파일 stdio.h에 있으며 다음과 같다.

C코드
```
FILE *fopen( const char *filename, const char *mode );
```

라이브러리 함수 사용 절차에 따라 첫 번째로 매크로를 작성하여 fopen 함수 원형을 원시 코드 파일로 복사하도록 지시해야 한다. 프로그램을 설명하는 주석 바로 아래쪽에 #include 전처리기 지시자로 헤더 파일을 명시하도록 한다.

C코드
```
// Evaluate.c
/* *************************************************************
파일 이름 : Evaluate.c
기     능 : 여러 명의 학생의 성명, 국어점수, 영어점수 그리고 수학점수가 입력되면
           성적을 평가하고, 과목별 평균을 구한다.
작 성 자 : 김 석 현
작성 일자 : 2013년 8월 14일
************************************************************** */
// 매크로
#include <stdio.h> // fopen
```

함수 원형을 보면 fopen 함수의 반환형이 FILE*이다. FILE형의 주소를 반환한다는 것을 알 수 있다. FILE은 stdio.h에서 선언된 구조체 태그의 자료형 이름이다. 열고자 하는 각각의 디스크 파일에 포인터 변수를 선언해야 한다. 포인터 변수를 선언하는 절차에 따라 선언해 보자.

(1) 포인터 변수 이름을 적는다. file

(2) 포인터 변수 이름 앞에 별표를 적는다. *file

(3) 별표 앞에 공백을 두고 자료형 FILE을 적는다. FILE *file

(4) 자동변수이므로 줄의 끝에 세미콜론을 적어 선언문으로 처리되도록 한다.

FILE *file;

```
C코드
/* **********************************************************************
함수 이름 : Load
기    능 : 디스크 파일로부터 학생의 점수들을 입력받는다.
입    력 : 없음
출    력 : 학생들, 학생 명수
*********************************************************************** */
void Load( Student *(*students), ULong *count ) {
    Student student;
    ULong i = 0; // 첨자

    FILE *file;

    *count = 0;

    // 1.1. 성명, 국어점수, 영어점수, 수학점수를 입력받는다.
    // 1. 파일의 끝이 아닌 동안 반복한다.
        // 1.2. 학생 명수를 센다.
        // 1.1. 성명, 국어점수, 영어점수, 수학점수를 입력받는다.
    // 2. 학생 배열을 만든다.
    // 3.1. 성명, 국어점수, 영어점수, 수학점수를 입력받는다.
    // 3. 파일의 끝이 아닌 동안 반복한다.
        // 3.2. 학생들에 적는다.
        // 3.1. 성명, 국어점수, 영어점수, 수학점수를 입력받는다.
    // 4. 학생들과 학생 명수를 출력한다.
    // 5. 끝낸다.
}
```

다음은 함수 호출 문장을 작성하면 된다. FILE*형의 포인터 변수에 주소를 저장하는 치환식을 작성하고, 오른쪽 값으로는 호출식을 작성하고 문장으로 처리되도록 줄의 끝에 세미콜론을 적는다.

치환식은 변수 이름을 적고 치환 연산자를 적으면 된다. 호출식은 함수 이름을 적고, 소괄호를 여닫는다. 그리고 소괄호에는 두 개의 실인수를 적어야 한다. 첫 번째 매개변수 filename은 열고자 하는 디스크 파일의 이름이다. filename 매개변수는 큰따옴표로 싼 문자열 리터럴이거나 문자 배열 이름일 수 있다. 디스크 파일의 경로를 사용하지 않으면 현재 프로젝트의 디렉토리(혹은 폴더)의 경로를 가진다.

두 번째 매개변수 mode는 디스크 파일을 여는 방식을 명시한다. mode는 디스크 파일의 저장방식이 0과 1로 구성되는 이진(Binary)인지 ASCII 코드로 구성되는 텍스트(Text)인지 그리고 읽기(Read)를 위한 것인지 쓰기(Write)를 위한 것인지, 아니면 읽기와 쓰기 모두를 위한 것인지, 추가(Append)를 위한 것인지를 제어한다.

기본 파일 모드는 텍스트이다. 이진 모드로 디스크 파일을 열려면 mode 매개변수에 b를 추가한다. 매개변수 mode에서 t를 명시하지 않아도 기본 디스크 파일 모드는 텍스트이므로 텍스트 파일을 읽을 수 있다. 그렇지만 생략하지 말고 명시적으로 적자.

포인터 변수 file에 fopen 함수에서 반환되는 값을 저장해야 하므로 치환식 file = 을 작성한다. 그리고 호출식은 fopen 함수 이름을 적고, 소괄호를 여닫는다. 소괄호에 첫 번째 인수로 "Students.txt"파일 이름으로 적고, 텍스트 파일을 읽어야 하므로 두 번째 인수로 "rt"를 적어야 한다. 그리고 줄의 끝에 세미콜론을 적어 함수 호출 문장으로 처리되도록 한다.

C코드

```
/* **********************************************************************
함수 이름 : Load
기    능 : 디스크 파일로부터 학생의 점수들을 입력받는다.
입    력 : 없음
출    력 : 학생들, 학생 명수
   ********************************************************************** */
void Load( Student *(*students), ULong *count ) {
    Student student;
    ULong i = 0; // 첨자

    FILE *file;

    *count = 0;

    file = fopen( "Students.txt", "rt");
    // 1.1. 성명, 국어점수, 영어점수, 수학점수를 입력받는다.
    // 1. 파일의 끝이 아닌 동안 반복한다.
        // 1.2. 학생 명수를 세다.
        // 1.1. 성명, 국어점수, 영어점수, 수학점수를 입력받는디.
    // 2. 학생 배열을 만든다.
    // 3.1. 성명, 국어점수, 영어점수, 수학점수를 입력받는다.
    // 3. 파일의 끝이 아닌 동안 반복한다.
        // 3.2. 학생들에 적는다.
        // 3.1. 성명, 국어점수, 영어점수, 수학점수를 입력받는다.
    // 4. 학생들과 학생 명수를 출력한다.
    // 5. 끝내다.
}
```

fopen 함수 호출이 끝날 때, 힙에 할당된 기억장소의 주소를 반환한다. 이후에 디스크 파일에서 일어나는 모든 처리마다 이 주소를 사용하는 것이다. fopen 함수가 실패했을 때,

NULL을 반환한다. 다음과 같은 상황이 NULL을 반환하는 가장 흔한 경우에 포함된다.

(1) 디스크 파일 이름이 틀렸을 때

(2) 읽기 모드에서 존재하지 않는 디스크 파일을 열려는 시도할 때

fopen 함수를 사용할 때마다 반드시 스트림이 정상적으로 생성되지 않으면, 다시 말해서
기억장소가 할당되지 않았다면, 기억장소에 데이터를 읽거나 쓸 수 없으므로 열기 오류가
발생했는지를 확인해 보아야 한다. 따라서 if 선택문으로 디스크 파일이 정상적으로 열렸
는지를 확인해야 한다. 디스크 파일이 정상적으로 열렸다면, file 변수에 NULL이 아닌 값
이 저장되어 있을 것이다. 그래서 if 선택문의 조건식은 file이 NULL이 아닌지 관계식을
작성해서 소괄호에 적어야 한다. 그리고 닫는 소괄호 뒤에 여는 중괄호를 적고, 다음 줄에
닫는 중괄호를 적어 if 선택문의 제어블록을 만든다. if 선택문의 제어블록에 디스크 파일
과 관련 내용이 처리되도록 해야 한다. 데이터를 읽거나 쓰기가 끝난 후에는 디스크 파일
을 닫아야 한다.

C코드

```
/* ****************************************************************
함수 이름 : Load
기    능 : 디스크 파일로부터 학생의 점수들을 입력받는다.
입    력 : 없음
출    력 : 학생들, 학생 명수
**************************************************************** */
void Load( Student *(*students), ULong *count ) {
    Student student;
    ULong i = 0; // 첨자

    FILE *file;

    *count = 0;

    file = fopen( "Students.txt", "rt");
    if( file != NULL ) {
        // 1.1. 성명, 국어점수, 영어점수, 수학점수를 입력받는다.
        // 1. 파일의 끝이 아닌 동안 반복한다.
            // 1.2. 학생 명수를 세다.
            // 1.1. 성명, 국어점수, 영어점수, 수학점수를 입력받는다.
    }
        // 2. 학생 배열을 만든다.
        // 3.1. 성명, 국어점수, 영어점수, 수학점수를 입력받는다.
        // 3. 파일의 끝이 아닌 동안 반복한다.
            // 3.2. 학생들에 적는다.
            // 3.1. 성명, 국어점수, 영어점수, 수학점수를 입력받는다.
    // 4. 학생들과 학생 명수를 출력한다.
    // 5. 끝내다.
}
```

디스크 파일이 정상적으로 열렸으면 데이터를 읽어야 한다. 텍스트 파일을 만들 때 한 줄에 성명, 국어점수, 영어점수, 수학점수를 한 칸씩 띄워 구분하여 저장하자. 이러한 방식으로 데이터들을 쓰거나 읽어야 한다면, 텍스트 파일에서 서식화된 입력과 출력을 해야 한다. 서식화된 데이터 입력에서는 fscanf 라이브러리 함수를 사용한다. fscanf 함수는 콘솔 윈도우에서 키보드 입력 스트림인 stdin 같이 지정된 스트림으로 첫 번째 매개변수로 사용해야 한다는 점을 제외하면 scanf 함수 사용법과 같다. fscanf 함수의 원형은 다음과 같다.

```
int fscanf( FILE *stream, const char *format [, argument ]... );
```

매개변수 stream은 fopen 함수에 의해 반환되는 주소이다. format은 fscanf 함수가 데이터를 읽는 방식을 지정하는 서식 문자열에 대한 포인터이다. 서식 문자열을 구성하는 구성 요소는 scanf 함수와 같다. 마지막으로 생략 부호(…)는 하나 이상의 추가 매개변수, 곧 fscanf 함수가 디스크 파일로부터 읽어 들인 데이터들을 저장하는 변수의 주소이다.

read student.name, student.koreanScore, student.englishScore, student.mathScore

fscanf 함수 호출 문장을 작성해 보자.

(1) fscanf 함수 이름을 적고 소괄호를 여닫는다. fscanf()

(2) 첫 번째 인수는 FILE형 포인터이므로 file을 적는다. fscanf(file)

(3) 두 번째 인수는 읽히는 데이터 개수가 네 개이므로 % 기호를 네 개 적고, 첫 번째 % 기호 뒤에는 문자열이므로 s를 자료형 변환문자로 적고, 두 번째부터 네 번째 % 기호 뒤에는 정수이므로 d를 자료형 변환문자로 적는다. unsigned short int이면 hu를 적는다. 이렇게 적힌 문자열을 큰따옴표로 묶어 두 번째 인수로 적는다.
fscanf(file, "%s %hu %hu %hu")

(4) 세 번째 인수는 student 레코드형의 변수의 멤버 name이다. name 멤버는 배열 이름이므로 주소라서 그대로 적는다. 변수 이름은 기억장소에 저장된 값이므로 멤버를 참조할 때는 구조체 멤버 연산자를 사용해야 한다. student 레코드형 변수의 멤버 name를 접근하려면 구조체 멤버 연산자인 구두점을 적어야 한다. 레코드형 변수 이름을 적고, 구두점을 적고, 멤버 이름을 차례로 적으면 된다.
fscanf(file, "%s %hu %hu %hu", student.name)

네 번째 인수부터 여섯 번째 인수로는 정수형 멤버의 주소를 적어야 하므로 멤버 이름 앞에 & 주소 연산자를 적어 주소를 구하는 식을 적도록 한다. 물론 구조체 멤버 연산자로 멤버를 참조하는 식을 작성한 후 & 주소 연산자를 맨 앞에 적는다.

fscanf(file, "%s %hu %hu %hu", student.name, &student.koreanScore, &student.englishScore, &student.mathScore)

(5) 함수 호출 문장으로 처리되도록 줄의 끝에 세미콜론을 적는다.

fscanf(file, "%s %hu %hu %hu", student.name, &student.koreanScore, &student.englishScore, &student.mathScore);

C코드

```
/* ***********************************************************************
함수 이름 : Load
기    능 : 디스크 파일로부터 학생의 점수들을 입력받는다.
입    력 : 없음
출    력 : 학생들, 학생 명수
*********************************************************************** */
void Load( Student *(*students), ULong *count ) {
    Student student;
    ULong i = 0; // 첨자

    FILE *file;

    *count = 0;

    file = fopen( "Students.txt", "rt");
    if( file != NULL ) {
        // 1.1. 성명, 국어점수, 영어점수, 수학점수를 입력받는다.
        fscanf(file, "%s %hu %hu %hu", student.name,
&student.koreanScore, &student.englishScore, &student.mathScore);
        // 1. 파일의 끝이 아닌 동안 반복한다.
            // 1.2. 학생 명수를 세다.
            // 1.1. 성명, 국어점수, 영어점수, 수학점수를 입력받는다.
    }
        // 2. 학생 배열을 만든다.
        // 3.1. 성명, 국어점수, 영어점수, 수학점수를 입력받는다.
        // 3. 파일의 끝이 아닌 동안 반복한다.
            // 3.2. 학생들에 적는다.
            // 3.1. 성명, 국어점수, 영어점수, 수학점수를 입력받는다.
    // 4. 학생들과 학생 명수를 출력한다.
    // 5. 끝내다.
}
```

다음은 "1. 파일의 끝(EOF)이 아닌 동안 반복한다." 처리단계의 반복 구조 기호를 C언어로 구현해 보자.

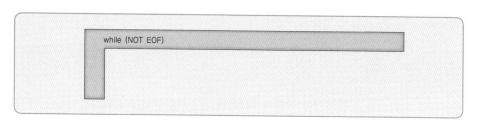

```
while (NOT EOF)
```

while 반복구조이므로 while 반복문으로 구현하면 된다. while 반복문의 형식은 다음과 같다.

C코드
```
while(조건식) {
    // 반복해야 하는 단문 혹은 복문
}
```

while 키워드를 적고 조건식을 적어야 하므로 소괄호를 여닫아야 한다. C언어에서는 반복
문이나 선택문에서 조건식을 적어야 할 때는 반드시 소괄호에 적어야 하기 때문이다. 닫는
소괄호 뒤에 제어블록의 시작을 나타내는 중괄호를 열고, 다음 줄에 중괄호를 닫아 제어블
록을 만든다. 단문이면 제어블록을 만들지 않아도 된다. 그렇지만, 코드를 쉽게 읽을 수 있
도록, 다음에 반복해야 하는 코드를 추가했을 때 제어블록을 만들지 않아 발생할 수 있는
논리 오류를 방지하기 위해서 단문일지라도 제어블록을 만들도록 하자.

조건식 NOT EOF를 C언어로 구현해 보자. 디스크 파일의 끝인지 아닌지를 확인하는 방법
을 알아야 한다. 디스크 파일은 대부분 많은 데이터를 입력받아야 하고, 저장된 데이터 개
수를 알지 못할 때 사용한다. 이때는 디스크 파일의 끝을 알아내야 한다. C언어에서 디스
크 파일의 끝을 알아내는 방법은 두 가지가 있다.

첫 번째는 텍스트 파일로부터 한 문자씩 읽을 때 디스크 파일 끝 문자를 찾아낼 수 있다. 매
크로 상수 EOF(End Of File)는 stdio.h 헤더 파일에 −1로 정의되어 있다. 문자 입력 함수
가 텍스트 스트림으로부터 EOF를 읽었을 때 디스크 파일의 끝에 도달했음을 알 수 있다.

두 번째는 라이브러리 함수 feof 함수를 이용할 수 있다. 텍스트 디스크 파일에서 사용된
다. feof 함수 원형은 다음과 같다.

C코드
```
int feof( FILE *stream);
```

간단하게 feof 함수를 사용하자. feof 함수 이름을 적고, 소괄호를 여닫는다. 매개변수

stream은 디스크 파일이 열릴 때 fopen 함수가 반환하는 FILE 포인터이다.

feof(file)

feof 함수는 디스크 파일의 끝에 도달하지 않았을 때는 0을 반환하고 디스크 파일 끝에 도
달했을 때는 0이 아닌 값을 반환한다. 0은 C언어에서 논리적 거짓이다. 디스크 파일의 끝
에 도달하지 않았을 때, 0을 반환하므로 선 검사 반복구조(진입 조건 반복구조)에서 참인
동안 반복을 계속하도록 논리 부정을 하면 참이 된다. 따라서 NOT은 C언어의 논리 부정
연산자 ! 로 논리 부정하면, 즉 참이 된다. 그리고 디스크 파일의 끝에 도달했을 때는 0이
아닌 값, 즉 C 언어에서 참인 값이므로 논리 부정을 하면 거짓이 되어 반복을 계속하지 않
고 끝나게 될 것이다.

```c
/* ***********************************************************************
함수 이름 : Load
기    능 : 디스크 파일로부터 학생의 점수들을 입력받는다.
입    력 : 없음
출    력 : 학생들, 학생 명수
*********************************************************************** */
void Load( Student *(*students), ULong *count ){
    Student student;
    ULong i = 0; // 첨자

    FILE *file;

    *count = 0;

    file = fopen( "Students.txt", "rt");
    if( file != NULL ){
        // 1.1. 성명, 국어점수, 영어점수, 수학점수를 입력받는다.
        fscanf(file, "%s %hu %hu %hu", student.name,
    &student.koreanScore, &student.englishScore, &student.mathScore);
        // 1. 파일의 끝이 아닌 동안 반복한다.
        while( !feof(file) ){
            // 1.2. 학생 명수를 센다.
            // 1.1. 성명, 국어점수, 영어점수, 수학점수를 입력받는다.
        }
    }
        // 2. 학생 배열을 만든다.
        // 3.1. 성명, 국어점수, 영어점수, 수학점수를 입력받는다.
        // 3. 파일의 끝이 아닌 동안 반복한다.
            // 3.2. 학생들에 적는다.
            // 3.1. 성명, 국어점수, 영어점수, 수학점수를 입력받는다.
    // 4. 학생들과 학생 명수를 출력한다.
    // 5. 끝내다.
}
```

다음은 "1.2. 학생 명수를 세다." 처리단계의 순차 구조 기호를 C언어로 구현해 보자.

```
count = count + 1
```

순차 구조 기호를 구현하는 방식대로 순차 구조 기호에 적힌 내용을 그대로 옮겨 적고, 줄의 끝에 세미콜론을 적어 문장으로 처리되도록 한다. 그런데 C언어에서는 조심해야 하는 것이 있는데, 포인터 변수일 때는 포인터 변수에 값을 저장하는 것이 아니다. 포인터 변수에 저장된 값인 주소를 갖는 기억장소에 값을 저장해야 한다. 그래서 포인터 변수 이름 앞에 간접 연산자 별표(*)를 적어야 한다. 간접 연산자와 치환연산자를 사용하여 주소를 갖는 기억장소에 값을 저장하도록 해야 한다.

C코드
```
/* ********************************************************************
함수 이름 : Load
기    능 : 디스크 파일로부터 학생의 점수들을 입력받는다.
입    력 : 없음
출    력 : 학생들, 학생 명수
******************************************************************** */
Void Load( Student *(*students), ULong *count ) {
    Student student;
    ULong i = 0; // 첨자

    FILE *file;

    *count = 0;

    file = fopen( "Students.txt", "rt");
    if( file != NULL ) {
        // 1.1. 성명, 국어점수, 영어점수, 수학점수를 입력받는다.
        fscanf(file, "%s %hu %hu %hu", student.name,
    &student.koreanScore, &student.englishScore, &student.mathScore);
        // 1. 파일의 끝이 아닌 동안 반복한다.
        while( !feof(file) ) {
            // 1.2. 학생 명수를 세다.
            *count = *count + 1;
            // 1.1. 성명, 국어점수, 영어점수, 수학점수를 입력받는다.
        }
    }
        // 2. 학생 배열을 만든다.
        // 3.1. 성명, 국어점수, 영어점수, 수학점수를 입력받는다.
        // 3. 파일의 끝이 아닌 동안 반복한다.
            // 3.2. 학생들에 적는다.
            // 3.1. 성명, 국어점수, 영어점수, 수학점수를 입력받는다.
    // 4. 학생들과 학생 명수를 출력한다.
    // 5. 끝내다.
}
```

누적이므로 누적 관련 연산자를 사용하여 다음과 같이 구현할 수 있다.

```
C코드
        *count += 1;
        *count++;
```

여기서 주의해야 하는 내용은 ++ 증가 연산자로 구현할 때이다. 왜냐하면, 포인터 변수에서 ++ 증가 연산자가 사용되면, 주소를 구하는 포인터 산술 연산자가 된다. 따라서 우선순위로 보면 ++ 먼저이고, 저장된 값을 의미하는 * 간접 연산자가 다음에 평가된다.

++ 연산자에 의해서 count에 저장된 주소로부터 주소를 갖는 기억장소 크기만큼 이동한 곳의 기억장소의 주소를 구한다. 명확하지 않은 기억장소의 주소를 구하게 된다. 그리고 * 간접 연산자도 구해진 주소를 갖는 명확하지 않은 기억장소에 저장된 값을 구하는 것이다.

따라서 우리가 의도하는 count에 저장된 주소를 갖는 기억장소에 저장된 값에 1을 증가시키는 누적이 되는 것이 아니다. 우리가 의도하는 값을 구하기 위해서는 먼저 count에 저장된 주소를 갖는 기억장소에 저장된 값을 참조하여 1을 더하여 구한 값을 다시 저장하도록 해야 한다. 따라서 ++연산자보다는 * 연산자를 먼저 해야 한다. 이럴 때 소괄호를 사용하여 평가순서를 바꾸면 된다. 따라서 * 연산자를 먼저 평가하도록 해야 하므로 다음과 같이 코드가 작성되어야 한다.

```
C코드
        (*count)++;
```

```
C코드
/* ***********************************************************
   함수 이름 : Load
   기     능 : 디스크 파일로부터 학생의 점수들을 입력받는다.
   입     력 : 없음
   출     력 : 학생들, 학생 명수
   *********************************************************** */
void Load( Student *(*students), ULong *count ) {
    Student student;
    ULong i = 0; // 첨자

    FILE *file;

    *count = 0;

    file = fopen( "Students.txt", "rt" );
    if( file != NULL ) {
        // 1.1. 성명, 국어점수, 영어점수, 수학점수를 입력받는다.
        fscanf(file, "%s %hu %hu %hu", student.name,
    &student.koreanScore, &student.englishScore, &student.mathScore);
```

```
        // 1. 파일의 끝이 아닌 동안 반복한다.
        while( !feof(file) ) {
            // 1.2. 학생 명수를 세다.
            (*count)++;
            // 1.1. 성명, 국어점수. 영어점수. 수학점수를 입력받는다.
        }
    }
    // 2. 학생 배열을 만든다.
    // 3.1. 성명, 국어점수, 영어점수, 수학점수를 입력받는다.
    // 3. 파일의 끝이 아닌 동안 반복한다.
        // 3.2. 학생들에 적는다.
        // 3.1. 성명, 국어점수. 영어점수. 수학점수를 입력받는다.
    // 4. 학생들과 학생 명수를 출력한다.
    // 5. 끝내다.
}
```

● 처리단계 "1.1. 성명, 국어점수, 영어점수 그리고 수학점수를 입력받는다."의 아래쪽 순차 구조 기호는 여러분이 직접 구현해 보자.

> read student.name, student.koreanScore, student.englishScore, student.mathScore

반복문장이 끝나면, 다시 말해서 디스크 파일의 끝까지 데이터들을 다 읽었다면, 힙에 할당된 스트림을 해제해야 한다. 다시 말해서, 디스크 파일을 닫아야 한다.

디스크 파일 사용이 완료되면 fclose(File Close라 읽음) 함수를 이용하여 디스크 파일을 닫아야 한다. 함수 원형은 다음과 같다.

C코드
```
int fclose(FILE *stream);
```

매개변수 stream은 스트림과 연결된 FILE 포인터이다. fclose 함수는 성공했을 때 0, 실패했을 때 −1을 반환한다. 디스크 파일을 닫을 때 디스크 파일의 버퍼라고도 하는 스트림에 남아 있는 내용이 디스크 파일에 기록되고 버퍼는 비워진다.

while 반복문장 아래 줄에 if 문장의 제어블록의 끝에 명시적으로 디스크 파일을 닫도록 코드를 작성해야 한다.

```
/* *****************************************************************
함수 이름 : Load
기     능 : 디스크 파일로부터 학생의 점수들을 입력받는다.
입     력 : 없음
출     력 : 학생들, 학생 명수
******************************************************************* */
void Load( Student *(*students), ULong *count ) {
    Student student;
    ULong i = 0; // 첨자

    FILE *file;

    *count = 0;

    file = fopen( "Students.txt", "rt");
    if( file != NULL ) {
        // 1.1. 성명, 국어점수, 영어점수, 수학점수를 입력받는다.
        fscanf(file, "%s %hu %hu %hu", student.name,
&student.koreanScore, &student.englishScore, &student.mathScore);
        // 1. 파일의 끝이 아닌 동안 반복한다.
        while( !feof(file) ) {
            // 1.2. 학생 명수를 세다.
            (*count)++;
            // 1.1. 성명, 국어점수, 영어점수, 수학점수를 입력받는다.
            fscanf(file, "%s %hu %hu %hu", student.name,
&student.koreanScore, &student.englishScore, &student.mathScore);
        }
        fclose(file);
    }
    // 2. 학생 배열을 만든다.
    // 3.1. 성명, 국어점수, 영어점수, 수학점수를 입력받는다.
    // 3. 파일의 끝이 아닌 동안 반복한다.
        // 3.2. 학생들에 적는다.
        // 3.1. 성명, 국어점수, 영어점수, 수학점수를 입력받는다.
    // 4. 학생들과 학생 명수를 출력한다.
    // 5. 끝내다.
}
```

다음은 "2. 학생 배열을 만든다." 처리 단계의 다음 선택 구조를 구현해 보자.

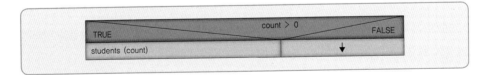

C언어에서 선택 구조 기호는 기본적으로 if 문과 else 절로 구현해야 한다. C언어에서 선택문의 형식은 다음과 같다.

```
if(조건식) {
     // 조건식을 평가했을 때 참일 때 처리해야하는 문장(들)
}
else {
     // 조건식을 평가했을 때 거짓일 때 처리해야하는 문장(들)
}
```

if 키워드를 적고 소괄호를 여닫아 조건식을 적어야 한다. 소괄호에 조건식은 선택 구조 기호에서 가운데 삼각형에 적힌 내용을 그대로 옮겨 적는다. 중괄호를 여닫아 if 선택문의 제어블록을 설정해야 한다. count는 포인터 변수이므로 count에 저장된 값이 주소이므로 간접 연산자로 주소를 갖는 변수의 값을 참조하도록 해야 한다. count 변수 앞에 별표를 적어야 한다.

그리고 줄을 바꾸고 else 키워드를 적고 중괄호를 여닫아 제어블록을 설정해야 한다. 나씨-슈나이더만 다이어그램에서 거짓일 때 처리할 내용이 없으므로 else 절은 생략해도 된다. 나씨-슈나이더만 다이어그램을 보면, FALSE가 적힌 오른쪽 삼각형 아래쪽에 작도된 순차 구조 기호에 아래쪽으로 향하는 화살표가 그려져 있는데, 이는 "처리 없음"을 나타내는 것이다.

C코드

```
/* ****************************************************************
함수 이름 : Load
기     능 : 디스크 파일로부터 학생의 점수들을 입력받는다.
입     력 : 없음
출     력 : 학생들, 학생 명수
**************************************************************** */
void Load( Student *(*students), ULong *count ) {
    Student student;
    ULong i = 0; // 첨자

    FILE *file;

    *count = 0;

    file = fopen( "Students.txt", "rt");
    if( file != NULL ) {
        // 1.1. 성명, 국어점수, 영어점수, 수학점수를 입력받는다.
        fscanf(file, "%s %hu %hu %hu", student.name,
    &student.koreanScore, &student.englishScore, &student.mathScore);
        // 1. 파일의 끝이 아닌 동안 반복한다.
        while( !feof(file) ) {
            // 1.2. 학생 명수를 세다.
            (*count)++;
            // 1.1. 성명, 국어점수, 영어점수, 수학점수를 입력받는다.
```

```
        fscanf(file, "%s %hu %hu %hu", student.name,
    &student.koreanScore, &student.englishScore, &student.mathScore);
        }
    fclose(file);
}
// 2. 학생 배열을 만든다.
if( *count > 0 ) {
    // 힙에 배열을 할당하다.
}
// 3.1. 성명, 국어점수, 영어점수, 수학점수를 입력받는다.
// 3. 파일의 끝이 아닌 동안 반복한다.
    // 3.2. 학생들에 적는다.
    // 3.1. 성명, 국어점수, 영어점수, 수학점수를 입력받는다.
// 4. 학생들과 학생 명수를 출력한다.
// 5. 끝내다.
}
```

다음은 힙에 배열을 할당하는 순차 구조 기호를 구현해 보자.

```
students(count)
```

C언어에는 기억장소를 관리하는 기능이 없다. 힙에 기억장소를 할당하고, 해제하는 기능은 C 언어의 기능이 아니다. 따라서 컴파일러 개발자가 작성해서 제공하는 라이브러리 함수들을 사용해야 한다. 다음 표는 관련 라이브러리 함수들을 정리한 것이다.

번호	함수 원형	설명
1	void *malloc(size_t size);	힙에 기억장소를 할당한다.
2	void *calloc(size_t num, size_t size);	힙에 배열을 할당하고 0으로 초기화한다.
3	void *realloc(void *memblock, size_t size);	할당된 기억장소의 크기를 변경한다.
4	void free(void *memblock);	힙에 할당된 기억장소를 해제한다.

라이브러리 함수를 사용하는 절차에 따라 원시 코드 파일로 라이브러리 함수 원형을 복사하도록 지시해야 한다. 따라서 전처리기 지시자 #include를 사용하여 헤더 파일을 지정해야 한다. calloc 함수, malloc 함수, 그리고 realloc 함수와 free 함수 원형이 작성된 헤더 파일은 stdlib.h 이다. 다음과 같이 매크로를 작성해야 한다.

C언어 `#include <stdlib.h>`

힙에 배열을 할당할 때 사용되는 함수는 calloc 함수이다. 함수 호출 문장을 작성하기 위해서는 함수 원형을 확인해야 한다.

```C언어
void *calloc( size_t num, size_t size );
```

calloc 함수는 2개의 매개변수를 가진다. 첫 번째 매개변수는 배열 크기, 두 번째 매개변수는 배열요소의 크기이다. 첫 번째 매개변수에 배열 크기, 다시 말해서 배열요소의 개수로 학생 명수 count를 적으면 된다. 그런데 count는 포인터 변수이다. count에 저장된 값은 학생 명수가 아니라 학생 명수를 저장하고 있는 main 함수의 count의 주소이다. 따라서 main 함수의 count 변수에 저장된 값을 읽도록 간접 연산자를 사용해야 한다. count 변수 앞에 별표를 적어야 한다.

두 번째 매개변수는 sizeof 연산자를 사용하여 배열요소의 크기를 구하는 식을 작성하여 적으면 된다. sizeof 연산자를 사용하는 형식은 다음과 같다.

```C언어
sizeof(자료형)
```

배열요소의 자료형이 Student이므로 sizeof(Student) 으로 식을 작성하여 적으면 된다.

함수 이름 calloc를 적고 함수 호출식이므로 소괄호를 여닫아야 한다. 그리고 소괄호에 차례로 앞에서 작성된 식들을 쉼표로 구분하여 적어 함수 호출식을 작성한다.

```C언어
calloc( *count, sizeof(Student))
```

함수 호출식이 평가되면, 다른 말로는 calloc 함수가 호출되면, 주어진 값들로 계산된 기억장소만큼 힙에 할당하고, 할당된 기억장소의 주소를 반환한다고 한다. 따라서 main 함수에 할당된 참조변수 students에 저장해야 한다. 따라서 치환식을 작성해야 한다. 그렇지만, 매개변수는 main 함수에 할당된 참조 변수의 주소를 가지므로 아래처럼 코드를 작성하면 되지 않는다.

```C언어
students = calloc( *count, sizeof(Student))
```

위 코드에서 students는 main 함수에 선언된 참조 변수 students가 아니라 Load 함수에 선언된 매개변수이다. main 함수에 선언된 참조 변수 students의 주소를 저장하고 있다. 따라서 매개변수에 간접 연산자를 지정하여 매개변수에 저장된 주소를 갖는 기억장소, 다시 말해서 main 함수 스택 세그먼트에 할당된 참조변수 students에 저장하도록 해야 한다.

C언어
```
*students = calloc( *count, sizeof(Student))
```

이때 왼쪽 값과 오른쪽 값의 자료형이 다르다. 왼쪽 값 *students, main 함수에서 선언된 students 변수의 자료형은 선언문장에서 변수 이름과 세미콜론을 지워 보아라. 그러면 지워진 것들을 빼고 남는 것이 자료형이 된다.

C언어
```
        Student (*) // Student (*students);
```

오른쪽 값의 자료형은 calloc 함수 원형에서 반환형 void*이다. 이렇게 왼쪽 값의 자료형과 오른쪽 값의 자료형이 다르면 컴파일러에 따라 다르지만, 오류나 경고를 발생시킨다. 식을 작성할 때 사용되는 데이터들은 같은 자료형이 되도록 해야 한다. 특히 치환식을 작성할 때는 반드시 왼쪽 값의 자료형으로 오른쪽 값의 자료형을 맞추어 주어야 한다. 이러한 문법적인 기능을 형 변환(Type casting)이라고 한다. ( ) 형 변환 연산자를 사용해야 한다. = 뒤에 소괄호를 여닫고, 소괄호에 왼쪽 값의 자료형을 적으면 된다.

C언어
```
*students = (Student (*))calloc( *count, sizeof(Student))
```

호출 문장으로 처리되도록 문장의 끝에 세미콜론을 적어 마무리한다.

C언어
```
*students = (Student (*))calloc( *count, sizeof(Student));
```

C코드
```
/* ***********************************************************************
함수 이름 : Load
기     능 : 디스크 파일로부터 학생의 점수들을 입력받는다.
입     력 : 없음
출     력 : 학생들, 학생 명수
*********************************************************************** */
void Load( Student *(*students), ULong *count ) {
    Student student;
    ULong i = 0; // 첨자

    FILE *file;

    *count = 0;

    file = fopen( "Students.txt", "rt");
    if( file != NULL ) {
```

```
        // 1.1. 성명, 국어점수, 영어점수, 수학점수를 입력받는다.
        fscanf(file, "%s %hu %hu %hu", student.name,
    &student.koreanScore, &student.englishScore, &student.mathScore);
        // 1. 파일의 끝이 아닌 동안 반복한다.
        while( !feof(file) ) {
            // 1.2. 학생 명수를 세다.
            (*count)++;
            // 1.1. 성명, 국어점수, 영어점수, 수학점수를 입력받는다.
            fscanf(file, "%s %hu %hu %hu", student.name,
    &student.koreanScore, &student.englishScore, &student.mathScore);
        }
        fclose(file);
    }
    // 2. 학생 배열을 만든다.
    if( *count > 0 ) {
        // 힙에 배열을 할당하다.
        *students = (Student (*))calloc( *count, sizeof(Student));
    }
    // 3.1. 성명, 국어점수, 영어점수, 수학점수를 입력받는다.
    // 3. 파일의 끝이 아닌 동안 반복한다.
        // 3.2. 학생들에 적는다.
        // 3.1. 성명, 국어점수, 영어점수, 수학점수를 입력받는다.
    // 4. 학생들과 학생 명수를 출력한다.
    // 5. 끝내다.
}
```

다음은 처리단계 "3.1. 성명, 국어점수, 영어점수 그리고 수학점수를 입력받는다."의 다음 순차 구조 기호를 C언어로 구현하자.

```
read  student.name,  student.koreanScore,  student.englishScore,  student.mathScore
```

디스크 파일로부터 데이터를 읽는 처리이다. C언어에서 디스크 파일을 다루는 설차에 따라 다시 디스크 파일을 열어야 한다. while 반복 구조 기호에 앞에 적히는 디스크 파일로부터 데이터를 읽는 처리이므로 첫 번째 필드를 읽도록 하려면, 디스크 파일을 열어야 한다.

● **여러분이 직접 Students.txt 디스크 파일을 열어 보자.**

fopen 함수를 사용할 때마다 반드시 스트림이 정상적으로 생성되지 않으면, 다시 말해서 기억장소가 할당되지 않았다면, 기억장소에 데이터를 읽거나 쓸 수 없으므로 열기 오류가 발생했는지를 확인해 보아야 한다. 따라서 if 선택문으로 디스크 파일이 정상적으로 열렸는지를 확인해야 한다. 디스크 파일이 정상적으로 열렸다면, file 변수에 NULL이 아닌 값이 저장되어 있을 것이다. 그래서 if 선택문의 조건식은 file이 NULL이 아닌지 관계식을 작성해서 소괄호에 적어야 한다. 그리고 닫는 소괄호 뒤에 여는 중괄호를 적고, 다음 줄에 닫는 중괄호를 적어 if 선택문의 제어블록을 만든다. if 선택문의 제어블록에 디스크 파일에 데이터를 읽거나 쓰기가 끝난 후에는 디스크 파일을 닫아야 한다.

C코드

```
/* ************************************************************
함수 이름 : Load
기     능 : 학생의 성명, 국어점수, 영어점수, 수학점수를 디스크 파일로부터 입력받는다.
입     력 : 없음
출     력 : 학생들, 학생 명수
*********************************************************** */
void Load( Student *(*students), ULong *count ) {
    Student student;
    ULong i = 0; // 첨자

    FILE *file;

    *count = 0;

    file = fopen( "Students.txt", "rt");
    if( file != NULL ) {
        // 1.1. 성명, 국어점수, 영어점수, 수학점수를 입력받는다.
        fscanf(file, "%s %hu %hu %hu", student.name,
&student.koreanScore, &student.englishScore, &student.mathScore);
        // 1. 파일의 끝이 아닌 동안 반복한다.
        while( !feof(file) ) {
            // 1.2. 학생 명수를 세다.
            (*count)++;
            // 1.1. 성명, 국어점수, 영어점수, 수학점수를 입력받는다.
            fscanf(file, "%s %hu %hu %hu", student.name,
&student.koreanScore, &student.englishScore, &student.mathScore);
        }
        fclose(file);
    }
    // 2. 학생 배열을 만든다.
    if( *count > 0 ) {
        *students = (Student (*))calloc( *count, sizeof(Student));
    }
    file = fopen("Students.txt", "rt");
    if( file != NULL ) {
        // 3.1. 성명, 국어점수, 영어점수, 수학점수를 입력받는다.
        // 3. 파일의 끝이 아닌 동안 반복한다.
            // 3.2. 학생들에 적는다.
            // 3.1. 성명, 국어점수, 영어점수, 수학점수를 입력받는다.
    }
    // 4. 학생들과 학생 명수를 출력한다.
    // 5. 끝내다.
}
```

● 여러분이 직접 "3.1. 성명, 국어점수, 영어점수, 수학점수를 입력받는다."의 순차 구조 기호를 구현해 보자.

read student.name, student.koreanScore, student.englishScore, student.mathScore

● 여러분이 직접 "3. 파일의 끝이 아닌 동안 반복한다." 처리단계의 반복 구조 기호를 C 언어로 구현해 보자.

while (NOT EOF)

다음은 "3.2. 학생들에 적는다." 처리단계의 다음 순차 구조 기호를 C언어로 구현해 보자.

students(i) = student

치환식이나 산술식이 적힌 순차 구조 기호를 C언어로 구현하는 방법은 순차 구조 기호에 적힌 내용을 그대로 옮겨 적고, 줄의 마지막에 세미콜론을 적어 문장으로 처리되도록 하면 된다. C언어에서는 첨자 연산자는 대괄호로 바꾸어야 한다. 그런데, 여기서도 주의해야 할 것이 있다. students가 배열 포인터가 아니다. 배열의 시작 주소를 저장하는 변수가 아니라는 것이다. 따라서 첨자 연산자를 바로 사용할 수 없다. students는 배열 포인터의 포인터이다. main 함수 스택 세그먼트에 할당된 배열 포인터 변수 students의 주소를 저장하는 포인터 변수라는 것이다. 따라서 main 함수 스택 세그먼트에 할당된 배열 포인터 변수에 저장된 값을 참조하여야 하므로 간접 연산자를 사용해야 한다. students 앞에 별표를 적는다. 그리고 i를 첨자로 하여 첨자 연산자를 사용해야 한다.

C언어

```
*students[i]
```

그런데 이것도 문제가 있다. 우선순위는 첨자 연산자가 간접 연산자보다 높으므로 배열 포인터의 포인터에 첨자 연산자를 사용하기 때문이다. 따라서 먼저 평가할 식을 소괄호로 싸서 평가 순서를 바꾸어야 한다. 간접 연산자로 배열의 시작주소부터 구해야 하므로 간접 연산자와 students를 소괄호로 싸야 한다.

C언어

```
(*students)[i]
```

● 여러분이 첨자를 1씩 증가시키는 순차 구조 기호를 C언어로 직접 구현해 보자.

```
i = i + 1
```

● 여러분이 직접 "3.1. 성명, 국어점수, 영어점수, 수학점수를 입력받는다."의 순차 구조 기호를 구현해 보자.

```
read student, name, student, koreanScore, student.englishscore,
student.mathScore
```

여기까지 코드를 정리하면 다음과 같다.

C코드

```
/* ************************************************************
   함수 이름 : Load
   기    능 : 디스크 파일로부터 학생의 점수들을 입력받는다.
   입    력 : 없음
   출    력 : 학생들, 학생 명수
   ************************************************************ */
void Load( Student *(*students), ULong *count ) {
    Student student;
    ULong i = 0; // 첨자

    FILE *file;

    *count = 0;

    file = fopen( "Students.txt", "rt");
    if( file != NULL ) {
        // 1.1. 성명, 국어점수, 영어점수, 수학점수를 입력받는다.
        fscanf(file, "%s %hu %hu %hu", student.name,
&student.koreanScore, &student.englishScore, &student.mathScore);
        // 1. 파일의 끝이 아닌 동안 반복한다.
        while( !feof(file) ) {
            // 1.2. 학생 명수를 세다.
            (*count)++;
            // 1.1. 성명, 국어점수, 영어점수, 수학점수를 입력받는다.
            fscanf(file, "%s %hu %hu %hu", student.name,
&student.koreanScore, &student.englishScore, &student.mathScore);
        }
```

```
            fclose(file);
    }
    // 2. 학생 배열을 만든다.
    if( *count > 0 ) {
        *students = (Student (*))calloc( *count, sizeof(Student));
    }
    file = fopen("Students.txt", "rt");
    if( file != NULL) {
        // 3.1. 성명, 국어점수, 영어점수, 수학점수를 입력받는다.
        fscanf(file, "%s %hu %hu %hu", student.name,
    &student.koreanScore, &student.englishScore, &student.mathScore);
        // 3. 파일의 끝이 아닌 동안 반복한다.
        while( !feof(file) ) {
            // 3.2. 학생들에 적는다.
            (*students)[i] = student;
            i++;
            // 3.1. 성명, 국어점수, 영어점수, 수학점수를 입력받는다.
            fscanf(file, "%s %hu %hu %hu", student.name,
    &student.koreanScore, &student.englishScore, &student.mathScore);
        }
    }
    // 4. 학생들과 학생 명수를 출력한다.
    // 5. 끝내다.
}
```

반복문장이 끝나면, 다시 말해서 디스크 파일의 끝까지 데이터들을 다 읽었다면, 힙에 할
당된 스트림을 해제해야 한다. 다시 말해서, 디스크 파일을 닫아야 한다.

디스크 파일 사용이 완료되면 fclose(File Close라 읽음) 함수를 이용하여 파일을 닫아야
한다. while 반복문장 아래 줄에 if 문장의 제어블록의 끝에 명시적으로 디스크 파일을 닫
도록 코드를 작성해야 한다.

C코드

```
/* ***********************************************************
    함수 이름 : Load
    기     능 : 디스크 파일로부터 학생의 점수들을 입력받는다.
    입     력 : 없음
    출     력 : 학생들, 학생 명수
    *********************************************************** */
void Load( Student *(*students), ULong *count ) {
    Student student;
    ULong i = 0; // 첨자

    FILE *file;

    *count = 0;

    file = fopen( "Students.txt", "rt");
```

```
if( file != NULL ) {
    // 1.1. 성명, 국어점수, 영어점수, 수학점수를 입력받는다.
    fscanf(file, "%s %hu %hu %hu", student.name,
&student.koreanScore, &student.englishScore, &student.mathScore);
    // 1. 파일의 끝이 아닌 동안 반복한다.
    while( !feof(file) ) {
        // 1.2. 학생 명수를 센다.
        (*count)++;
        // 1.1. 성명, 국어점수, 영어점수, 수학점수를 입력받는다.
        fscanf(file, "%s %hu %hu %hu", student.name,
&student.koreanScore, &student.englishScore, &student.mathScore);
    }
    fclose(file);
}
// 2. 학생 배열을 만든다.
if( *count > 0 ) {
    *students = (Student (*))calloc( *count, sizeof(Student));
}
file = fopen("Students.txt", "rt");
if( file != NULL ) {
    // 3.1. 성명, 국어점수, 영어점수, 수학점수를 입력받는다.
    fscanf(file, "%s %hu %hu %hu", student.name,
&student.koreanScore, &student.englishScore, &student.mathScore);
    // 3. 파일의 끝이 아닌 동안 반복한다.
    while( !feof(file) ) {
        // 3.2. 학생들에 적는다.
        (*students)[i] = student;
        i++;
        // 3.1. 성명, 국어점수, 영어점수, 수학점수를 입력받는다.
        fscanf(file, "%s %hu %hu %hu", student.name,
&student.koreanScore, &student.englishScore, &student.mathScore);
    }
    fclose(file);
}
// 4. 학생들과 학생 명수를 출력한다.
// 5. 끝내다.
}
```

처리단계 "4. 학생들과 학생 명수를 출력한다."의 출력하는 순차 구조 기호를 C언어로 구현해 보자.

```
print students, count
```

이미 포인터로 배열요소에 디스크 파일로부터 읽은 성명, 국어점수, 영어점수 그리고 수학점수를 저장했고, 학생 명수도 세었으므로 따로 출력하는 코드를 작성할 필요가 없다. 이렇게 하면, Load 모듈을 Load 함수로 정의하게 되었다.

그런데, 작성한 코드에서 생각해 볼 문제가 있다. 디스크 파일을 두 번 읽어야 해서, 디스크 파일을 여닫기를 두 번 했다. fopen 함수와 fclose 함수를 두 번씩 호출했다. 첫 번째 읽을 때 디스크 파일의 끝으로 이동하여 두 번째 읽을 때 다시 처음부터 읽기 위해서 여닫았다. 비효율적인 코드이다.

한 번만 여닫으면 효율적일 것 같다. 어떻게 해야 할까? 디스크 파일을 한 번 열고 다시 한 번 더 처음부터 읽고자 한다면, 두 번째로 읽기 전에 읽을 위치(C언어에서는 파일 포인터 File Pointer라고 함)를 처음으로 이동시킬 수 있으면 된다. 이럴 때 사용되는 함수가 fseek 함수이다. 함수 원형은 다음과 같다.

```
int fseek( FILE *stream, long offset, int origin );
```

첫 번째 매개변수 stream은 스트림과 연결된 FILE 포인터이다. 두 번째 매개변수 offset은 orgin으로부터 떨어진 바이트들의 개수이고, 세 번째 매개변수 orgin은 기준 위치이면, SEEK_CUR를 적으면 현재 위치, SEEK_END는 디스크 파일의 끝 위치, SEEK_SET은 디스크 파일의 시작 위치가 된다고 한다. 따라서 디스크 파일의 시작 위치로 이동시키고자 한다면, origin은 SEEK_SET, 바로 시작해야 하므로 바이트들의 개수는 0을 사용하면 될 것이다. 정수형 상수 0을 long형으로 형 변환하고자 한다면, 정수형 상수 뒤에 소문자 엘 (l)이거나 대문자 엘(L)을 적으면 된다. 관습적으로 대문자 엘을 적는다.

fseek 함수 이름을 적고 함수 호출 연산자 소괄호를 여닫는다. 소괄호에 FILE 포인터 변수인 file, 0 그리고 SEEK_SET을 차례로 적으면 된다. 호출문장으로 처리되도록 줄의 끝에 세미콜론을 적는다.

```
fseek( file, 0L, SEEK_SET);
```

fseek 함수를 이용한다면, 차례로 코드 중간쯤 있는 fclose 함수 호출 문장을 지우고, if 문장의 제어블록을 닫는 중괄호를 지우고, fopen 함수 호출 문장을 지우고, if 선택문을 지우세요. 위에서부터 세 번째 fscanf 함수 호출 문장 앞에 fseek 함수 호출 문장을 작성하면 된다. 코드를 정리하면 다음과 같다.

```
/* **********************************************************************
함수 이름 : Load
기     능 : 디스크 파일로부터 학생의 점수들을 입력받는다.
입     력 : 없음
출     력 : 학생들, 학생 명수
   ********************************************************************** */
void Load( Student *(*students), ULong *count ) {
    Student student;
    ULong i = 0; // 첨자

    FILE *file;

    *count = 0;

    file = fopen( "Students.txt", "rt");
    if( file != NULL ) {
        // 1.1. 성명, 국어점수, 영어점수, 수학점수를 입력받는다.
        fscanf(file, "%s %hu %hu %hu", student.name,
    &student.koreanScore, &student.englishScore, &student.mathScore);
        // 1. 파일의 끝이 아닌 동안 반복한다.
        while( !feof(file) ) {
            // 1.2. 학생 명수를 세다.
            (*count)++;
            // 1.1. 성명, 국어점수, 영어점수, 수학점수를 입력받는다.
            fscanf(file, "%s %hu %hu %hu", student.name,
    &student.koreanScore, &student.englishScore, &student.mathScore);
        }
        // 2. 학생 배열을 만든다.
        if( *count > 0 ) {
            *students = (Student (*))calloc( *count, sizeof(Student));
        }
        // 디스크 파일의 시작 위치로 이동시킨다.
        fseek(file, 0L, SEEK_SET);

        // 3.1. 성명, 국어점수, 영어점수, 수학점수를 입력받는다.
        fscanf(file, "%s %hu %hu %hu", student.name,
    &student.koreanScore, &student.englishScore, &student.mathScore);
        // 3. 파일의 끝이 아닌 동안 반복한다.
        while( !feof(file) ) {
            // 3.2. 학생들에 적는다.
            (*students)[i] = student;
            i++;
            // 3.1. 성명, 국어점수, 영어점수, 수학점수를 입력받는다.
            fscanf(file, "%s %hu %hu %hu", student.name,
    &student.koreanScore, &student.englishScore, &student.mathScore);
        }
        fclose(file);
    }
    // 4. 학생들과 학생 명수를 출력한다.
    // 5. 끝내다.
}
```

다음은 Evaluate 모듈을 Evaluate 함수로 정의해 보자. 모듈기술서와 나씨-슈나이더만 다이어그램으로 정리된 알고리듬으로 Evaluate 함수를 정의하자. 여러분이 직접 해 보자. 잘되지 않으면, 앞 권을 참고해서 복습 삼아 작성해 보자.

모듈 기술서			
명칭	한글	성적을 평가하다	
	영문	Evaluate	
기능		여러 명의 학생의 성명, 국어점수, 영어점수 그리고 수학점수가 입력되면 성적을 평가하고, 과목별 평균을 구한다.	
입·출력	입력	학생들, 학생 명수	
	출력	학생들, 국어평균, 영어평균, 수학평균	
관련 모듈			

자료 명세서					
번호	명칭		자료유형	구분	비고
	한글	영문			
	학생	Student	학생		레코드 자료형
	성명	name	문자열		필드
	국어점수	koreanScore	정수		필드
	영어점수	englishScore	정수		필드
	수학점수	mathScore	정수		필드
	총점	sum	정수		필드
	평균	average	실수		필드
	평가	grade	문자열		필드
1	학생들	students	학생 배열	입출력	
2	학생 명수	count	정수	입력	
3	국어평균	koreanAverage	실수	출력	
4	영어평균	englishAverage	실수	출력	
5	수학평균	mathAverage	실수	출력	
6	국어총점	koreanSum	정수	처리	
7	영어총점	englishSum	정수	처리	
8	수학총점	mathSum	정수	처리	
9	반복제어변수	i	정수	추가	

처리 과정

1. 학생들과 학생 명수를 입력받는다.
2. 학생 명수만큼 반복한다.
  2.1. 총점을 구한다.
  2.2. 평균을 구한다.
  2.3. 평균에 따라 평가한다.
  2.4. 국어 총점을 구한다.
  2.5. 영어 총점을 구한다.
  2.6. 수학 총점을 구한다.
3. 국어평균을 구한다.
4. 영어평균을 구한다.
5. 수학평균을 구한다.
6. 학생들, 국어평균, 영어평균, 수학평균을 출력한다.
7. 끝낸다.

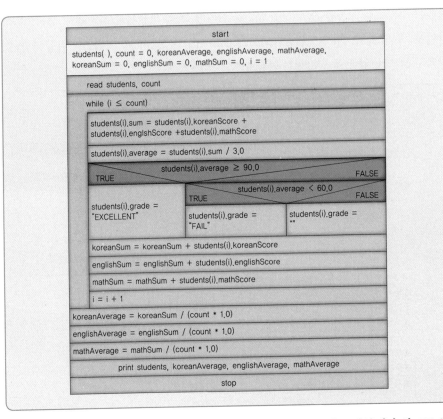

start
students( ), count = 0, koreanAverage, englishAverage, mathAverage, koreanSum = 0, englishSum = 0, mathSum = 0, i = 1
read students, count
while (i ≤ count)

students(i).sum = students(i).koreanScore + students(i).englshScore +students(i).mathScore

students(i).average = students(i).sum / 3.0

students(i).average ≥ 90.0	
TRUE	FALSE

	students(i).average < 60.0	
	TRUE	FALSE

students(i).grade = "EXCELLENT"	students(i).grade = "FAIL"	students(i).grade = ""

koreanSum = koreanSum + students(i).koreanScore

englishSum = englishSum + students(i).englishScore

mathSum = mathSum + students(i).mathScore

i = i + 1

koreanAverage = koreanSum / (count * 1.0)

englishAverage = englishSum / (count * 1.0)

mathAverage = mathSum / (count * 1.0)

print students, koreanAverage, englishAverage, mathAverage

stop

앞 권 분홍과 비교해 보면, 매개변수 count가 추가되었고, count만큼 반복해야 하므로 for 반복문이 while 반복문으로 고쳐야 하고, STUDENTS 대신에 count로 바꾸어야 한다. 따라서 다음과 같이 코드가 정리되면 된다.

C코드

```
/* *********************************************************************
함수 이름 : Evaluate
기   능 : 여러 명의 학생의 성명, 국어점수, 영어점수 그리고 수학점수가 입력되면
          성적을 평가하고, 과목별 평균을 구한다.
입   력 : 학생들, 학생 명수
출   력 : 학생들, 평가들, 국어평균, 영어평균, 수학평균
********************************************************************* */
void Evaluate( Student (*students), ULong count, float *koreanAverage,
     float *englishAverage, float *mathAverage) {
     // 자동변수 선언, 정의 그리고 초기화
     UShort koreanSum = 0;
     UShort englishSum = 0;
     UShort mathSum = 0;
     ULong i = 0;

     // 1. 학생들과 학생 명수를 입력받는다.
```

```
        // 2. 학생 명수만큼 반복한다.
        while( i < count ) {
            // 2.1. 총점을 구한다.
            students[i].sum = students[i].koreanScore + students[i].englishScore +
students[i].mathScore;
            // 2.2. 평균을 구한다.
            students[i].average = students[i].sum/3.0F;
            // 2.3. 평균에 따라 평가한다.
            if(students[i].average >= 90.0F) {
                students[i].grade = "EXCELLENT";
            }
            else if(students[i].average < 60.0F) {
                students[i].grade = "FAIL";
            }
            else {
                students[i].grade = "";
            }
            // 2.4. 국어 총점을 구한다.
            koreanSum += students[i].koreanScore;
            // 2.5. 영어 총점을 구한다.
            englishSum += students[i].englishScore;
            // 2.6. 수학 총점을 구한다.
            mathSum += students[i].mathScore;

            i++;
        }
        // 3. 국어평균을 구한다.
        *koreanAverage = koreanSum / ( count * 1.0F);
        // 4. 영어평균을 구한다.
        *englishAverage = englishSum / ( count * 1.0F);
        // 5. 수학평균을 구한다.
        *mathAverage = mathSum / ( count * 1.0F);
        // 6. 학생들, 국어평균, 영어평균, 수학평균을 출력한다.
        // 7. 끝낸다.
}
```

다음은 아래 설계도에 맞게 Save 모듈을 Save 함수로 정의해 보자.

	성명	국어	영어	수학	총점	평균	평가
❶❷❸❹	홍길동	100	100	100	300	100.0	EXCELLENT
❺	고길동	50	50	50	150	50.0	FAIL
❻	최길동	70	80	60	210	70.0	
❼	정길동	50	40	44	134	44.7	FAIL
❽❾	김길동	80	90	50	220	73.3	

❿ 국어평균 : 70.0

⓫ 영어평균 : 72.0

⓬ 수학평균 : 60.8

● 여러분이 직접 정의해 보자.

앞 권 분홍과 비교해 보면, 매개변수로 count가 추가되었고, count만큼 출력해야 하므로 for 반복문이 while반복문으로만 바꾸면 된다.

C코드

```
/* ***********************************************************
함수 이름 : Save
기    능 : 다섯 명의 학생의 성적을 출력하고, 과목별 평균을 출력한다.
입    력 : 학생들, 학생 명수, 국어평균, 영어평균, 수학평균
출    력 : 없음
   ********************************************************** */
void Save( Student (*students), ULong count, float koreanAverage,
        float englishAverage, float mathAverage ) {
    ULong i = 0;
    FILE *file;

    file = fopen("Output.txt", "wt");
    if(file != NULL) {
        // 1. 이중 구분선을 출력한다.
        fprintf(file, "===================================================₩n");
        // 2. 제목을 출력한다.
        fprintf(file, "성명₩t국어점수₩t영어점수₩t수학점수₩t총점₩t평균₩t평가₩n");
        // 3. 단일 구분선을 출력한다.
        fprintf(file, "---------------------------------------------------₩n");

        // 4. 학생 수만큼 반복한다.
        while( i < count ) {
            //   4.1. 성명, 국어점수, 영어점수, 수학점수, 총점, 평균, 평가를 출력한다.
            fprintf(file, "%s₩t%d₩t%d₩t%d₩t%d₩t%5.1f₩t%s₩n",
students[i].name, students[i].koreanScore, students[i].englishScore, students[i].
mathScore, students[i].sum, students[i].average, students[i].grade);
            i++;
        }
        // 5. 이중 구분선을 출력한다.
        fprintf(file, "===================================================₩n");

        // 6. 국어평균을 출력한다.
        fprintf(file, "국어 평균 : %.1f₩n", koreanAverage);
        // 7. 영어평균을 출력한다.
        fprintf(file, "영어 평균 : %.1f₩n", englishAverage);
        // 8. 수학평균을 출력한다.
        fprintf(file, "수학 평균 : %.1f₩n", mathAverage);

        // 디스크 파일을 닫는다.
        fclose(file);
    }
}
```

이렇게 하면 Save 함수까지도 정의했다. 다음은 운영체제에 의해서 호출되는 main 함수를

빼고 Load, Evaluate 그리고 Save 함수 호출 문장을 작성해야 한다. 그렇지만 이미 main 함수를 정의할 때 Load, Evaluate 그리고 Save 함수 호출 문장이 작성되었다.

따라서 프로그램을 구성하는 모든 함수를 선언, 정의 그리고 호출이 끝났다. 프로그램의 편집이 완료되었다는 것이다. 여기까지 원시 코드를 정리하면 다음과 같다.

C코드

```c
// Evaluate.c
/* ****************************************************************
파일 이름 : Evaluate.c
기     능 : 여러 명의 학생의 성명, 국어점수, 영어점수 그리고 수학점수가 디스크 파일
            로부터 입력되면, 성적을 평가하고, 과목별 평균을 구한다.
작 성 자 : 김 석 현
작성 일자 : 2013년 8월 14일
**************************************************************** */
// 매크로
#include <stdio.h> // fopen, feof, fscanf, fseek, fclose, fprintf
#include <stdlib.h> // calloc, free

// 자료형 이름 선언 및 정의
typedef unsigned short int UShort;
typedef unsigned long int ULong;

typedef struct _student {
    char name[11];
    UShort koreanScore;
    UShort englishScore;
    UShort mathScore;
    UShort sum;
    float average;
    char (*grade);
} Student;

// 함수 선언
int main( int argc, char *argv[] );
void Load( Student *(*students), ULong *count);
void Evaluate( Student (*students), ULong count,
    float *koreanAverage, float *englishAverage, float *mathAverage);
void Save( Student (*students), ULong count,
    float koreanAverage, float englishAverage, float mathAverage);

// 함수 정의
int main( int argc, char *argv[]) {
    // 배열과 변수 선언 및 정의
    Student (*students);
    ULong count;

    float koreanAverage;
    float englishAverage;
    float mathAverage;
```

```
        Load( &students, &count );
        Evaluate( students, count,
            &koreanAverage, &englishAverage, &mathAverage);
        Save( students, count,
            koreanAverage, englishAverage, mathAverage);

        if( students != NULL ) {
            free(students);
        }

        return 0;
}


/* ****************************************************************
함수 이름 : Load
기    능 : 디스크 파일로부터 학생의 점수들을 입력받는다.
입    력 : 없음
출    력 : 학생들, 학생 명수
**************************************************************** */
void Load( Student *(*students), ULong *count ) {
    Student student;
    ULong i = 0; // 첨자
    FILE *file;

    *count = 0;

    file = fopen( "Students.txt", "rt");
    if( file != NULL ) {
        // 1.1. 성명, 국어점수, 영어점수, 수학점수를 입력받는다.
        fscanf(file, "%s %hu %hu %hu", student.name,
    &student.koreanScore, &student.englishScore, &student.mathScore);
        // 1. 파일의 끝이 아닌 동안 반복한다.
        while( !feof(file) ) {
            // 1.2. 학생 명수를 세다.
            (*count)++;
            // 1.1. 성명, 국어점수, 영어점수, 수학점수를 입력받는다.
            fscanf(file, "%s %hu %hu %hu", student.name,
    &student.koreanScore, &student.englishScore, &student.mathScore);
        }
        // 2. 학생 배열을 만든다.
        if( *count > 0 ) {
            *students = (Student (*))calloc( *count, sizeof(Student));
        }
        // 디스크 파일의 시작 위치로 이동시킨다.
        fseek(file, 0L, SEEK_SET);

        // 3.1. 성명, 국어점수, 영어점수, 수학점수를 입력받는다.
        fscanf(file, "%s %hu %hu %hu", student.name,
    &student.koreanScore, &student.englishScore, &student.mathScore);
        // 3. 파일의 끝이 아닌 동안 반복한다.
```

```
            while( !feof(file) ) {
                // 3.2. 학생들에 적는다.
                (*students)[i] = student;
                i++;
                // 3.1. 성명, 국어점수, 영어점수, 수학점수를 입력받는다.
                fscanf(file, "%s %hu %hu %hu", student.name,
        &student.koreanScore, &student.englishScore, &student.mathScore);
            }
            fclose(file);
        }
        // 4. 학생들과 학생 명수를 출력한다.
        // 5. 끝내다.
    }


    /* ********************************************************************
    함수 이름 : Evaluate
    기    능 : 여러 명의 학생의 성명, 국어점수, 영어점수 그리고 수학점수가 입력되면
               성적을 평가하고, 과목별 평균을 구한다.
    입    력 : 학생들, 학생 명수
    출    력 : 학생들, 평가들, 국어평균, 영어평균, 수학평균
    ******************************************************************** */
    void Evaluate( Student (*students), ULong count, float *koreanAverage,
        float *englishAverage, float *mathAverage) {
        // 자동변수 선언, 정의 그리고 초기화
        UShort koreanSum = 0;
        UShort englishSum = 0;
        UShort mathSum = 0;
        ULong i = 0;

        // 1. 학생들과 학생 명수를 입력받는다.
        // 2. 학생 명수만큼 반복한다.
        while( i < count ) {
            // 2.1. 총점을 구한다.
            students[i].sum = students[i].koreanScore + students[i].englishScore +
    students[i].mathScore;
            // 2.2. 평균을 구한다.
            students[i].average = students[i].sum/3.0F;
            // 2.3. 평균에 따라 평기한다.
            if(students[i].average >= 90.0F) {
                students[i].grade = "EXCELLENT";
            }
            else if(students[i].average < 60.0F) {
                students[i].grade = "FAIL";
            }
            else {
                students[i].grade = "";
            }
            // 2.4. 국어 총점을 구한다.
            koreanSum += students[i].koreanScore;
            // 2.5. 영어 총점을 구한다.
            englishSum += students[i].englishScore;
```

```
        // 2.6. 수학 총점을 구한다.
        mathSum += students[i].mathScore;

        i++;
    }
    // 3. 국어평균을 구한다.
    *koreanAverage = koreanSum / ( count * 1.0F);
    // 4. 영어평균을 구한다.
    *englishAverage = englishSum / ( count * 1.0F);
    // 5. 수학평균을 구한다.
    *mathAverage = mathSum / ( count * 1.0F);
    // 6. 학생들, 국어평균, 영어평균, 수학평균을 출력한다.
    // 7. 끝낸다.
}


/* *******************************************************************
함수 이름 : Save
기   능 : 여러 명의 학생의 성적을 출력하고, 과목별 평균을 출력한다.
입   력 : 학생들, 학생 명수, 국어평균, 영어평균, 수학평균
출   력 : 없음
******************************************************************** */
void Save( Student (*students), ULong count, float koreanAverage,
        float englishAverage, float mathAverage ){
    ULong i = 0;
    FILE *file;

    file = fopen("Output.txt", "wt");
    if(file != NULL) {
        // 1. 이중 구분선을 출력한다.
        fprintf(file, "===================================================₩n");
        // 2. 제목을 출력한다.
        fprintf(file, "성명₩t국어점수₩t영어점수₩t수학점수₩t총점₩t평균₩t평가₩n");
        // 3. 단일 구분선을 출력한다.
        fprintf(file, "---------------------------------------------------₩n");

        // 4. 학생 수만큼 반복한다.
        while( i < count ){
            //  4.1. 성명, 국어점수, 영어점수, 수학점수, 총점, 평균, 평가를 출력한다.
            fprintf(file, "%s₩t%d₩t%d₩t%d₩t%d₩t%5.1f₩t%s₩n",
students[i].name, students[i].koreanScore, students[i].englishScore, students[i].
mathScore, students[i].sum, students[i].average, students[i].grade);
            i++;
        }
        // 5. 이중 구분선을 출력한다.
        fprintf(file, "===================================================₩n");

        // 6. 국어평균을 출력한다.
        fprintf(file, "국어 평균 : %.1f₩n", koreanAverage);
        // 7. 영어평균을 출력한다.
        fprintf(file, "영어 평균 : %.1f₩n", englishAverage);
        // 8. 수학평균을 출력한다.
```

```
        fprintf(file, "수학 평균 : %.1f\n", mathAverage);

        // 디스크 파일을 닫는다.
        fclose(file);
    }
}
```

컴파일, 링크를 거쳐 실행 파일을 만들어야 한다. 그리고 실행파일을 적재시켜 프로그램을 실행시켜 보자. 물론, 실행시키기 전에 입력데이터들이 저장된 디스크 파일을 만들어야 한다. 아래와 같은 실행 화면이 출력되고, 끝날 것이다.

파일 탐색기로 출력된 Output.txt를 찾아 메모장으로 열어 보자.

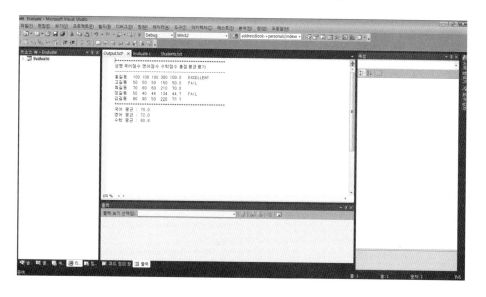

그림은 Visual Studio에서 Output.txt를 코드 편집기로 연 결과이다.

6 디버깅

물론 정확한 답을 구할 수 없었다면, 다시 말해서 논리 오류가 발생했다면, 논리 오류가 발생한 곳을 찾아야 한다. 그리고 논리 오류를 바르게 잡아야 한다. 이때 논리 오류가 발생한 곳을 찾아야 해서 디버깅해야 한다.

디버깅할 때 사용할 원시 코드를 준비하자.

C코드

```
001 : // Evaluate.c
002 : /* ********************************************************************
003 : 파일 이름 : Evaluate.c
004 : 기    능 : 여러 명의 학생의 성명, 국어점수, 영어점수 그리고 수학점수가
005 :     디스크 파일로부터 입력되면, 성적을 평가하고, 과목별 평균을 구한다.
006 : 작 성 자 : 김 석 현
007 : 작성 일자 : 2013년 8월 14일
008 : ********************************************************************/
009 : // 매크로
010 : #include <stdio.h> // fopen, feof, fscanf, fseek, fclose, fprintf
011 : #include <stdlib.h> // calloc, free
012 :
013 : // 자료형 이름 선언 및 정의
014 : typedef unsigned short int UShort;
015 : typedef unsigned long int ULong;
016 :
017 : typedef struct _student {
018 :     char name[11];
019 :     UShort koreanScore;
020 :     UShort englishScore;
021 :     UShort mathScore;
022 :     UShort sum;
023 :     float average;
024 :     char (*grade);
025 : } Student;
026 :
027 : // 함수 선언
028 : int main( int argc, char *argv[] );
029 : void Load( Student *(*students), ULong *count);
030 : void Evaluate( Student (*students), ULong count,
031 :     float *koreanAverage, float *englishAverage, float *mathAverage);
032 : void Save( Student (*students), ULong count,
033 :     float koreanAverage, float englishAverage, float mathAverage);
034 :
035 : // 함수 정의
```

```
036 : int main( int argc, char *argv[] ) {
037 :     // 배열과 변수 선언 및 정의
038 :     Student (*students);
039 :     ULong count;
040 :
041 :     float koreanAverage;
042 :     float englishAverage;
043 :     float mathAverage;
044 :
045 :     Load( &students, &count );
046 :     Evaluate( students, count,
047 :         &koreanAverage, &englishAverage, &mathAverage);
048 :     Save( students, count,
049 :         koreanAverage, englishAverage, mathAverage);
050 :     if( students != NULL ) {
051 :         free(students);
052 :     }
053 :
054 :     return 0;
055 : }
056 :
057 : /* *****************************************************************
058 : 함수 이름 : Load
059 : 기     능 : 디스크 파일로부터 학생의 점수들을 입력받는다.
060 : 입     력 : 없음
061 : 출     력 : 학생들, 학생 명수
062 : ***************************************************************** */
063 : void Load( Student *(*students), ULong *count ) {
064 :     Student student;
065 :     ULong i = 0; // 첨자
066 :
067 :     FILE *file;
068 :
069 :     *count = 0;
070 :
071 :     file = fopen( "Students.txt", "rt");
072 :     if( file != NULL ) {
073 :         // 1.1. 성명, 국어점수, 영어점수, 수학점수를 입력받는다.
074 :         fscanf(file, "%s %hu %hu %hu", student.name,
075 :     &student.koreanScore, &student.englishScore, &student.mathScore);
076 :         // 1. 파일의 끝이 아닌 동안 반복한다.
077 :         while(!feof(file) ) {
078 :             // 1.2. 학생 명수를 세다.
079 :             (*count)++;
080 :             // 1.1. 성명, 국어점수, 영어점수, 수학점수를 입력받는다.
081 :             fscanf(file, "%s %hu %hu %hu", student.name,
082 :     &student.koreanScore, &student.englishScore, &student.mathScore);
083 :         }
084 :         // 2. 학생 배열을 만든다.
085 :         if( *count > 0 ) {
086 :             *students = (Student (*))calloc( *count, sizeof(Student));
```

```
087 :        }
088 :        // 디스크 파일의 시작 위치로 이동시킨다.
089 :        fseek(file, 0L, SEEK_SET);
090 :
091 :        // 3.1. 성명, 국어점수, 영어점수, 수학점수를 입력받는다.
092 :        fscanf(file, "%s %hu %hu %hu", student.name,
093 :    &student.koreanScore, &student.englishScore, &student.mathScore);
094 :        // 3. 파일의 끝이 아닌 동안 반복한다.
095 :        while( !feof(file) ) {
096 :            // 3.2. 학생들에 적는다.
097 :            (*students)[i] = student;
098 :            i++;
099 :            // 3.1. 성명, 국어점수, 영어점수, 수학점수를 입력받는다.
100 :            fscanf(file, "%s %hu %hu %hu", student.name,
101 :    &student.koreanScore, &student.englishScore, &student.mathScore);
102 :        }
103 :        fclose(file);
104 :    }
105 :    // 4. 학생들과 학생 명수를 출력한다.
106 :    // 5. 끝낸다.
107 : }
108 :
109 : /* ************************************************************
110 : 함수 이름 : Evaluate
111 : 기    능 : 여러 명의 학생의 성명, 국어점수, 영어점수 그리고 수학점수가
112 :     입력되면 성적을 평가하고, 과목별 평균을 구한다.
113 : 입    력 : 학생들, 학생 명수
114 : 출    력 : 학생들, 평가들, 국어평균, 영어평균, 수학평균
115 : ************************************************************ */
116 : void Evaluate( Student (*students), ULong count,
117 :    float *koreanAverage, float *englishAverage, float *mathAverage) {
118 :    // 자동변수 선언, 정의 그리고 초기화
119 :    UShort koreanSum = 0;
120 :    UShort englishSum = 0;
121 :    UShort mathSum = 0;
122 :    ULong i = 0;
123 :
124 :    // 1. 학생들과 학생 명수를 입력받는다.
125 :    // 2. 학생 명수만큼 반복한다.
126 :    while( i < count ) {
127 :        // 2.1. 총점을 구한다.
128 :        students[i].sum = students[i].koreanScore + students[i].englishScore
+ students[i].mathScore;
129 :        // 2.2. 평균을 구한다.
130 :        students[i].average = students[i].sum/3.0F;
131 :        // 2.3. 평균에 따라 평가한다.
132 :        if(students[i].average >= 90.0F) {
133 :            students[i].grade = "EXCELLENT";
134 :        }
135 :        else if(students[i].average < 60.0F) {
136 :            students[i].grade = "FAIL";
```

```
137 :          }
138 :          else {
139 :                students[i].grade = "";
140 :          }
141 :          // 2.4. 국어 총점을 구한다.
142 :          koreanSum += students[i].koreanScore;
143 :          // 2.5. 영어 총점을 구한다.
144 :          englishSum += students[i].englishScore;
145 :          // 2.6. 수학 총점을 구한다.
146 :          mathSum += students[i].mathScore;
147 :
148 :          i++;
149 :     }
150 :     // 3. 국어평균을 구한다.
151 :     *koreanAverage = koreanSum / ( count * 1.0F);
152 :     // 4. 영어평균을 구한다.
153 :     *englishAverage = englishSum / ( count * 1.0F);
154 :     // 5. 수학평균을 구한다.
155 :     *mathAverage = mathSum / ( count * 1.0F);
156 :     // 6. 학생들, 국어평균, 영어평균, 수학평균을 출력한다.
157 :     // 7. 끝낸다.
158 : }
159 :
160 : /* ***********************************************************
161 : 함수 이름 : Save
162 : 기    능 : 여러 명의 학생의 성적을 출력하고, 과목별 평균을 출력한다.
163 : 입    력 : 학생들, 학생 명수, 국어평균, 영어평균, 수학평균
164 : 출    력 : 없음
165 : *********************************************************** */
166 : void Save( Student (*students), ULong count, float koreanAverage,
167 :          float englishAverage, float mathAverage ) {
168 :     ULong i = 0;
169 :     FILE *file;
170 :
171 :     file = fopen("Output.txt", "wt");
172 :     if(file != NULL) {
173 :          // 1. 이중 구분선을 출력한다.
174 :          fprintf(file,
175 : "=============================================₩n");
176 :          // 2. 제목을 출력한다.
177 :          fprintf(file, "성명₩t국어점수₩t영어점수₩t수학점수₩t총점₩t평균₩t평가₩n");
178 :          // 3. 단일 구분선을 출력한다.
179 :          fprintf(file, "————————————————————————————————₩n");
180 :
181 :          // 4. 학생 수만큼 반복한다.
182 :          while( i < count ) {
183 :               //   4.1. 성명, 국어점수, 영어점수, 수학점수, 총점, 평균, 184 : 평가를 출력한다.
185 :               fprintf(file, "%s₩t%d₩t%d₩t%d₩t%d₩t%5.1f₩t%s₩n",
186 : students[i].name, students[i].koreanScore, students[i].englishScore,
students[i].mathScore, students[i].sum, students[i].average, students[i].grade);
187 :               i++;
```

```
188 :         }
189 :         // 5. 이중 구분선을 출력한다.
190 :         fprintf(file,
191 : "==================================================₩n");
192 :
193 :         // 6. 국어평균을 출력한다.
194 :         fprintf(file, "국어 평균 : %.1f₩n", koreanAverage);
195 :         // 7. 영어평균을 출력한다.
196 :         fprintf(file, "영어 평균 : %.1f₩n", englishAverage);
197 :         // 8. 수학평균을 출력한다.
198 :         fprintf(file, "수학 평균 : %.1f₩n", mathAverage);
199 :
200 :         // 디스크 파일을 닫는다.
201 :         fclose(file);
202 :     }
203 : }
```

입력이 있으므로 입력데이터들을 설계하자. 따로 데이터를 설계해도 되지만 모델 구축 단계에서 사용된 데이터들을 그대로 사용하는 것이 좋다. 디스크 파일로 그리자.

크게 원통을 그리자. 원통 밖에 적당한 위치에 디스크 파일의 이름을 적자. 원통의 윗부분에 디스크 파일의 시작을 의미하는 BOF(Begin Of File)를 적고, 아래쪽에 디스크 파일의 끝을 의미하는 EOF(End Of File)를 적자. BOF에서부터 EOF까지 한 줄에 학생 한 명의 성명, 국어점수, 영어점수, 수학점수를 스페이스 문자로 구분하여 적자.

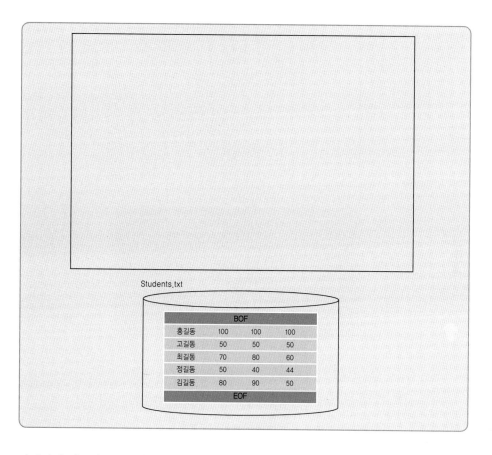

Students.txt

BOF			
홍길동	100	100	100
고길동	50	50	50
최길동	70	80	60
정길동	50	40	44
김길동	80	90	50
EOF			

디비깅에 필요한 코드, 입력데이터들이 준비되었다. 이제, 메모리 맵으로 디버깅해 보자.

프로그램을 실행시키면, 운영체제에 의해서 프로그램이 사용할 수 있는 주기억장치가 할당된다. 운영체제로부터 호출되는 main 함수부터 시작하여 함수 호출 순서로 코드 세그먼트가 주소가 낮은 쪽으로부터 위쪽으로 할당되고 명령어와 상수 데이티가 복사된다.

코드 세그먼트는 주소가 낮은 쪽에서 위쪽으로 일정한 크기의 사각형을 그리고 왼쪽에 함수 이름을 적고, 함수 이름으로부터 사각형의 낮은 쪽으로 가리키는 화살표를 작도한다. 같은 이름의 함수 호출 문장이 여러 개 있더라도 한 개의 코드 세그먼트만 할당된다.

● 여러분이 직접 코드 세그먼트들을 작도해 보자.

함수가 호출되는 순서로 주소가 낮은 쪽에서부터 위쪽으로 할당되는 코드 세그먼트를 작도해 보자.

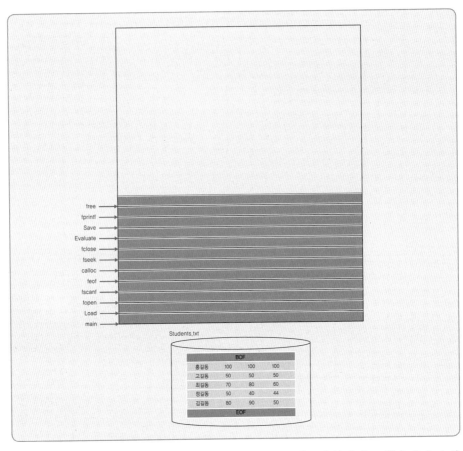

다음은 마지막 코드 세그먼트 위쪽에 DATA 데이터 세그먼트가 할당되고, 함수 호출 순서에 따라 함수에서 사용된 문자열 리터럴마다 문자 배열이 할당되고 문자열 리터럴을 구성하는 문자들이 저장되고 마지막에 널 문자('\0')가 저장된다. 이름이 없는 배열이 만들어지게 된다. 따라서 문자열 리터럴 자체는 배열의 시작 주소이다.

● 여러분이 직접 DATA 데이터 세그먼트를 작도해 보자.

코드 세그먼트쪽에서 아래쪽에서 위쪽으로, 왼쪽에서 오른쪽으로 문자열 리터럴을 적고 문자열 리터럴의 마지막에 널 문자를 적도록 하자.

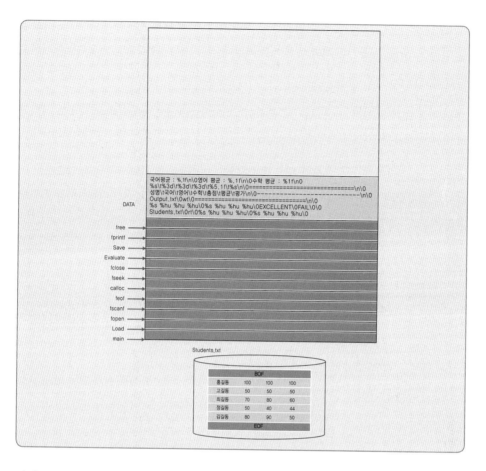

정적으로 관리되는 코드 세그먼트와 DATA 데이터 세그먼트가 할당되고 명령어와 데이터가 복사된 후에 main 함수가 호출된다. 그러면, main 함수 스택 세그먼트가 할당되고, 변수들이 할당된다.

먼저, argc, argv 두 개의 매개변수가 할당된다. students 배열 포인터 변수와 count 변수가 할당되고, koreanAverage, englishAverage 그리고 mathAvergae 세 개의 자동변수가 할당된다.

C코드

```
036: int main( int argc, char *argv[] ) {
037:     // 배열과 변수 선언 및 정의
038:     Student (*students);
039:     ULong count;
040:
041:     float koreanAverage;
042:     float englishAverage;
043:     float mathAverage;
```

주소가 높은 쪽에서 아래쪽으로 일정한 크기의 사각형을 그리자. 왼쪽에 함수 이름 main 을 적는다. argc, argv 두 개의 매개변수 각각에 작은 사각형을 그리고 위쪽에 매개변수 이름을 적는다.

students 배열 포인터 변수, count 변수, koreanAverage, englishAverage 그리고 mathAvergae 다섯 개의 자동변수 각각에 사각형을 그리고 위쪽에 변수 이름을 적는다.

argc와 argv는 1과 주소가 기본값으로 저장되었고, 변수들은 초기화되어 있지 않으므로 쓰레기가 저장되게 된다. 따라서 argc가 적힌 사각형에 1을 적고, argv가 적힌 사각형에 별표를 적는다. 자동변수들에는 물음표를 적자.

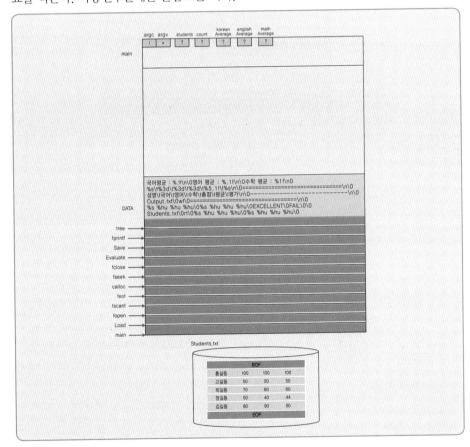

할당된 스택 세그먼트가 main 함수 스택 세그먼트이므로 실행제어는 main 함수가 갖는다. 따라서 변수 선언문으로 변수들에 대해 기억장소가 할당되었다면, 아래쪽으로 실행제어가 이동된다. 다음은 045번째 줄 Load 함수 호출 문장으로 이동하여 Load 함수를 호출하게 된다.

C코드
```
045:    Load( &students, &count );
```

Load 함수 스택 세그먼트가 할당되고, 변수들이 할당된 후 매개변수에는 Load 함수를 호출할 때 실인수로 적힌 값이 복사되어 저장되게 된다.

C코드
```
063: void Load( Student* (*students), ULong *count ) {
064:     Student student;
065:     ULong i = 0; // 첨자
066:
067:     FILE *file;
```

main 함수 스택 세그먼트 아래쪽에 일정한 사각형을 작도하고, 왼쪽에 함수 이름 Load를 적는다. Load 함수 스택 세그먼트 영역에 매개변수와 자동변수의 개수만큼 사각형을 작도하고, 매개변수부터 차례로 적당한 위치에 이름을 적는다. 레코드형의 자동변수는 필드 개수만큼 칸을 그리고, 위쪽에 필드 이름을 적을 수 있도록 구분선을 그리고, 필드 이름을 적는다. student는 레코드형 자동변수이므로 크게 그린 사각형에 7개의 칸을 만들고, 위쪽에 치우친 구분 선을 긋고, 위쪽에 name, koreanScore, englishScore, mathScore, sum, average, grade 필드 이름을 적는다. 그리고 매개변수는 함수 호출식을 참고하고, 자동변수는 선언문으로 초기화되었으면 초깃값으로 그렇지 않으면 물음표를 적는다.

함수 호출식을 보면, &students가 적혀 있다. & 주소연산자는 변수의 주소를 구하는 연산자이다. 따라서 main 함수에 할당된 students 배열 포인터 변수의 주소를 구하는 식이다. 식을 평가하면 students 배열 포인터 변수의 주소를 구해 복사하여 매개변수에 저장하게 된다. 매개변수 students에는 별표를 적고, 별표로부터 시작하는 화살표를 그려 main 함수에 할당된 students 배열 포인터 변수를 가리키도록 한다.

또한, 쉼표로 구분하여 &count가 적혀 있다. & 주소연산자는 변수의 주소를 구하는 연산자이다. main 함수 스택 세그먼트에 할당된 count 변수의 주소를 구하는 식이다. 식을 평가하면, count 변수의 주소를 구해 복사하여 매개변수에 저장하게 된다. 매개변수 count에는 별표를 적고, 별표로부터 시작하는 화살표를 그려 main 함수에 할당된 count 변수를 가리키도록 한다.

자동변수 student의 선언문을 보면, 초기화되어 있지 않아서 레코드형이므로 멤버들에는 쓰레기가 저장되어야 하므로 물음표를 적어야 한다. 자동변수 i의 선언문을 보면, 초기화 되어 있으므로 i 자동변수에는 초깃값 0을 적는다. 자동변수 file의 선언문을 보면, 초기화 되어 있지 않으므로 물음표를 적는다.

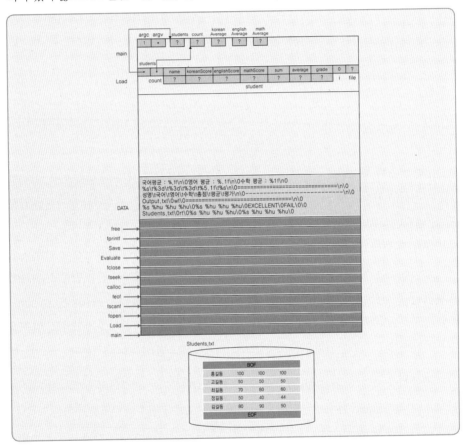

메모리 맵을 보면, 중앙처리장치에 데이터가 읽히고 쓰이는 스택 세그먼트는 Load 함수 스택 세그먼트이다. 이제 실행제어는 Load 함수가 갖는다. 다음은 069번째 줄로 이동한다.

C코드

```
069:        *count = 0;
```

치환문장이다. count는 포인터 변수이다. 주소가 저장된 변수이다. 메모리 맵을 보면, 화살표가 가리키는 곳이 main 함수에 할당된 count 변수이다. 따라서 count 포인터 변수에 저장된 값은 main 함수에 할당된 count 일반 변수의 주소이다. count 포인터 변수 앞에 적힌 별표는 간접 연산자이다. 주소를 갖는 기억장소에 저장된 값을 의미한다. 따라서 오른쪽에 적힌 정수형 상수 0을 읽어 주소를 갖는 기억장소에 복사하여 저장하라는 의미이다. 따라서 main에 할당된 count 일반 변수에 0을 적는다.

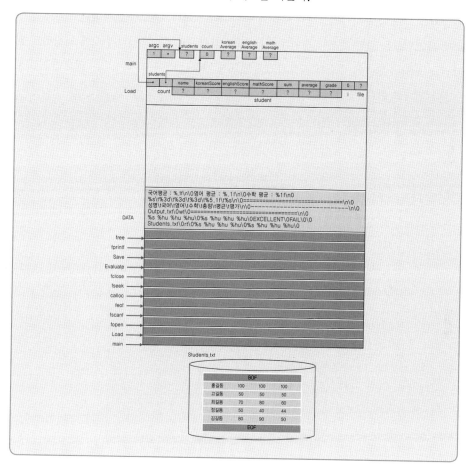

치환 문장은 순차 구조이므로 실행이 끝나면 실행제어는 아래쪽으로 이동한다. 다음은 071번째 줄로 이동한다.

C코드

```
071:    file = fopen( "Students.txt", "rt");
```

fopen 함수 호출 문장이다. fopen 함수 호출 문장이 실행되면, fopen 함수 스택 세그먼트가 할당될 것이다. Load 함수 스택 세그먼트 아래쪽에 fopen 함수 스택 세그먼트가 할당될 것이다. 라이브러리 함수이므로 어떻게 작동하는지 정확하게 알 수 없다. 따라서 그리지 않도록 하겠다. 단지, 우리가 만들고 있는 프로그램에서 디스크 파일로부터 데이터를 입력받을 수 있도록 스트림(Stream)을 생성한다고 한다. 힙에 문자 배열을 할당하고, 디스크 파일에 있는 데이터들을 힙에 할당된 문자 배열로 복사하고, 관리하는 기억장소를 할당하고 힙에 할당된 기억장소의 주소를 반환한다고 한다. 주소를 반환하면, fopen 함수 스택 세그먼트는 할당 해제될 것이다. 그러면 치환식으로 file 포인터 변수에 저장하게 된다. file 포인터 변수에 주소가 저장되므로 별표를 적자. 스트림이 생성되지 않으면 NULL이 저장된다고 한다.

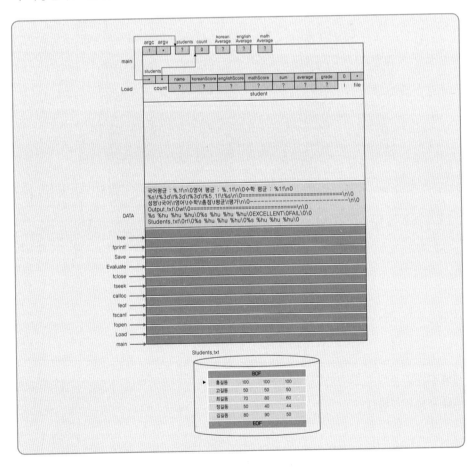

함수 호출 문장도 전형적인 순차 구조이다. 따라서 fopen 함수 호출 문장이 끝나면, 아래쪽으로 이동한다. 다음은 072번째 줄로 이동한다.

```
C코드    072 :        if( file != NULL ) {
         ...
         104 :        }
         105 :        // 4. 학생들과 학생 명수를 출력한다.
         106 :        // 5. 끝내다.
         107 : }
```

스트림은 힙에 할당된 기억장소이다. 스트림이 정상적으로 생성되지 않았다면, 데이터를 읽을 수 없다. 따라서 if 선택문으로 정상적으로 할당되었는지 확인해야 한다. 정상적으로 할당되지 않았다면 NULL이 저장되어 있어 조건식을 평가하면 거짓이 되어 if 선택문의 제어블록을 벗어나야 하므로 107번째 줄로 이동하여 Load 함수를 끝내게 된다.

메모리 맵을 보면, 별표가 적혀 있으므로 NULL이 저장되어 있지 않다. 정상적으로 스트림이 생성되었다는 것이다. if 선택문의 조건식을 평가하면 NULL이 아니므로 참이다. if 선택문은 조건에 따라 실행 순서를 정한다. 참이므로 if 선택문의 제어블록으로 이동해야 한다. 다음은 074번째 줄로 이동한다.

```
C코드    073 :        // 1.1. 성명, 국어점수, 영어점수, 수학점수를 입력받는다.
         074 :        fscanf(file, "%s %d %d %d", student.name,
         075 : &student.koreanScore, &student.englishScore, &student.mathScore);
```

fscanf 함수 호출 문장이므로 fscanf 함수를 호출한다. fscanf 함수 스택 세그먼트가 할당되고, 함수 호출식에 사용된 데이터들을 저장해야 하므로 기억장소들이 할당되고, 함수 호출식에 사용된 값이 복사되어 저장된다.

Load 함수 스택 세그먼트 아래쪽에 일정한 크기의 사각형을 작도한다. 왼쪽 함수 이름 fscanf 함수 이름을 적는다. 함수 호출 문장을 보면, 여섯 개의 값이 적혀 있다. 따라서 fscanf 함수 스택 세그먼트 영역에 여섯 개의 작은 사각형을 작도한다. 라이브러리 함수이기도 하고, 가변 인자 개념을 적용하기 때문에 이름은 적지 않는다.

첫 번째 매개변수 file은 포인터 변수이다. 변수 이름이 적혀 있으므로 file 변수에 저장된 값인 내용을 옮겨 적는다. 첫 번째 사각형에 별표를 적는다. 두 번째 매개변수 "%s %hu %hu %hu"는 문자열 리터럴이다. DATA 데이터 세그먼트에 할당된 문자 배열이다. 배열 이름은 시작주소를 의미하므로 주소이다. 두 번째 사각형에 별표를 적고, 별표로부터 시작하여 문자열 리터럴이 저장된 DATA 데이터 세그먼트에 할당된 배열을 가리키도록 화살표를 작도한다. s 앞에 적힌 % 기호를 가리키도록 한다.

세 번째 매개변수는 student.name은 Student 레코드형으로 할당된 기억장소의 멤버 이름이다. name 멤버는 1차원 문자 배열이므로 배열 이름이다. 배열 이름은 C언어에서는 배열의 시작 주소이다. 따라서 세 번째 사각형에도 별표를 적고, 별표로부터 시작하여 Load 함수에 할당된 student의 name 멤버를 가리키도록 화살표를 작도한다.

네 번째, 다섯 번째 그리고 여섯 번째는 student가 갖는 멤버들 koreanScore, englishScore 그리고 mathScore의 주소를 의미한다. 변수의 주소를 구하는 방식과 같이 & 주소 연산자를 이용하여 각 멤버의 주소를 구하는 식이다. 따라서 student가 갖는 멤버의 주소를 구하게 된다. 그렇게 구한 멤버의 주소를 복사하여 매개변수에 저장하게 된다. 따라서 네 번째, 다섯 번째 그리고 여섯 번째의 사각형에도 별표를 적고, 각각 Load 함수 스택 세그먼트에 할당된 student의 koreanScore, englishScore 그리고 mathScore를 가리키도록 화살표를 작도해야 한다.

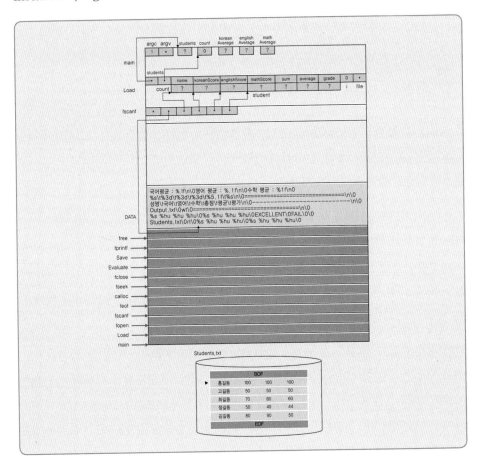

fscanf 함수에 의해서 디스크 파일로부터 입력된 데이터들이 해당하는 주소를 갖는 기억 장소에 저장되게 된다. 예를 들어 홍길동, 100, 100 그리고 100을 스페이스 문자로 구분되어 차례로 읽어 student의 name 멤버에 "홍길동"이 저장되고, 마지막에 널 문자가 저장된다. 이렇게 마지막에 널 문자가 저장되도록 반드시 자료형 변환 문자 s를 사용해야 한다. "왜?"라고 질문을 하면 안 된다. 약속이다. koreanScore, englishScore 그리고 mathScore 의 멤버에 각각 100이 저장되게 된다.

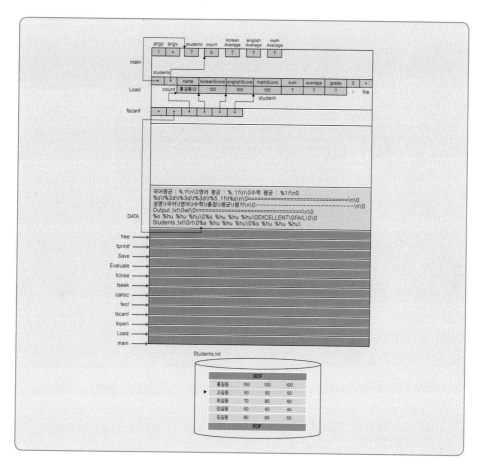

이렇게 읽으면서 위치를 이동하므로 한 줄이 읽고, 다음 줄을 읽을 수 있는 위치로 이동된다. 이렇게 디스크 파일에서 읽을 위치를 나타내는 도구를 파일 포인터(Pointer to File)라고 한다. 한 줄이 읽히면, fscanf 함수도 끝나게 되어 fscanf 함수 스택 세그먼트가 할당 해제된다.

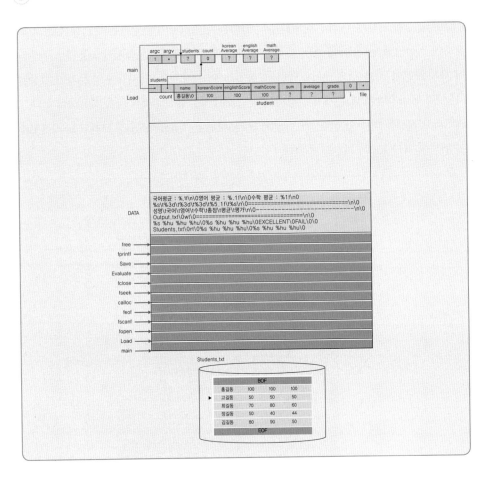

함수 호출 문장은 전형적인 순차 구조이므로 fscanf 함수 호출 문장이 끝나면 아래쪽으로 이동한다. 다음은 077번째 줄로 이동한다. while 반복문으로 이동한다. 반복문이므로 조건식을 평가해야 한다.

C코드

```
076 :     // 1. 파일의 끝이 아닌 동안 반복한다.
077 :     while( !feof(file) ) {
078 :         // 1.2. 학생 명수를 세다.
079 :         (*count)++;
080 :         // 1.1. 성명, 국어점수, 영어점수, 수학점수를 입력받는다.
081 :         fscanf(file, "%s %d %d %d", student.name,
082 : &student.koreanScore, &student.englishScore, &student.mathScore);
083 :     }
```

조건식은 feof 함수 호출식과 논리식으로 구성되었다. 먼저 feof 함수 호출식을 평가해야 한다. feof 함수는 읽은 데이터가 EOF가 아니라 첫 번째 학생의 성명, 국어점수, 영어점수, 수학점수이므로 0이 반환될 것이다. C언어에서는 0은 논리적으로 거짓이다. 반환 값인 0(거짓)에 논리 부정을 하면, 참이 된다. while 반복문은 진입 조건 반복 구조이므로 참이면 반복하고, 거짓이면 탈출한다. 참이라 반복하게 된다. 따라서 079번째 줄로 이동한다.

전형적인 순차 구조인 식 문장이다. 소괄호로 싸인 식을 먼저 평가해야 한다. * 간접 연산자가 count 포인터 변수 앞에 적혀 있으므로 count 포인터 변수에 저장된 주소를 갖는 기억장소에 저장된 값을 읽는다. 0을 읽어 중앙처리장치의 레지스터에 저장한다. ++ 증가 연산자로 읽힌 값 0에 1을 더하여 값을 구한다. 1이다. 누적이므로 구해져서 중앙처리장치의 레지스터에 저장된 값 1을 다시 count 포인터 변수에 저장된 주소를 갖는 기억장소에 저장한다. 따라서 main 함수에 할당된 count 일반변수의 값이 바뀌게 된다. main 함수에 할당된 count 일반 변수에 1을 적는다.

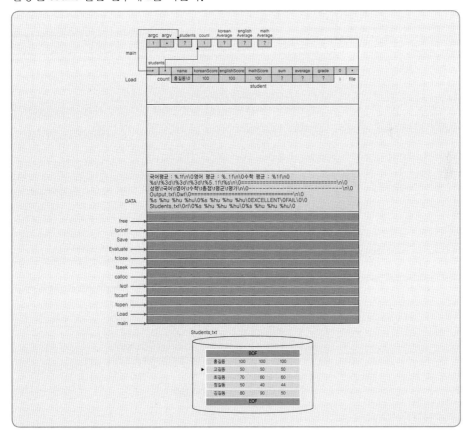

식 문장은 전형적인 순차 구조이므로 식 문장이 끝나면, 아래쪽으로 이동한다. 081번째 줄로 이동한다.

```
076 :      // 1. 파일의 끝이 아닌 동안 반복한다.
077 :      while( !feof(file) ) {
078 :          // 1.2. 학생 명수를 세다.
079 :          (*count)++;
080 :          // 1.1. 성명, 국어점수, 영어점수, 수학점수를 입력받는다.
081 :          fscanf(file, "%s %d %d %d", student.name,
082 : &student.koreanScore, &student.englishScore, &student.mathScore);
083 :      }
```

fscanf 함수 호출 문장이므로 fscanf 함수를 호출한다. fscanf 함수 스택 세그먼트가 할당
되고, 함수 호출식에 사용된 데이터들을 저장해야 하므로 기억장소들이 할당되고, 함수 호
출식에 사용된 값이 복사되어 저장된다.

● 여러분이 직접 fscanf 함수 스택 세그먼트를 작도해 보자.

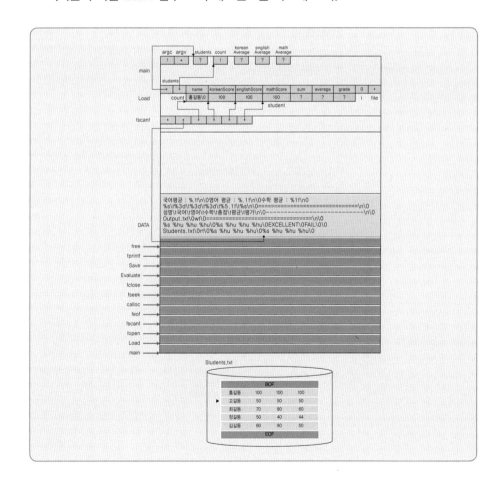

파일 포인터를 이동시키면서 디스크 파일로부터 데이터를 읽어 앞줄의 데이터를 읽으면서
파일 포인터를 이동시켜 놓았다. 두 번째 줄에 적힌 고길동, 50, 50, 50을 읽어 student의
각 멤버에 적는다.

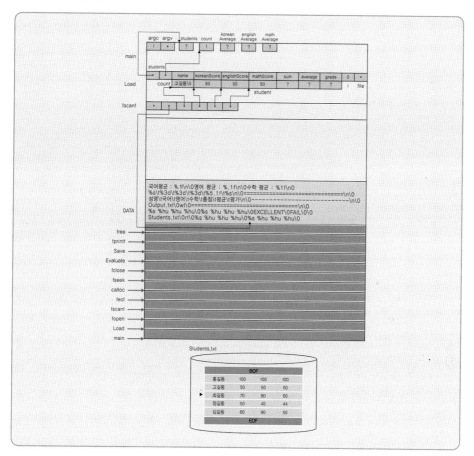

네 개의 필드를 정확히 읽었다면, fscanf 함수는 끝나게 된다. 따라서 fscanf 함수 스택 세
그먼트가 할당 해제된다.

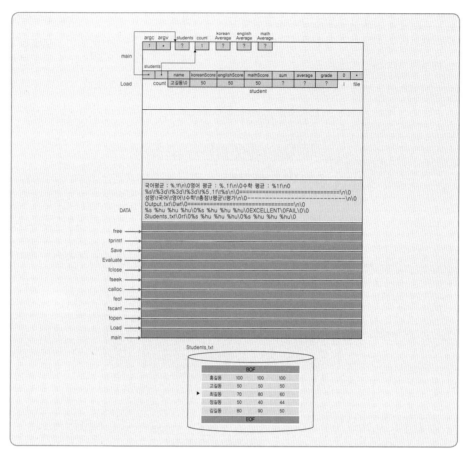

함수 호출 문장도 전형적인 순차 구조이므로 fscanf 함수 호출 문장이 실행되고 끝났다면, 실행제어는 아래쪽으로 이동한다. 083번째 줄로 이동한다. while 반복문의 제어블록의 끝을 나타내는 닫는 중괄호이다. 따라서 실행제어는 위쪽으로 이동하여 077번째 줄로 이동한다. 왜냐하면, 반복문은 조건식을 평가해서 구한 값으로 실행제어를 결정하기 때문이다.

```
076 :      // 1. 파일의 끝이 아닌 동안 반복한다.
077 :      while( !feof(file) ) {
078 :          // 1.2. 학생 명수를 세다.
079 :          (*count)++;
080 :          // 1.1. 성명, 국어점수, 영어점수, 수학점수를 입력받는다.
081 :          fscanf(file, "%s %d %d %d", student.name,
082 : &student.koreanScore, &student.englishScore, &student.mathScore);
083 :      }
```

조건식은 feof 함수 호출식과 논리식으로 구성되었다. 먼저 feof 함수 호출식을 평가해야 한다. feof 함수는 읽은 데이터가 EOF가 아니므로 0이 반환될 것이다. C언어에서는 0은 논리적으로 거짓이다. 반환 값인 0(거짓)에 논리 부정을 하면, 참이 된다. while 반복문은 진입 조건 반복 구조이므로 참이면 반복하고, 거짓이면 탈출한다. 참이라 반복하게 된다. 따라서 079번째 줄로 이동한다.

전형적인 순차 구조인 식 문장이다. 소괄호로 싸인 식을 먼저 평가해야 한다. * 간접 연산자가 count 포인터 변수 앞에 적혀 있으므로 count 포인터 변수에 저장된 주소를 갖는 기억장소에 저장된 값을 읽는다. 메모리 맵을 보면, 1을 읽어 중앙처리장치의 레지스터에 저장한다. ++ 증가 연산자로 읽힌 값 1에 1을 더하여 값을 구한다. 2이다. 누적이므로 구해져서 중앙처리장치의 레지스터에 저장된 값 2를 다시 count 포인터 변수에 저장된 주소를 갖는 기억장소에 저장한다. 따라서 main 함수에 할당된 count 일반변수의 값이 바뀌게 된다. main 함수에 할당된 count 일반 변수에 2를 적는다.

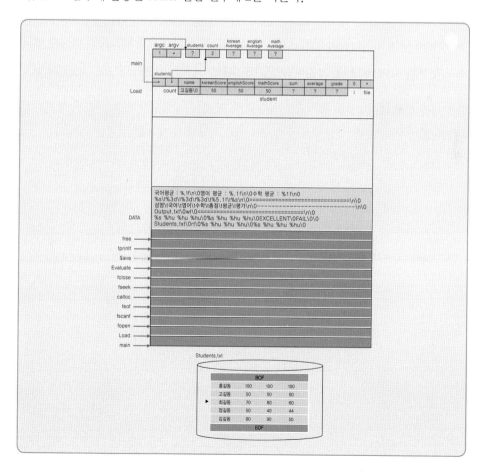

식 문장은 전형적인 순차 구조이므로 식 문장이 끝나면, 아래쪽으로 이동한다. 081번째 줄로 이동한다.

```
C코드
076 :    // 1. 파일의 끝이 아닌 동안 반복한다.
077 :    while( !feof(file) ) {
078 :        // 1.2. 학생 명수를 세다.
079 :        (*count)++;
080 :        // 1.1. 성명, 국어점수, 영어점수, 수학점수를 입력받는다.
081 :        fscanf(file, "%s %d %d %d", student.name,
082 :    &student.koreanScore, &student.englishScore, &student.mathScore);
083 :    }
```

fscanf 함수 호출 문장이므로 fscanf 함수를 호출한다. 여기서부터 여러분이 직접 디버깅해 보자.

● 세 번째 학생 데이터들이 입력되었을 때, 여러분이 직접 메모리 맵으로 디버깅해 보자.

● 네 번째 학생 데이터들이 입력되었을 때, 여러분이 직접 메모리 맵으로 디버깅해 보자.

● 다섯 번째 학생 데이터들이 입력되었을 때, 여러분이 직접 메모리 맵으로 디버깅해 보자.

다섯 번째 학생 데이터들이 입력되어 개수를 센 후, fscanf 함수가 호출되기 전, 메모리 맵은 어떠할까? 여러분이 직접 작도한 메모리 맵과 비교해 보자. 다음과 같을 것이다.

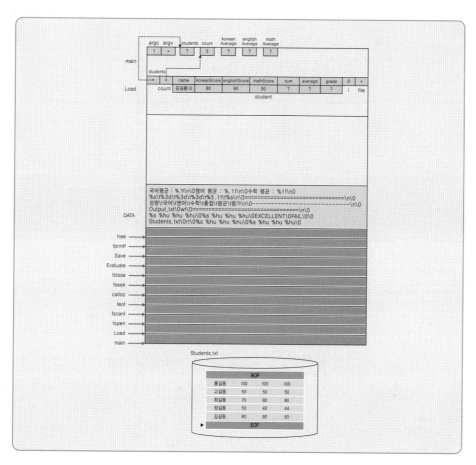

식 문장은 전형적인 순차 구조이므로 식 문장이 끝나면, 아래쪽으로 이동한다. 081번째 줄
로 이동한다.

C코드

```
076 :    // 1. 파일의 끝이 아닌 동안 반복한다.
077 :    while( !feof(file) ) {
078 :        // 1.2. 학생 명수를 세다.
079 :        (*count)++;
080 :        // 1.1. 성명, 국어점수, 영어점수, 수학점수를 입력받는다.
081 :        fscanf(file, "%s %d %d %d", student.name,
082 : &student.koreanScore, &student.englishScore, &student.mathScore);
083 :    }
```

fscanf 함수 호출 문장이므로 fscanf 함수를 호출한다. fscanf 함수 스택 세그먼트가 할당
되고, 함수 호출식에 사용된 데이터들을 저장해야 하므로 기억장소들이 할당되고, 함수 호
출식에 사용된 값이 복사되어 저장된다.

● 여러분이 직접 fscanf 함수 스택 세그먼트를 작도해 보자.

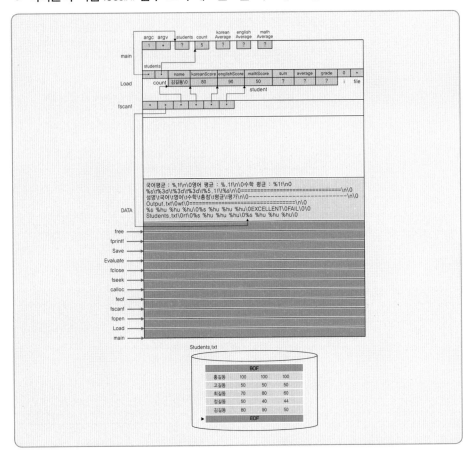

이제는 EOF를 읽어야 한다. fscanf 함수는 EOF를 읽으면 EOF를 반환한다고 한다. 그리고 함수가 반환하면, 함수의 실행이 끝나므로 fscanf 함수가 끝난다. 따라서 fscanf 함수 스택 세그먼트가 할당 해제된다.

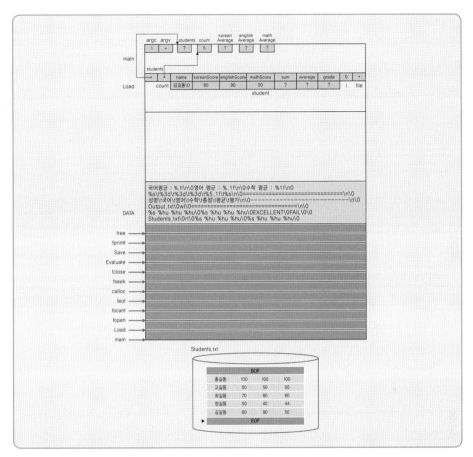

함수 호출 문장도 전형적인 순차 구조이므로 fscanf 함수 호출 문장이 실행되고 끝났다면, 실행제어는 아래쪽으로 이동한다. 083번째 줄로 이동한다. while 반복문의 제어블록의 끝을 나타내는 닫는 중괄호이다. 따라서 실행제어는 위쪽으로 이동하여 077번째 줄로 이동한나. 왜냐하면, 반복문은 소선식을 평가해서 구한 값으로 실행제어를 결정하기 때문이다.

C코드

```
076 :    // 1. 파일의 끝이 아닌 동안 반복한다.
077 :    while( !feof(file) ) {
078 :        // 1.2. 학생 명수를 세다.
079 :        (*count)++;
080 :        // 1.1. 성명, 국어점수, 영어점수, 수학점수를 입력받는다.
081 :        fscanf(file, "%s %d %d %d", student.name,
082 : &student.koreanScore, &student.englishScore, &student.mathScore);
083 :    }
```

조건식은 feof 함수 호출식과 논리식으로 구성되었다. 먼저 feof 함수 호출식을 평가해야 한다. feof 함수는 읽은 데이터가 EOF이므로 0이 아닌 값이 반환될 것이다. C언어에서는 0이 아닌 값은 논리적으로 참이다. 반환 값인 0(거짓)이 아닌 값에 논리 부정을 하면, 거짓이 된다. while 반복문은 진입 조건 반복 구조이므로 참이면 반복하고, 거짓이면 탈출한다. 거짓이라 반복하지 않는다. while 반복문의 제어블록을 건너뛴다. 따라서 085번째 줄로 이동한다.

```
084 :     // 2. 학생 배열을 만든다.
085 :     if( *count > 0 ) {
086 :         *students = (Student (*))calloc( *count, sizeof(Student));
087 :     }
```

if 선택문이다. 조건식을 평가해서 참이면 제어블록으로 이동하고, 거짓이면 제어블록을 건너뛰어야 한다. count 포인터 변수 앞에 간접 연산자가 적혀 있다. count에 저장된 주소를 갖는 변수에 저장된 값을 읽으라는 의미이다. 메모리 맵을 보면, count에 저장된 주소를 갖는 변수는 main 함수 스택 세그먼트에 할당된 count 일반 변수이다. main 함수 스택 세그먼트에 할당된 count 변수에 저장된 값은 5이다. 5를 읽어 중앙처리장치의 레지스터에 저장한다. 그리고 0을 읽어 5가 0보다 큰지 관계식을 평가한다. 참이다. 그러면 제어블록으로 이동한다. 086번째 줄로 이동한다.

calloc 함수 호출 문장이다. calloc 함수 호출 문장이 실행되면, calloc 함수 스택 세그먼트가 할당될 것이다. 그리고 함수 호출 식에 적힌 값들이 복사될 것이다. main 함수 스택 세그먼트에 할당된 count 변수에 저장된 값인 5과 sizeof 연산자는 자료형의 크기를 구하는 연산자이므로 Student 자료형의 크기를 구해 복사할 것이다. Student 자료형의 선언과 정의 문장을 보자.

```
typedef struct _student {
    char name[11];
    UShort koreanScore;
    UShort englishScore;
    UShort mathScore;
    UShort sum;
    float average;
    char (*grade);
} Student;
```

컴파일러와 컴파일러의 옵션에 따라 차이가 있겠지만, 일반적으로 멤버들의 크기의 합이다. name은 char가 1바이트이므로 11 바이트, koreanScore, englishScore, mathScore, sum은 short이므로 2바이트, average는 float이므로 4바이트, grade는 포인터변수이므

로 워드 크기에 따라 달라지지만, 워드의 크기가 4바이트이면 4바이트이다. 따라서 전체
를 더하면, 27바이트이다.

calloc 함수는 실인수로 받은 값들로 27 * 5(= 135) 만큼 힙에 기억장소를 할당하고, 할당
된 기억장소의 주소를 반환할 것이다.

다음은 치환식으로 *students로 보아 students 포인터 변수에 저장된 주소를 갖는 포인터
변수, 메모리 맵을 보면 main 함수 스택 세그먼트에 할당된 students 포인터 변수에 반환
된 주소를 저장하게 된다.

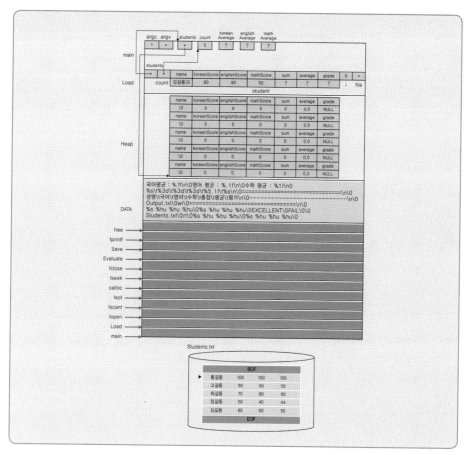

함수 호출 문장은 전형적인 순차 구조이므로 아래쪽으로 이동하여 087번째 줄로 이동한다.
if 선택문의 제어블록의 끝이다. if 선택문장이 끝난다. 선택문장이 끝나면, 아래쪽으로 이
동한다. 따라서 089번째 줄로 이동한다.

C코드

```
088 :    // 디스크 파일의 시작 위치로 이동시킨다.
089 :    fseek(file, 0L, SEEK_SET);
```

fseek 함수 호출 문장이다. fseek 함수는 디스크 파일에서 읽거나 쓸 위치를 이동시키는 함수라고 한다. 기준이 SEEK_SET이므로 디스크 파일의 BOF로부터 0L이므로 1바이트도 이동되지 않으므로 디스크 파일의 첫 번째 필드를 읽을 수 있도록 이동시키게 된다. 앞에서 while 반복문으로 디스크 파일의 EOF까지 이동되었으므로 다시 읽어야 해서 디스크 파일의 처음으로 이동하게 해야 한다.

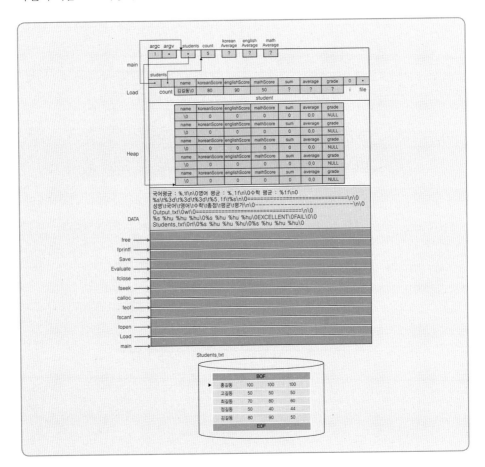

함수 호출 문장이 끝나면 아래쪽으로 이동하게 된다. 따라서 092번째 줄로 이동한다.

C코드

```
091 :    // 3.1. 성명, 국어점수, 영어점수, 수학점수를 입력받는다.
092 :    fscanf(file, "%s %d %d %d", student.name,
```

```
093 :    &student.koreanScore, &student.englishScore, &student.mathScore);
094 :         // 3. 파일의 끝이 아닌 동안 반복한다.
095 :         while(!feof(file)){
096 :             // 3.2. 학생들에 적는다.
097 :             (*students)[i] = student;
098 :             i++;
099 :             // 3.1. 성명, 국어점수, 영어점수, 수학점수를 입력받는다.
100 :             fscanf(file, "%s %d %d %d", student.name,
101 :    &student.koreanScore, &student.englishScore, &student.mathScore);
102 :         }
```

fscanf 함수 호출 문장이므로 fscanf 함수를 호출한다. fscanf 함수 스택 세그먼트가 할당되고, 함수 호출식에 사용된 데이터들을 저장해야 하므로 기억장소들이 할당되고, 함수 호출식에 사용된 값이 복사되어 저장된다.

Load 함수 스택 세그먼트 아래쪽에 일정한 크기의 사각형을 작도한다. 왼쪽 함수 이름 fscanf 함수 이름을 적는다. 함수 호출 문장을 보면, 여섯 개의 값이 적혀 있다. 따라서 fscanf 함수 스택 세그먼트 영역에 여섯 개의 작은 사각형을 작도한다. 라이브러리 함수이기도 하고, 가변 인자 개념을 적용하기 때문에 이름은 적지 않는다.

첫 번째 매개변수 file은 포인터 변수이다. 변수 이름이 적혀 있으므로 file 변수에 저장된 값인 내용을 옮겨 적는다. 첫 번째 사각형에 별표를 적는다. 두 번째 매개변수 "%s %hu %hu %hu"는 문자열 리터럴이다. DATA 데이터 세그먼트에 할당된 문자 배열이다. 배열은 시작주소를 의미하므로 주소이다. 두 번째 사각형에 별표를 적고, 별표로부터 시작하여 문자열 리터럴이 저장된 DATA 데이터 세그먼트에 할당된 배열을 가리키도록 화살표를 작도한다. s 앞에 적힌 % 기호를 가리키도록 한다.

세 번째 매개변수는 student.name은 Student 레코드형으로 할당된 기억장소의 멤버 이름이다. name 멤버는 1차원 문자 배열이므로 배열 이름이다. 배열 이름 자체는 C언어에서는 배열의 시작 주소이다. 따라서 세 번째 사각형에도 별표를 적고, 별표로부터 시작하여 Load 함수에 할당된 student의 name 멤버를 가리키도록 화살표를 작도한다.

네 번째, 다섯 번째 그리고 여섯 번째는 student가 갖는 멤버들 koreanScore, englishScore 그리고 mathScore의 주소를 의미한다. 변수의 주소를 구하는 방식과 같이 & 주소 연산자를 이용하여 각 멤버의 주소를 구하는 식이다.

따라서 student가 갖는 멤버의 주소를 구하게 된다. 그렇게 구한 멤버의 주소를 복사하여 매개변수에 저장하게 된다. 따라서 네 번째, 다섯 번째 그리고 여섯 번째의 사각형에도 별표를 적고, 각각 Load 함수 스택 세그먼트에 할당된 student의 koreanScore, englishScore 그리고 mathScore를 가리키도록 화살표를 작도해야 한다.

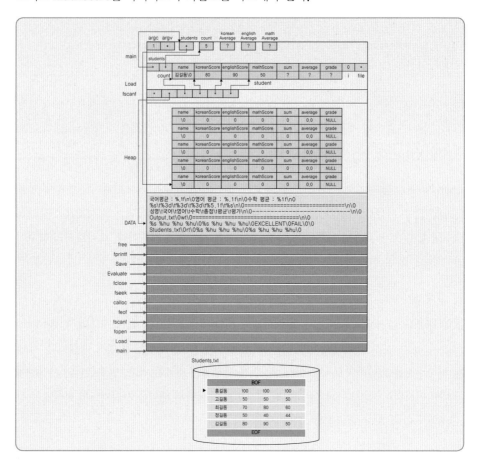

fscanf 함수에 의해서 디스크 파일로부터 입력된 데이터들이 해당하는 주소를 갖는 기억 장소에 저장되게 된다. 예를 들어 홍길동, 100, 100 그리고 100을 스페이스 문자로 구분되어 차례로 읽어 student의 name 멤버에 "홍길동"이 저장되고, 마지막에 널 문자가 저장된다. 이렇게 마지막에 널 문자가 저장되도록 반드시 자료형 변환 문자 s를 사용해야 한다. "왜?"라고 질문을 하면 안 된다. 약속이다. koreanScore, englishScore 그리고 mathScore의 멤버에 각각 100이 저장되게 된다.

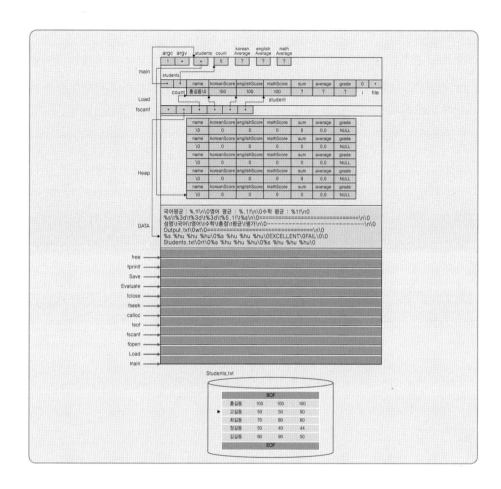

함수 호출 문장은 전형적인 순차 구조이므로 fscanf 함수 호출 문장이 끝나면 아래쪽으로 이동한다. 다음은 095번째 줄로 이동한다. while 반복문으로 이동한다. 반복문이므로 조건식을 평가해야 한다.

C코드

```
091 :     // 3.1. 성명, 국어점수, 영어점수, 수학점수를 입력받는다.
092 :     fscanf(file, "%s %d %d %d", student.name,
093 : &student.koreanScore, &student.englishScore, &student.mathScore);
094 :     // 3. 파일의 끝이 아닌 동안 반복한다.
095 :     while( !feof(file) ) {
096 :         // 3.2. 학생들에 적는다.
097 :         (*students)[i] = student;
098 :         i++;
099 :         // 3.1. 성명, 국어점수, 영어점수, 수학점수를 입력받는다.
100 :         fscanf(file, "%s %d %d %d", student.name,
101 : &student.koreanScore, &student.englishScore, &student.mathScore);
102 :     }
```

조건식은 feof 함수 호출식과 논리식으로 구성되었다. 먼저 feof 함수 호출식을 평가해야 한다. feof 함수는 읽은 데이터가 EOF가 아니라 첫 번째 학생의 성명, 국어점수, 영어점수, 수학점수이므로 0이 반환될 것이다. C언어에서는 0은 논리적으로 거짓이다. 반환 값인 0(거짓)에 논리 부정을 하면, 참이 된다. while 반복문은 진입 조건 반복 구조이므로 참이면 반복하고, 거짓이면 탈출한다. 참이라 반복하게 된다. 따라서 097번째 줄로 이동한다.

전형적인 순차 구조인 치환(대입) 문장이다. 소괄호로 싸인 식을 먼저 평가해야 한다. * 간접 연산자가 students 포인터 변수 앞에 적혀 있으므로 students 포인터 변수에 저장된 주소를 갖는 기억장소에 저장된 값을 읽는다. 메모리 맵을 보면, main 함수 스택 세그먼트에 할당된 students 포인터 변수에 저장된 값이다. 힙에 할당된 배열의 시작주소이다. 다음은 첨자 연산자로 i에 저장된 값이 0이므로 첫 번째 배열요소에 치환 연산자로 오른쪽 값으로 적힌 student에 저장된 값을 복사하여 저장하게 된다.

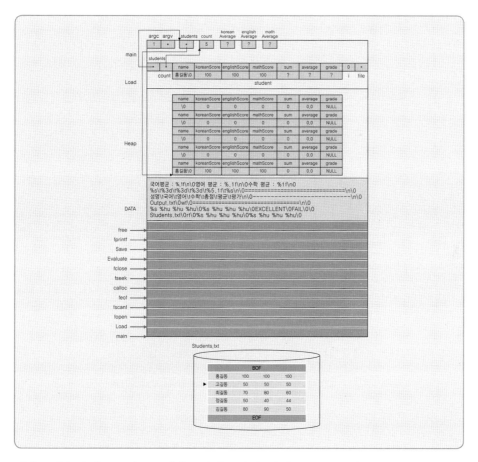

치환 문장은 순차 구조이므로 치환 문장이 끝나면, 아래쪽으로 이동하게 된다. 098번째 줄로 이동한다.

C코드

```
091 :     // 3.1. 성명, 국어점수, 영어점수, 수학점수를 입력받는다.
092 :     fscanf(file, "%s %d %d %d", student.name,
093 : &student.koreanScore, &student.englishScore, &student.mathScore);
094 :     // 3. 파일의 끝이 아닌 동안 반복한다.
095 :     while( !feof(file) ) {
096 :         // 3.2. 학생들에 적는다.
097 :         (*students)[i] = student;
098 :         i++;
099 :         // 3.1. 성명, 국어점수, 영어점수, 수학점수를 입력받는다.
100 :         fscanf(file, "%s %d %d %d", student.name,
101 : &student.koreanScore, &student.englishScore, &student.mathScore);
102 :     }
```

배열의 첨자를 다음 번째로 이동시켜야 한다. i에 저장된 값인 0을 읽어 중앙처리장치의 레지스터에 저장한다. ++ 증가 연산자로 읽힌 값 0에 1을 더하여 값을 구한다. 1이다. 누적이므로 구해져서 중앙처리장치의 레지스터에 저장된 값 1을 다시 i에 저장한다.

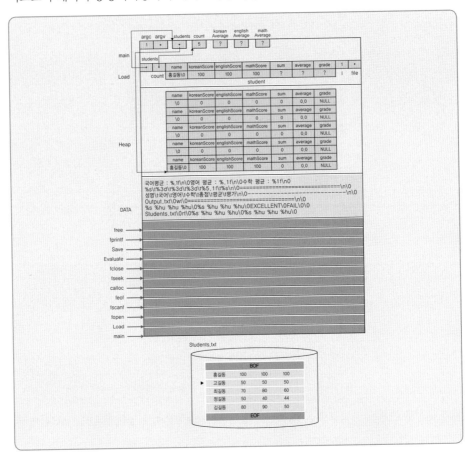

식 문장은 순차 구조이므로 식 문장이 끝나면 아래쪽으로 이동한다. 100 번째 줄로 이동한다.

C코드

```
091 :     // 3.1. 성명, 국어점수, 영어점수, 수학점수를 입력받는다.
092 :     fscanf(file, "%s %d %d %d", student.name,
093 : &student.koreanScore, &student.englishScore, &student.mathScore);
094 :     // 3. 파일의 끝이 아닌 동안 반복한다.
095 :     while( !feof(file) ) {
096 :         // 3.2. 학생들에 적는다.
097 :         (*students)[i] = student;
098 :         i++;
099 :         // 3.1. 성명, 국어점수, 영어점수, 수학점수를 입력받는다.
100 :         fscanf(file, "%s %d %d %d", student.name,
101 : &student.koreanScore, &student.englishScore, &student.mathScore);
102 :     }
```

fscanf 함수 호출 문장이다. 여기서부터 여러분이 직접 디버깅해 보자.

● 두 번째 학생 데이터들이 입력되었을 때, 여러분이 직접 메모리 맵으로 디버깅해 보자.
● 세 번째 학생 데이터들이 입력되었을 때, 여러분이 직접 메모리 맵으로 디버깅해 보자.
● 네 번째 학생 데이터들이 입력되었을 때, 여러분이 직접 메모리 맵으로 디버깅해 보자.
● 다섯 번째 학생 데이터들이 입력되었을 때, 여러분이 직접 메모리 맵으로 디버깅해 보자.

다섯 번째 학생 데이터들이 입력되어 배열에 저장된 후, fscanf 함수가 호출되기 전, 메모리 맵은 어떠할까? 여러분이 직접 작도한 메모리 맵과 비교해 보자. 다음과 같을 것이다.

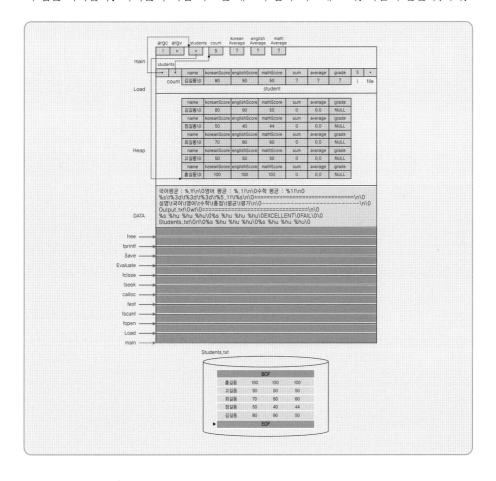

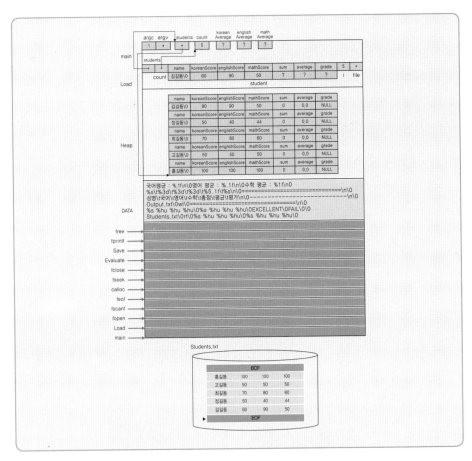

디스크 파일에 저장되었던 학생 데이터들을 모두 읽어 힙에 할당된 배열에 저장했다. 다음은 100번째 줄로 이동한다.

C코드

```
091 :      // 3.1. 성명, 국어점수, 영어점수, 수학점수를 입력받는다.
092 :      fscanf(file, "%s %d %d %d", student.name,
093 : &student.koreanScore, &student.englishScore, &student.mathScore);
094 :      // 3. 파일의 끝이 아닌 동안 반복한다.
095 :      while( !feof(file) ) {
096 :          // 3.2. 학생들에 적는다.
097 :          (*students)[i] = student;
098 :          i++;
099 :          // 3.1. 성명, 국어점수, 영어점수, 수학점수를 입력받는다.
100 :          fscanf(file, "%s %d %d %d", student.name,
101 : &student.koreanScore, &student.englishScore, &student.mathScore);
102 :      }
```

fscanf 함수 호출 문장이므로 fscanf 함수를 호출한다. EOF를 읽는다. 함수 호출 문장도 전형적인 순차 구조이므로 fscanf 함수 호출 문장이 실행되고 끝났다면, 실행제어는 아래쪽으로 이동한다. 102번째 줄로 이동한다. while 반복문의 제어블록의 끝을 나타내는 닫는 중괄호이다. 따라서 실행제어는 위쪽으로 이동하여 095번째 줄로 이동한다. 왜냐하면, 반복문은 조건식을 평가해서 구한 값으로 실행제어를 결정하기 때문이다.

조건식은 feof 함수 호출식과 논리식으로 구성되었다. 먼저 feof 함수 호출식을 평가해야 한다. feof 함수는 읽은 데이터가 EOF이므로 0이 아닌 값이 반환될 것이다. C언어에서는 0이 아닌 값은 논리적으로 참이다. 반환 값인 0(거짓)이 아닌 값에 논리 부정을 하면, 거짓이 된다. while 반복문은 진입 조건 반복 구조이므로 참이면 반복하고, 거짓이면 탈출한다. 거짓이라 반복하지 않는다. while 반복문의 제어블록을 건너뛴다. 따라서 103번째 줄로 이동한다.

C코드

```
103 :     fclose(file);
```

힙에 할당된 기억장소인 스트림을 할당 해제한다. 디스크 파일을 닫는다. 함수 호출 문장은 전형적인 순차 구조이므로 함수 호출 문장이 끝나면, 아래쪽으로 이동한다. 104번째 줄로 이동한다. if 선택문장의 제어블록의 끝을 나타내는 닫는 중괄호이다. if 선택문장이 끝난다. 따라서 아래쪽으로 이동한다. 107번째 줄로 이동한다. 주석은 컴파일할 때 이미 없으므로 실행제어를 받지 않는다. Load 함수 블록의 끝을 나타내는 닫는 중괄호이다. Load 함수가 끝난다. 그러면 Load 함수 스택 세그먼트가 할당 해제된다.

C코드

```
104 :     }
105 :     // 4. 학생들과 학생 명수를 출력한다.
106 :     // 5. 끝내다.
107 : }
```

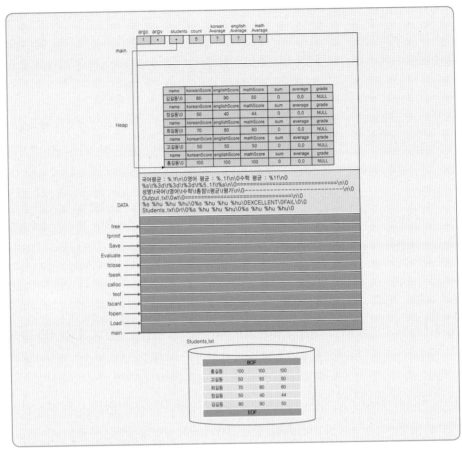

중앙처리장치로 데이터가 읽히고 쓸 수 있는 스택 세그먼트는 main 함수 스택 세그먼트이다. main 함수가 실행제어를 갖는다. Load 함수 호출 문장이 끝났으므로 아래쪽으로 이동하여 046번째 줄로 이동한다.

C코드

```
046 :    Evaluate( students, count,
047 :        &koreanAverage, &englishAverage, &mathAverage);
```

배열이 하늘과 분홍에서처럼 main 함수 스택 세그먼트에 할당된 것이 아니라 힙이라고 하는 곳에 할당된 것뿐이다. 따라서 Evaluate와 Save 디버깅은 하늘과 분홍에서 했던 것처럼 하면 된다. 그래서 여러분에게 맡기도록 하겠다. 반드시 프로그램이 끝날 때까지 디버깅해 보도록 하자. 정확하게 작동된다는 것을 확인할 수 있을 것이다.

● 여러분이 프로그램이 끝날 때까지 반드시 직접 디버깅해 보자.

Note

힙을 사용하면, 일정한 크기로 할당과 할당 해제되는 세그먼트를 이용하지 않으므로 기억장소를 보다 효율적으로 사용할 수 있게 된다. 바이트 단위로 필요한 만큼 할당했다 필요하지 않으면 할당 해제할 수 있다. 또한, 시스템이 허용하는 범위까지는 충분히 기억장소를 사용할 수 있다. 처리해야 하는 데이터의 개수가 모를 때도 효율적으로 작동하는 자료구조와 알고리듬을 만들 수 있다.

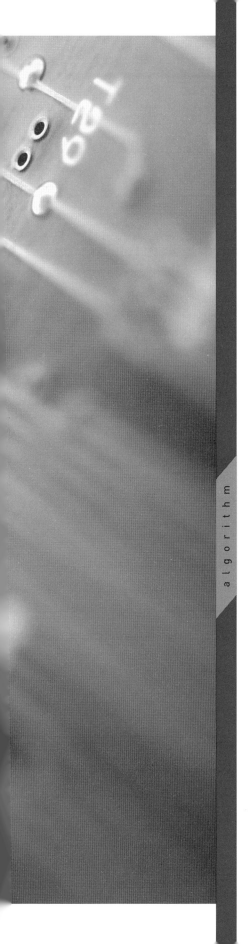

algorithm

정리하자

06

정리하자

|CHAPTER|

힙을 사용하면, 일정한 크기로 할당과 할당 해제되는 세그먼트를 이용하지 않으므로 기억장소를 보다 효율적으로 사용할 수 있게 된다. 바이트 단위로 필요한 만큼 할당했다 필요하지 않으면 할당 해제할 수 있다. 또한, 시스템이 허용하는 범위까지는 충분히 기억장소를 사용할 수 있다. 처리해야 하는 데이터의 개수가 모를 때도 효율적으로 작동하는 자료구조와 알고리듬을 만들 수 있다.

힙도 이용하여 기억장소를 최소로 사용하면서 빠르게 처리하는 알고리듬과 프로그램을 만드는 과정은 문제 해결, 비판적 사고, 창의적 사고로 이루어지는 순환 과정이라는 것을 정확히 이해해야 한다.

그런데 생각해 볼 문제가 있다. 기억장소를 최소로 사용하면서 빠르게 처리하는 알고리듬과 프로그램만 최상의 알고리듬과 프로그램일까? 그렇지 않다는 것이다. 독립적으로 실행될 때는 그렇다고 할 수 있지만, 다른 알고리듬과 프로그램과 같이 실행될 때는 다른 결과를 얻을 수 있다. 어떠한 경우는 여러분이 최악이라고 생각하는 알고리듬과 프로그램으로 기억장소를 많이 사용하면서 느리게 처리하는 알고리듬과 프로그램만이 최상일 수 있다. 다시 말해서 어떠한 상황에 따라 최적의 알고리듬과 프로그램을 만들 수 있어야 한다는 것이다. 이러한 능력을 의사 결정 능력이라고 한다.

훌륭한 프로그래머 혹은 소프트웨어 엔지니어라면 위에서 열거한 문제 해결 능력, 비판적 사고력, 창의적 사고력, 의사 결정 능력은 최소한 갖추어야 하는 능력들이다. "이렇게 하면 나도 프로그램을 잘 만들 수 있다(나프잘)" 시리즈는 이러한 능력을 갖추도록 하는데 목표를 두고 있다. 이를 항상 기억하고 계속되는 권들로 열심히 공부해서 창의적인 혹은 창조적인 프로그래머 나아가서는 소프트웨어 엔지니어가 되도록 하자.

알고리듬에도 공부할 내용이 아직도 많이 남아 있다. 시중에 출간된 알고리듬 책들에서 나열하는 여러 정렬 알고리듬과 검색 알고리듬, 알고리듬 설계법들도 공부해야 한다. 그렇지만, 잠시 알고리듬에 관한 공부는 여기서 접어 두자.

"이렇게 하면 나도 프로그램을 잘 만들 수 있다(나프잘)" 시리즈는 박컴 학원에서 25년 이상 진행되고 있는 소프트웨어 엔지니어 연수 과정의 단계별 과정 내용을 책으로 출간하고 있다. 그래서 오프라인 학원에서 교육을 받을 수 없는 분이나 금전적으로 어려우신 분을 위해 쉽게 말해서 모든 세상 사람이 프로그래머의 꿈을 이루어 갈 수 있도록 함이 첫 번째 목표이다. 그래서 출판 계획에 따라 2단계부터 3단계에서 이루어지는 자료 구조 관련 내용을 먼저 출간하도록 하겠다.

자료 구조 관련 내용이 어느 정도 출간되어 마무리되면, 위에서 언급한 내용으로 계속하여 알고리듬 책들도 출간할 예정이다. 그때 알고리듬을 계속 공부하자.

● **문제를 풀어 보자**

1. 수들을 입력받아 거꾸로 출력하라.

[입력]
입력되는 첫 번째 수는 수의 개수이다.
다음 줄에는 수들이 입력된다.

[출력]
한 줄에 입력받은 수를 거꾸로 출력한다.

[예시]
4 [Enter ↵]

-9 1 2 3 [Enter ↵]

3 2 1 -9

2. 자연수를 입력받아 1부터 입력받은 자연수 사이의 숫자를 출력하라. 단, 1부터 입력받은 자연수 사이의 숫자 중에서 3의 배수와 3이 들어가는 숫자는 해당 숫자 대신에 "Clap"을 출력하라.

[입력]
숫자를 입력받는다. 입력받을 숫자의 범위는 1 이상의 자연수이다.

[출력]
3의 배수와 3이 들어가는 숫자가 아니면, 숫자 자체. 3의 배수와 3이 들어가는 숫자는 "Clap"을 출력한다.
숫자 사이에는 빈 곳이 한 칸씩 들어간다.

[예시]

13 `Enter ↵`

1 2 Clap 4 5 Clap 7 8 Clap 10 11 Clap Clap

3. 여러 명의 사원의 성명, 작업시간, 코드가 입력될 때, 임금을 구하는 프로그램을 작성하라.
코드에 따른 시간 수당은 다음과 같다.

코드 : 1 → 2,000원

코드 : 2 → 2,500원

코드 : 3 → 3,000원

코드 : 4 → 4,000원

[입력]
여러 명의 사원의 성명, 작업시간, 코드가 디스크 파일로 입력된다.

[출력]
여러 명의 사원의 성명, 작업시간, 코드 그리고 임금이 디스크 파일로 출력된다.

[예시]

홍길동	10	4	`Enter ↵`
김길동	11	1	`Enter ↵`
고길동	15	3	`Enter ↵`
최길동	19	5	`Enter ↵`
정길동	13	2	`Enter ↵`

==

성명	시간	코드	임금
홍길동	10	4	40,000
김길동	11	1	22,000
고길동	15	3	45,000
최길동	19	5	0
정길동	13	2	32,500

4. 여러 명의 학생 성명과 세 과목 점수가 입력될 때 개인평균들과 반 평균을 구하는 프로그램을 작성하라.

[입력]
여러 명의 학생 성명과 각 학생의 세 과목 점수들이 디스크 파일로 입력된다.

[출력]
입력받았던 데이터들과 함께 개인 총점들, 개인평균들, 그리고 반 평균을 디스크 파일로 출력한다.

[예시]

홍길동	100	100	100	`Enter ↵`
고길동	50	50	90	`Enter ↵`
최길동	70	80	60	`Enter ↵`
정길동	80	90	50	`Enter ↵`
김길동	60	60	80	`Enter ↵`

```
==========================================
성명    과목1       과목2    과목3    총점     평균
------------------------------------------
홍길동  100 100 100       300      100.00
고길동  50  50  90        190      63.33
최길동  70  80  60        210      70.00
정길동  80  90  50        220      73.33
김길동  60 60      80     200      66.66
------------------------------------------
반평균 : 74.66
==========================================
```

5. 여러 명의 학생의 성명, 키, 몸무게를 입력받아 처리 조건에 따라 신체 질량지수와 비만 정도를 판단하여 출력하는 프로그램을 작성하라.
신체 질량지수(Body Mass Index, BMI)는 체중(kg 기준)을 키(m 기준)의 제곱으로 나눈 수치이다. 신체 질량지수는 소수 첫째 자리에서 반올림한다
비만 정도는 신체 질량지수를 사용하여 아래와 같이 판단한다.
① 비만(High) : BMI 〉 30
② 과체중(Over) : 25 ≦ BMI ≦ 30
③ 정상(Normal) : 19 ≦ BMI ≦ 24
④ 저체중(Low) : BMI 〈 19

[입력]
한 줄에 학생 한 명씩 성명, 키, 몸무게를 디스크 파일로 입력한다.

[출력]
① 번호, 성명, 키, 체중, 신체 질량지수, 비만 정도 순서로 디스크 파일로 출력한다.
② 마지막 줄에는 비만 정도별로 인원수를 디스크 파일로 출력한다.

[예시]
홍길동 141.8 49.9 [Enter ↵]
김정운 137.1 34.2 [Enter ↵]
김민수 127.7 40.6 [Enter ↵]

```
************************************************
번호  성명      키(cm)    체중(kg)  BMI     비만 정도
************************************************

01   홍길동    141.8     49.9      25      과체중
02   김정운    137.1     34.2      18      저체중
03   김민수    127.7     40.6      25      과체중

 ⋮    ⋮        ⋮         ⋮        ⋮        ⋮

10   황정미    141.1     36.8      18      저체중
************************************************
비만 : 3 과체중 : 2 정상 : 3 저체중 : 2
```

알고리듬을 만들때 적용되는 복잡도란 무엇일까?
어떻게 기억장소를 효율적으로 사용할까?
391

이렇게 하면 나도 프로그램을 잘 만들 수 있다

| 알고리듬 Ⅵ |

발행일 | 2017년 7월 1일
발행인 | 김석현
발행처 | 나아
　　　　　서울시 서초구 반포대로24길 12 태광빌딩
　　　　　Tel. (02)587-9424　Fax. (02)587-9464
　　　　　http://www.parkcom.co.kr

편집 · 인쇄 | 진프린트
　　　　　　　Tel. 02)598-3244 Fax. 02)598-3245
　　　　　　　E-mail : jinprint3244@naver.com

ISBN 979-11-952948-6-2
　　　 979-11-952948-0-0(세트)
CIP 2017014913
　　값 27,000원